あきらめない
教師たちのリアル

ロンドン都心裏、公立小学校の日々

ウェンディ・ウォラス 著　藤本卓 訳

太郎次郎社エディタス

日本の読者のみなさんへ

わたしのこの著作をロンドンでお読みになった日本のある教育研究者が、そこに描かれているイーディス・ネヴィル小学校を実際に訪ねられもし、さらにはこの作品を翻訳したいと考えられているという話をショーン・オリーガン校長からうかがって、とてもうれしく思っておりました。そしていま、その翻訳の出版が現実のものになったことはいっそうの悦びです。

わたしはこれまで何年にもわたって、教育についての記事を英国の教師むけ新聞『タイムズ教育週報（ＴＥＳ）』などに書いてきました。そのさい、つねに自分のおもな関心を、純粋に教育的な問題よりもむしろ、学校のなかに生じている社会的な問題に向けてきました。多くの方々の考えるとおり、これら両者の問題を切り離すことなどできません。英国社会に生じている社会的な問題のすべてが、なんらかのかたちでこの国の学校のなかにも姿を見せているのです。

イングランドではいま、学校を批判することは、あたかも国民的気晴らし（ナショナル・スポーツ）とでも言うべきものになっています。おもだったメディアを筆頭に、国民のほとんどだれもが、教師や学校がどんなによい――いやいや、むしろもっぱら〝悪い〟――仕事をおこなっているかについて、あるいはまた、それに替えて教師や学校はなにをなすべきなのかについて、それぞれの考えを口にしています。ですが、それらの意見の多くがどれほど限られた情報や誤った情報にもとづいたものであるかを知って、驚かされることがたびたびありました。二十年も、いやもっと長いあいだ、学校にほとんど一歩も足を踏み入れたことのないような人びとが、いろいろと声高な意見を述べたてているのです。

わたしの考えるところ、多くの人びとが理解しそこねていることがあります。それは、今日、たくさんの学校が現に子どもたちに提供しているものが、実際どれほど広い範囲におよぶものであるのか、という点です。

かつては、学校の仕事というものはいまよりもずっと狭く、子どもたちに知識を与えることに焦点づけられていました。ところがいま、イーディス・ネヴィルのような学校は、ほとんど補足的な家族、あるいは代替的な家族としての役割を果たしています。つまり、今日のこうした学校が子どもたちに提供しているのは、食べものであり、言語であり、帰属感であり、さまざまな文化的営みであり、そして——安易に口にするのがはばかられるあの言葉、すなわち——愛なのです。

わたしは、ひとつの学校の話をしたいと思いました。貧困・不遇・排斥・流離・文化衝突——現代の英国を冒している社会的難問のすべてをその小さな四壁の内に抱えこみながら、それでもなお元気に前向きな場所でありつづけている、ある学校の話です。

その学校の成しとげている仕事をわたしは、善に向けてのひとつの力強い前進であるととらえています。この大切な仕事のほとんどは、政府が義務づけているテストや学校別成績番付などによって評価されることはありません。それでももしかし、その仕事は、子どもたちの生涯をとおして響きを残しつづけることになるでしょう。
　この本の日本の読者のみなさんが、ここに描かれている子どもたちや大人たちの多くを、あたかも見覚えのある人たちのように感じてくださることができれば、と希《ねが》っています。もちろん、みなさんは実際の個人としてのかれらをご存知ありません。けれども、この話は、きっといくばくかの普遍性はもっている、とわたしは思っているのです。

　たとえば、チームとしてどう仕事を進めるのかについて心を煩わせている人たち、貧窮のなかの子どもたちにどう手を差しのべるかに心を傷めている人たち、マイノリティの人びとの〝利害〟と多数者のもつ〝善〟とをどのように和解させるかに悩みぬいている人たち。あるいはまた、人びとの人間としての福祉という、より高い価値を心に留めながら、学業成績についての政府の達成目標をどう尊重すればよいのかと悪戦苦闘している人たち……。

　イーディス・ネヴィル小学校は、ただひとつの学校にすぎません。ですが、イングランドの学校について関心をお持ちのどなたにとっても、この学校は、この国の多数の公立学校のもつ魂と志についてその最善のものを代表して示してくれている、とわたしは堅く信じています。

二〇〇八年十一月

ウェンディ・ウォラス

目次

▼英国の学年度は、九月にはじまり七月に終わる三学期制である。
秋学期（Autumn term）――九月の第一月曜～クリスマス一週間前
春学期（Spring term）――新年の休みあけの月曜～四月初め
夏学期（Summer term）――四月二十日頃～七月二十日頃
なお、本書の記述は春学期の二月から開始されている。また、英国の会計年度は四月～三月である。

▼本文中の註はすべて訳者注です。また、日本語版刊行にあたり、巻末の付録を加えました。

イーディス・ネヴィル小学校は、ロンドンのカムデン区教育当局の管轄下にあるコミュニティ学校（地域の公立学校）である。同校は、三歳から十一歳までの約二百五十人の子どもたちに全日制での教育を提供しており、一八七四年以来、この地域に貢献しつづけている。

［職員構成］

校長……ショーン・オリーガン
副校長……ヘレン・グリフィス
事務長……ジョーン・ウィリアムスン
事務助手……シュゴム・ベガム
保育学級《ナーサリー》むらさき組……担任　エイミー・クラウザー　保育士　レイチェル・リントン
保育学級みどり組……担任　メラニー・ミアー　保育士　ローラ・オードノヒュー
リセプション学級……担任　ララ・ソープ（試補教員）
一年生クラス……担任　リン・ガーディナー
二年生クラス……担任　ダイアン・オースティン
三年生クラス……担任　ヘレン・グリフィス（副校長兼務）／ジーナ・オッタウェイ（試補教員）
四年生クラス……担任　フィオナ・ジレスピー
五年生クラス……担任　コレット・バンベリー
六年生クラス……担任　ゾーイ・ハミルトン
読み方補充指導……マリオン・インズ
特別ニーズ教育主任……ナシーマ・ラシード（エスニック・マイノリティ学力保障補強、試補教員補強を兼務）

ラーニング・メンター（学習補導員）……アナベル・レッドフォード＝ギブソン
幼年期バイリンガル・アシスタント……ルーリー・ナズニン／スアド・アーメド／シャヌー・バーヌ／シャーヴィ・ラーマン／ラーズナ・ベガム　他一名
学級アシスタント……ジーン・サセックス／イヴォンヌ・サウジー／リンダ・バンヤード／マリア・ブライス／ナズマ・ラーマン　他一名
特別ニーズ・アシスタント……ラヌエ・ビービ／スー・ギャレット／マリア・ブライス／マンディ・トレハーン
校務主事（用務員）……ジョン・パントン
ランチタイム主任……ジーン・サセックス
ランチタイム・アシスタント……イヴォンヌ・サウジー／シャーヴィ・ラーマン／ナズマ・ラーマン／マリア・ブライス／スー・ギャレット　他三名
学校看護師……アン・バンコ

ほかに、地域の実業界からのさまざまなボランティアの人びとが、学校で支援活動をおこなっている。

▼職員名と役職は取材開始当時。なお、本書の子どもたちの名前および個人情報には変更が加えられている。

はじめに——学校のあらたな役割

手帳を携えたひとりのボランティアとして、学校でしばらく過ごさせてほしい——本書は、筆者がショーン・オリーガン校長に、こんな依頼をしたことから生まれた。

それまでの数年間、わたしは、『タイムズ教育週報』(Times Educational Supplement)の仕事でイングランド全域の学校を訪ね歩いては、特集記事を執筆していた。それらの学校の多く、なかでも、教師と子どもの双方にとってもっとも困難に満ちたインナー・シティ(大都市中心部の問題多重地区)の学校は、とりわけ胸躍る刺激的な場所だった。そこでわたしは、そんな学校のどこかを詳細に探訪する機会を求めていた。

二〇〇〇年の全国教育賞・地区大会の会場で、わたしは、優秀指導者賞を受賞するショーンに出会ったのだった。授賞式は、ロンドン・ピカデリーにあるカフェロイヤルの、赤いビロードの光輝く雰囲気のなかで執りおこなわれた。ショーンは、授与されたプラトン・トロフィーを手に壇上に立つと、荒廃したキングズ・クロスにある彼の学校について、また、その教師たち・生徒たちについて、情熱をもって語った。かれらがいかにすばらしい人びとであるか、そこが働く場所としてどんなにエキサイティングなところであるか、そして、そこでの挑戦がどれほどの深みをもつものであるか……。

わたしが取材を申し込む以前、ショーンは、他のジャーナリストからの同様の取材依頼をいくつか断っていた。したがって、返事をわたしはむしろ諦《あきら》め半分で待っていたのだが、彼は、同僚教師や学校理事とも相談のうえで、わたしの依頼を受けてくれた。こうして二〇〇三年二月、保育学級《ナーサリー》むらさき組をベースとして、イーディス・ネヴィル小学校に、わたしは通いはじめたのだった。

学校というものは、職務多端な高度に構造化された組織であって、その構成員同士はたがいを熟知しあっている。こうした緊密に編みこまれたコミュニティのなかで、部外者が自分の居場所を見つけるのはたやすいことではないのだが、エイミー・クラウザー先生をはじめ職員のみなさん、そして子どもたちは、心をひらき、親しみのある態度をもって迎えてくださり、わたしを寛いだ気分にさせてくださった。彼女らはみんな自信にみち、率直で、寛大だった。

その後、五学期以上の期間、ほぼ週に一度、わたしはまる一日を学校で過ごし、各学年のあいだを渡り歩いたり、子どもや先生たちのあとについて遠足や校外学習に出かけたりした。さらにまた、職員といっしょに家庭訪問をしたり、両親や学校理事の方たちと話したりして、しだいにこの学校にかかわる多くの人たちと知りあいになっていった。

わたしが通ったのは、この学校にとって容易ではない時期のことだ。当時、イーディス・ネヴィル小学校は予算削減に直面しており、職員は不足していたうえに病休者があったし、手に負えない問題や痛ましい問題を抱えた子どももいた。そして、それらすべてが、学校監査官《スクール・インスペクター》の訪問監査が近いという気がかりのもとでのことであったのだった。

予算はなんとかやりくりがつき、教師は見つかり、生徒たちは救われた。この取材期間をとおして、わたしは、イーディス・ネヴィル小学校で人びとが取り組んでいるのは、じつは〝教育〟をさえ越えるもっと大きなことなのだ、としだいに強く感じるようになってきた。

イーディス・ネヴィルやそれと同様の学校で働く大人たちは、学校というものがもつべき、ある新しい役割を鍛えあげようとしているのである。

学校のあるべき姿については、たくさんの政策指示はあっても、確かな青写真はどこにもない。また、学校の仕事は、報われることも認められることも少ない。しかしそれでも学校は、子どもたちが将来の可能性をつかみとるための土台として必要不可欠なものなのだ。通常、学校の成功と失敗を測るモノサシとされている計算や読み書きのテストなどは、子どもたちに自信や思いやりや勇気を育むという、さらに大きな努力と比べれば、ほとんど些細なことだ。かれらが成しとげようとしているのは、子どもたちそれぞれに、自分の力で自分の将来をきり開いてゆくのだという自覚を与えることであるのだから。これこそが、とりわけインナー・シティにあっては、学校というものの真の仕事なのである。

本書に登場している方もそうでない方も、わたしを信頼してくださり、協力を惜しまれなかったイーディス・ネヴィル小学校の子どもと大人すべての方々に、感謝の気持ちを表したい。また、フィリップ・マッド、サラ・ベイリス、マイク・ゴールドウォーターの各氏にも感謝の気持ちを表したい。

あきらめない教師たちのリアル

ロンドン都心裏、公立小学校の日々

1

むらさき組の春学期

三歳児たちの学校生活

レイチェル「マクドナルドじいさんはどこに住んでる?」
アダム「マックのハンバーガーの店」

朝九時四分、嵐のまえ

保育学級《ナーサリー・クラス》★の担当教員、エイミー・クラウザーには、なにか気持ちの集中をさまたげるものがあるようだ。なんとかそれを抑えようとしているらしく、身じろぎもせず座っている。副校長のヘレン・グリフィスは、長い髪をアップに束ね、いつもの眼鏡をかけて、ひざの上の書類をめくっている。試補教員★(一年間の見習い教員)のララ・ソープは、ボウルに入れたシリアルを食べている。職員朝会は九時五分に始まる。で、教師やアシスタントたちはみな、九時四分には、職員室の壁ぎわにイスを並べて、校長が来るのを待っているのだ。

外ではまだ鈍い朝の光のなか、学校の敷地をかこむ鋳鉄の高い柵の向こう側、校門のあたりに親たちが子どもを連れてもうやってきている。赤ん坊を布で背中にくくりつけたアフリカ系の母親。

タバコを靴でもみ消しながら、ベビーカーを前に後ろにゆすっている若い白人夫婦。英国製の冬物コートの下から鮮やかな色のシルクパンツの裾をひらつかせているバングラデシュの女性たちの一団。その母親たちのまわりやらあいだやらを、子どもたちが走りまわっている。

五年前、監査官《インスペクター》の学校訪問があったとき、この学校の子どもたちは通学するのを楽しみにしている、と親たちは語っていた。教育水準監査院★（ＯｆＳＴＥＤ）のアンケートで、たとえほかの点についてはは不満があったとしても、「うちの子どもは学校が好きだ」という項目については親の全員が、「同意する」あるいは「強く同意する」と答えていたのだった。

職員室はオフィスとキッチンを兼ねている。一方の壁ぎわにはリング綴じファイルの収納棚が、もう一方の壁には運動場を見わたせる窓がある。窓の下には流しがあって、この部屋に家庭的な雰囲気を与えている。流しの上には、手書きの注意書きが一枚。「使ったマグカップは皿洗い機に入れること」と、いかにも教師風の特徴のないそろった文字で書かれている。皿洗い機はけっこううるさい音をたてるだろうに、汚れた食器のほうが重大事、というわけだ。ここでは、他の職員のふるまいに対するいらだちが最後の引き金になって、だれかがキレるということもありうるのだ。教師というのはどこでもストレスを抱えこみがちだが、この学校の場合も例外ではない。実際、部屋にいる職員の何人かは、もう長いこと慢性的な健康問題を抱えている。

部屋は人数のわりには狭く、二十人ほどの教師やアシスタントがくっつきあって低いイスに座っ

★——保育学級については25ページ、試補教員については53ページ、教育水準監査院については37ページの註にくわしい。

ており、ほかに後ろの壁にもたれかかって立っている職員もいる。ふたりの女性はひと目で妊娠中とわかる。だれも声をたてない。全員が本当に気のおけない間柄であればこそ、子どもたちが登校して学校が動きはじめるまえの束の間のこの集いを静けさのなかで過ごすこともできるのだ。

九時五分、校長ショーン・オリーガンが入ってきて、彼のために空けてあった席につき、ひざの上に大きな書類綴りを開く。この業務日誌には、学校にかかわる人の出入り、つまり、アドバイザーや学生や親たちの学校訪問、子どもと職員が出かける校外学習のことなどが書かれている。この四十がらみの校長は、痩せていて肩の線がとがっており、アイロンのピシッとかかったシャツを着て、表情は生真面目だが疲れがにじんでいる。彼の履いているチェルシーブーツは、スーツ用の黒っぽいズボンにはさっぱり合っていないのだが、ツッパッてきた彼の過去のしるしだ。

「おはよう、みなさん」とショーンはきりだし、きょうは児童保護カンファランス（127ページ註参照）に出席する予定だと告げる。ある夫婦が、虐待要注意登録から娘の名前を削除してほしいと申し出ているのだ。

「あの子はまだアザだらけよ」と、ひとりの教師があきらかに憤慨して割って入る。「あの子はいまもからだが汚いし、お腹もしょっちゅうへらしているわ」。

ところがそのとき、その教師のバッグのなかでケータイが鳴りだし、彼女はめんくらって床においたバッグに両手を突っこんで、そのケータイをとろうとする。

朝会では、ささやかな案件から大きな課題まで、あらゆる項目がとりあげられる。たとえば、運動場で子どもたちが整列するときの並び方について。待ちに待った新しい冷凍冷蔵庫の搬入のこと。

校庭にある〝子どもの家〟を植栽屋根にする作業のこと。

「植栽屋根?」。シリアルの入ったボウルから目をあげながら、ララがたずねる。

「ベンケイ草よ。あの草はどこでもよく育つのよ」。ヘレンがてっとりばやく説明する。——受け答えのてきぱきしすぎるこの教師くささは自戒しなければ、とのちに彼女は語ることになる。彼女の両親も教師だったし、ヘレンには根っからの教師の血が流れているのだ。「わたしは、その点ではまだ治療中なのよ」というのが彼女自身の所見だ。

あと数分で九時十五分になるというところで、ショーンは業務日誌を閉じ、立ち上がって、声をかける。「じゃあ、みなさん。きょうの仕事にとりかかるとしましょう」。

用務員が校門を開けて子どもたちがいっせいに教室に入ってくるよりひと足早く、職員たちもそれぞれの教室に戻っていく。

インナー・シティの公立小学校

学校は、どの学校も、一つひとつに違いがある。ロンドンのカムデン区にあるイーディス・ネヴィル小学校も、その意味でユニークな存在だ。

過去二十年にわたってイングランド★の学校は、世界でも類をみないほどの中央集権的な統制強化

★——**イングランド**：イギリスにかかわる国名（地域名）として、原則として England にはイングランドあるいはイギリス、Britain には英国という表記を採用した。とくにイングランドという表現がなされている場合には、ウェールズ、スコットランド、北アイルランドはふくまれていない。

の動きのもとにおかれ、ナショナル・カリキュラム★（全国共通教育課程）をはじめとする一連の政策や方針が、つぎつぎと導入されてきた。けれど、それでもやはり、教育施設はそれぞれに、さまざまでありつづけている。雰囲気や匂いはもちろん、教育はなんのためのものなのかという考え方でさえ、まったく同じという学校はふたつとない。

　このイーディス・ネヴィル小学校は、三歳から十一歳までの二百五十人の子どもたちの通う小さな学校だが、エスニック（民族的）な混住地域にあって、学力面と同様に情緒面の発達にも力を入れており、周辺のどの学校とも違っている。それはちょうど、家族が一つひとつ違っているのと同じことだ。

　同時にまた、この小学校は、この国のもっとも貧しい子どもたちに教育を提供している約一千の小学校のうちのひとつでもある。そうした学校の多くが、ここ同様、インナー・シティ★★に立地しているのだが、ほかにも、炭鉱や農場の経営が破綻した地方の村々や、経済的窮迫に直面する海岸地域の町々にも存在している。

　こうした困難の多い地域の学校で働く人びとにかけられている期待は大きい。英国で一九九七年、トニー・ブレアの労働党が政権をとったとき、首相が謳《うた》い文句としたのは「エデュケーション、エデュケーション、エデュケーション」だった。あらたな社会正義を鍛えあげることのできる場所は学校だ、というわけだ。「学校教師たちは現代社会の改革の担い手だ」と選挙の直後、ある教員組合の集会で彼は語っている。「子どもに貧しい教育しか与えないということほど大きな社会的不正義はないのだ」と。

また、バーミンガムで教育責任者を務めたのち、ロンドンの学校政策に関する政府顧問となったティム・ブリッグハウス教授は、「インナー・シティの教師たちにとってなによりの挑戦課題は、社会的窮乏と教育欠損の連関を断ち切ることにほかならない」と述べている。

歴代の教育相は、より多くの十一歳児たちを英語と算数のテストに合格させる★★★ということを目標にして、その達成に政治生命までかけて血道をあげてきたが、学校はけっしてそれだけのためのものではない。ましてや不利な立場にいる子どもたちにとっては、なおさらだ。子どもたちに、なにより安全と安定とよりよい将来像とを提供するのが、よい学校だ。さらに理想として言うなら、よい学校とは、子どもたちに、そのよりよい将来を現実にするための手段の最初のいくつかを、実際に与えもするものなのだ。

イーディス・ネヴィル小学校は、サマーズタウンという街区の真ん中あたりに位置している。あ

★——**ナショナル・カリキュラム**（**全国共通教育課程**）：それまで英国の伝統であった「教育の自律性」原則に大きな変更を加えた「サッチャー教育改革」（一九八八年）によって導入されたカリキュラム。義務教育（五歳〜十六歳）で学ぶべき内容を、四つのキー・ステージごとの到達目標として各教科別に指定している。教科は、中核教科としての英語・算数（数学）・理科（科学）の三教科、および基礎教科としての歴史・地理・音楽・美術・技術・体育・外国語（中等学校のみ）の七教科に分けられている。なお、九五年からは小・中ともに情報技術（ＩＣＴ）が、さらに二〇〇二年からは中等学校に公民（シティズンシップ）が加えられた。巻末の図4参照。

★★——**インナー・シティ**：大都市中心部にとり残され人口の密集した問題多重地域。多様な移民の集住地域でもある。

★★★——**十一歳児テスト**：全国一斉学力テストの第二段階、小学校最終学年でのテスト。なお英国には伝統的にも、十一歳時の学力試験（イレブン・プラス・イグザミネーション）は、個々の子どもの将来を左右するものとして大きな社会的意味をもたされてきたという過去がある。43ページ「リーグ・テーブル」の註参照。

のヘロイン漬けのキングズ・クロス、つまり、ロンドン中心部の鉄道ターミナルの雑踏とセックスやドラッグがらみの取引とに支配された荒廃地域から、ほんの目と鼻の先ほどのところ、ということになる。

そして、全校生徒の三分の二には、給食費保障（フリー・スクールミール）の受給資格が与えられている。つまり、そうした子どもたちの家庭は、国の福祉をたよりに生計をたてているか、あるいは年収一万三千ポンド（約二百六十万円）以下であるということだ。

子どもたちは、学校近くの公設住宅——おもに一九三〇年代から七〇年代に建てられた集合住宅——に住んでいる。ほとんどの家に庭はなく、ネコのひたいほどの公園には若者たちがたむろして、通行人を怖気《おじけ》づかせている。子どもたちのなかには、この集合住宅だけが生活圏で、サマーズタウンの外に出かけたことさえほとんどないという子たちもいる。かれらが教師に話しているところでは、ここから三マイル（五キロ弱）ほど南を流れるテムズ川を見たこともないし、家のすぐそばにある駅から電車に乗ったこともないのだという。

この学校の子どもの五分の四は、家庭で英語以外の言語を話している。その多くはベンガル語とソマリ語だが、アラビア語やその他のアフリカ系、ヨーロッパ系の言語を話している子もいる。というのも、子どもたちの民族的・文化的背景は、そのときどきの世界の出来事の写し絵となっているからだ。

たとえば、一九七〇年代に流入してきた大勢のアジア人は、いまではすっかり定着しているが、近年ではソマリア、スーダン、セルビアなど、混乱のあった国々から難民たちがやってきている。

そうした家族は、教育とは無縁の理由からこの地域に流入し、また流出していく。だから子どもたちも、学年の中途や、場合によっては週の途中にさえ、間際まで連絡もせず突然に、転出していったり転入してきたりするのだ。

子どもたちにとって、インナー・シティで困難を抱えて生きるという点は共通でも、それぞれがこの学校にやってくるまでどのように暮らしてきたかは、千差万別だ。十分な愛情に満たされて自信をもち、あらたな挑戦にしっかりと向きあえる状態の子もいれば、怒りや恐怖感や悲しみに囚われたままの子もいる。

校長のショーンは、「機能不全の家族というのは戦場だ」と指摘する。政府のどのテストも測ろうとはしないのだが、子どもの生活全般にわたる福祉こそ、学習に先立ち、学習の成否を決する重要因子である。したがって、そこに力を入れることこそが、この学校の仕事の大きな部分を占めるのだ。

泣きっつらと色粘土と魔法使いと

むらさき組の教室は寒い。壁の室温設定器は摂氏十四度を示している。この保育学級棟《ナーサリー》は新築してまだ一年たらずなのだが、床下暖房機がしょっちゅう故障する。担任教師のエイミー・クラウザーは、とっくりのセーターとジーンズのうえにジャケットを着こんだままだ。

親といっしょに登校してきた小さな子どもたちは、自分の親と教室中央のオープンスペースとのあいだに、まるで勝手のわからないパーティー客のようなようすで立っている。七人は今学期、この保育学級★で学校生活を始めたばかり。全員がミレニアム前後の生まれで、やっと三歳の誕生日をすぎたところだ。

「おはよう、ナジリーン」とエイミーが声をかける。

広いひたいにかかる黒い前髪がふぞろいの、ちっちゃなナジリーンは、自分の足より何サイズも大きなハイヒール・サンダルを履いている。彼女は保育学級に入って二週間。これまで毎朝、別れぎわに母親にしがみついて大声で泣きわめきつづけたし、母親が帰ったあとには、コート掛けのフックに頭をガンガン打ちつけたりもした。口には出さないが、なにもかも、だれもかれもに怯えているようだ。それでも今朝はエイミーの励ましで、母親のお尻の後ろに隠れてばかりいるのはやめて教師のところまでやってきて、その傍らに立ったのだ。すかさずその自立ぶりをほめてもらって、彼女は〝ごほうびシール〟をひとつもらっている。

他方、四歳のサリーは、保育学級で三学期目を迎えている。彼女はまるで、領主様のような物腰で教室に入ってくると、まず室内をぐるっと見まわし、コンピュータのところへ行ってCDをセットする。すると、ほかの子どもがふたり、彼女の両わきにイスを引きよせて腰かける。ハキハキしたもの言いと自信に満ちた態度のサリーは、この学級の二十六人の子どもたちのなかで押しも押されもせぬ存在で、児童会★★（スクール・カウンシル）の学級代表委員のバッヂを首からさげている。

担任のエイミーが子どもや親たちに声をかけているあいだ、その後ろでは保育士のレイチェルが、工作用の色粘土、のし棒、粘土切り、赤いエプロンをテーブルの上に並べている。そして自分用の粘土のかたまりを一生懸命、こねはじめる。親たちがそれぞれ帰っていくと、子どもがレイチェルのところにだんだんと集まってきて、いっしょに粘土細工をやりはじめる。じきにレイチェルのまわりには、赤や黄や緑の少々てごわい粘土のかたまりを両手にはさんで転がしながらおしゃべりをする五人の女の子たちの輪ができる。

彼女たちの後ろには水槽がひとつ。底のほうには明るい色のプラスチックの金魚がじっとしており、水面近くでは薄い色のホンモノの金魚が一匹、泳ぎまわっている。粘土を柔らかくし、伸ばすことのできた女の子たちは、つぎの作業にとりかかる。テーブルのとなりに置かれたひざほどの深さの〝池〟に、自分で作った〝ボート〟が浮かぶかどうか試してみるのだ。

そのようすは、見たところ遊んでいるようだ。事実、それは遊びにちがいない。けれども、そこ

★──**保育学級（ナーサリー）**：英国では、初等義務教育は五歳から開始されるが、比較的近年まで、乳幼児保育および就学前教育の公的制度が整備されておらず、公立の保育園・幼稚園は普及していなかった。そうしたなかで、就学前の教育を求める父母の要求におされて、義務教育開始の一年前から四歳児を受け入れてリセプション・クラス（移行期学級）を設置する小学校がしだいに増えてきていた。また、ブレア政権時代には幼児保育・教育にかかわる施策の重視がうたわれ、ナーサリーの設置が進められたが、かなりの場合それらは既存の小学校のなかで、リセプション学級にさらに先立つ「クラス」として設置されることになった。加えて最近では大都市部を中心に、二歳児の学校への受け入れも進められようとしている。

このような経緯で英国の公立ナーサリーは、日本の保育園とは異なって学校教育色のきわめて強いものになっている。この点も含意して、本書ではナーサリーに保育学級という訳語をあてている。巻末の図1参照。

★★──**児童会（スクール・カウンシル）**：直訳すれば「学校協議会／自治会」となるが、日本の児童会・生徒会に近いもので、小学校から中等学校まで多くの学校に組織されている。各学級から二名の代表を選出し、全校の役員は児童・生徒集団の全体を代表する。本書でも後にふれられているサークルタイム（155ページ註）で話しあわれた内容をもちよって、全校の会議で討議がおこなわれる。本章の最終節で、その代表委員会のようすにふれられている。

には政府のさだめたひとつの目的が存在している。「浮くこと・沈むことの研究」は、二〇〇二年に導入されたファウンデーション・ステージ★（基礎階梯）の詳細カリキュラムのなかにふくまれている。このカリキュラムには、三歳から五歳までの子どもたちの探究すべき領域が、六つの表題に分けて指定されているのだ。

　むらさき組では、型どおりの教育の押しつけにならないよう心配りがされている。つまり、職員たちは、子どもたちがどんな活動をよろこんで選び、どんな活動には見向きもしないのかよく観察して、それに応じて仕事を進める。しかし、ここでの学習は、上の学年のそれと同様に綿密に計画され、またモニターされている。あのナジリーン、教室の入り口で母親のそばから教師のところに自分で初めて移動した彼女の場合でさえ、ごくごく初歩の学習課題のひとつ、「保護者からの自立」において、一歩前進したというわけだ。

　子どもたちは、朝、登校するとすぐ、いくつもの活動から好きなものを選ぶことができる。バイリンガル・アシスタントのひとりでソマリ語を話すスアドは、何人かの子どもたちがシュガーペーパーを三角形に切りぬくのを手伝っている。このあと、両端をのりづけして円錐形の帽子を作るのだ。スパンコールや羽をつけて飾ってもよい。また、〝すうじコーナー〟には数をかぞえるゲームやパズルがいくつも並べられているし、絵の具や絵筆も自由に使えるよう準備されている。

　みんなが大人といっしょになにかをしている、というわけではない。教室の中心部からは目の届かない〝おうちコーナー〟では、ケイリーが、ごっこ遊びの真っ最中。銀色のキルトの頭巾をかぶり、青いビロードのマントを肩にかけて、彼女はいま、〝魔法使い〟なのだ。魔法の杖にしているのは鉛筆。となりの背の高い金髪の男の子の真似をする。その子はさっきからずっと、ハリー・ポッターがやるみたいに〝ダイアゴン横丁〟に姿を現そうとして、飛んだり跳ねたり、無駄骨を折っているところだ。ケイリーはこの遊びには慣れていないようすだが、なんとか自分もやろうとがんばっている。杖をぎゅっと握って、ぎこちなく跳びあがってはみるのだが、わきの〝お師匠さん〟よりもずっとちぢこまった動作にしかならない。

そこに、むらさき組のもうひとりの新入生、ジョジョが、ゆうに一時間も遅刻して登校してくる。父親に手首をつかまれ、うなだれて入ってきたジョジョをエイミーが励ますが、教室に入るのもコートを脱ぐのもしぶしぶだ。父親が、「アイスクリームを買ってあげるから」となだめたり、「悪い子を続けるのなら一日じゅうベッドのなかだ」と脅したりして、ようやっとコート掛けのそばにジョジョをおいて立ち去ったそのあとも、彼はまだ泣きじゃくりつづける。

シュア・スタートの保育学級《ナーサリー》

イーディス・ネヴィル小学校の保育学級むらさき組は、労働党政権の教育政策の申し子のひとつ

★――**ファウンデーション・ステージ（基礎階梯）**：ナショナル・カリキュラムでは義務教育の十一年間が四つのキー・ステージに分けられているが、ブレア政権は二〇〇〇年に、義務教育開始前のリセプション学級および保育学級を、ファウンデーション・ステージ（基礎階梯）としてまとめ、ナショナル・カリキュラムに組みこんだ。いわば「就学前教育段階」にあたるが、イングランドのこのカリキュラムでは「学習目標」が詳細に規定され、子どもたちは五歳までに文字の読み書きや足し算・引き算の概念の習得が求められることとなった。以下、本文ではおもに「基礎ステージ」と訳す。巻末の図1参照。

だ。この学級の建設と運営には、政府の貧困対策のひとつ、シュア・スタート★（確かなスタート）政策の資金が投入されている。シュア・スタートとは、もっとも深刻な貧窮地域の若い家族の支援に社会資源とサービスを集中するという政策で、これによってイーディス・ネヴィルの場合、本来の保育学級に加えて、さらに二十六人の追加定員が上乗せされて認められたのだ。

ここの設備は、幼児むけ施設としては最先端をいっている。傾斜天井をもつ広々とした風通しのいい部屋。奥の壁の最上部には、採光窓が一列に切ってある。それに、マジックミラー越しに本教室のようすをのぞくことのできるペアレントルームや、障害児も利用できる設計のシャワーやトイレ、職員のための小さなオフィス兼キッチンなどもある。スライド式の大きなドアの外は〝屋外教室〟だ。それは保育学級とリセプション学級★★の専用運動場で、頑丈な木道とジャングルジムが設置されており、そのジムの下は安全対策のためスポンジ敷きになっている。

備品類は質がよく、数も種類も豊富にそろっている。例の〝魔法の変身マント〟には、ひざからかかとまで、へりに黒いフワフワのマフが縫いつけられている。昔なつかしいピンクのバービー・タイプライターは、いまでもちゃんと使えるものだ。ミニチュアの動物たちは、「はちゅうるい」「かちく」「こんちゅう・ちょうちょ」とラベルの貼られたプラスチックの仕切り箱に収められているし、いろいろなパズル類のピースもみんなきちんとそろっている。この保育学級は、子どもたちが学校の外で経験している欠乏状態をいくぶんかでも埋めあわせることができるよう、ひとつの〝充足と可能性の世界〟として創られているのだ。

保育学級とは、教育制度のいわば玄関ホールだ。ここで子どもたちは学校というものの第一印象をかたちづくるのだし、親たちは自分の過去の経験を想い出し、過去と現在の異同を意識する。近年、政府は、フルタイムの教育を受ける三歳児の数を大幅に増加させてきたのだが、現在では、無償の保育学級に就学する権利がイングランドのすべての三歳児に保障されており、さらに、インナー・シティの二歳児たちに初期教育を受けさせる計画も進行中である。

一部の中等学校（セカンダリー・スクール）に手のつけられない荒れが拡がって、政府に対する国民の不信感が募るなか、保育の潜在的な予防効果――上級学校での落ちこぼれへのワクチン効果――が期待され、そこに多額の資金が投入されてきた。保育の効果が後年の学校での成功の機会を広げるという政府の所信は、以前はアメリカでのさまざまな研究資料を根拠としたものだったが、いまでは英国での研究成果によっても裏づけられている。オックスフォード大学やロンドン大学教育研究院（ちなみにこの教育研究院は、イーディス・ネヴィル小学校から一マイルと離れていないところにある）の研究者たちは、三千人以上の子どもたちを対象とし、保育を受けた子どもと受けなかった子どもの成績の比較研究をおこなった。その結果、生活上のハンデを抱えた子どもにあって

★――シュア・スタート（確かなスタート）：「人生の確実なスタートを切るためのプログラム」とでも訳すべき児童保護・子育て支援のための新規施策。ブレア政権下、ブラウン蔵相（現首相）の主導のもとに二〇〇〇年より専任の閣外相をおいて開始された保育の抜本的拡充政策をふくみ、貧困地域での保育所整備を政府の最優先課題のひとつとした。とはいえ一律の公立保育所を開設するというのでなく、さまざまなかたちで民間セクターを利用・援助する手法もとる。93ページ「拡張学校」の註、119ページ「新規施策」の註参照。

★★――リセプション学級：直訳すれば「（小学校の）受け入れ学級」。四歳児むけの「就学前学級」であるが、114ページの本文にあるとおり、この学級は、フォーマルな教育への移行をスムースにすることを役目とする。

は、保育から得る利益がとりわけ大きい、という結論が下されている。

怒れるちびっ子とだんまり少女

イーディス・ネヴィルで学校生活のスタートをきる新入生たちは、みんなそれぞれ特有のニーズを抱えている。ただし、とくにそれが目立つ子もいる。

遊びの時間、幼児教室の外では、軽量プラスチックのバイクをめぐるトラブルが起きている。何人かの子どもが運動場のなかの〝道路〟を自動車やバイクで走って遊んでいると、三歳になるジョジョが、その目のまえにつぎからつぎへと突っかかるように踏みこんでくるのだ。まるで高速道路で度胸試し（チキンゲーム）をやってるみたい。本人は笑いながらで、危ないとはちっとも思ってないらしい。むしろケガをしそうなのは、ドライバーの子どもたちのほうだ。重心の高い箱型自動車は倒れやすいし、避けようとハンドルを切って、ほかの子の車と衝突しそうになっている。

ひとりの男の子が倒れて三輪車から投げだされると、ジョジョはすかさずハンドルをつかんでそれにとび乗る。もとのドライバーは怒りとくやしさで金切り声を張りあげる。――こうした次第で、担任のエイミーは、運動場での〝紛争解決★〟のための大きな砂時計を作っている。それをジョジョに示して、自分の順番までは二分間待たないといけない、と教えるのだ。

すでに職員たちは、ジョジョの行動に注意をはらっている。エイミーが言うには、「あの子、隠れるみたいに頭を低くして部屋に入ってくるの。で、金切り声をあげるわ、大声で叫ぶわ、ほかの子といさかいを起こすわ、そこらのイスを押し倒すわ……。どう扱ったらいいか、ほんとに難しい」。

ジョジョは、たとえ自分が誉められる場面であっても、ほかの子たちにじっと見られるのをひどくいやがる。自己信頼感が乏しく、たとえば彼が描いた絵にだれかがなにかひとことでも言ったりすれば、おそらく彼はその絵をひき裂いて、「こんなのクソだ」と金切り声をあげるだろう。

「あの子はほんとに〝怒れるちびっ子〟だわ。たくさんの子を傷つけたりするけど、大人の助けはちっとも求めない。物事を攻撃的に処理することに、それも自分ひとりで処理することに慣れてしまっているのね」

気をつけなければならないことだが、学校生活を早く始めれば、それだけ学校での失敗が早まるだけ、といった子どもたちも存在する。乱暴な行動、反社会的な行動といった理由で保育学級《ナーサリー》から排除される三歳児たち。保育学級の普及とともに、そんな問題をとりあげた新聞記事も目につくようになってきた。言うことをきかない三歳児たちというのは、たしかにからだは小さいものの、かならずしも年長の問題児より扱いやすいというわけではない。この世界で働く人びとにとって、すべての子どもたちを成功に導くのはまさに難題なのだ。

ナジリーンもまた、職員の心配のタネになっている。肌を刺す冬の外気のなか、彼女はぶかぶか

★――**紛争解決**：近年、生徒同士のトラブルを解決・克服する力を育てるためのさまざまな手法の開発・紹介が熱心におこなわれており、それらの活動は総じて「コンフリクト・レゾリューション」と呼ばれている。ときに、読・書・算を指す伝統的な3R's（reading, writing, arithmetic）にこの conflict resolution も加えて、4R'sという言い方もなされることがある。

のサンダルを履いて、からだを固くしたまま教室のドアにへばりついている。彼女は、教育省★（DfES）の用語でいう「英語未修者」だ。しかし、ナジリーンは第一言語のベンガル語でも話そうとせず、その沈黙の背景になにがあるのか、職員たちは首をひねっている。

これまでのところ、彼女に口をきく気にさせられるのは、となりの「みどり組」の保育士、ローラ・オードノヒューだけだ。ローラといえば、いつも光沢のある口紅をつけていて、しょっちゅうそれを塗りなおしている。よくそろった白い歯と大きな声が持ちまえで、彼女の口はしじゅう動いているのだ。

これに気づいた担任のエイミーは、ナジリーンのために口紅をひとつ持ってきた。で、いま、ナジリーンのお気に入りは〝おうちコーナー〟の鏡のまえに立つことだ。口紅を棍棒《こんぼう》みたいに拳《こぶし》に握って、口のまわりじゅうに塗りたくっている。あまりにこの行為に心を奪われているようすに、職員たちは、ナジリーンはこれまで鏡で自分の顔を見たことがあったのだろうか、といぶかっている。

それでも、むらさき組に入ってもうすぐ二週間、ナジリーンは少しずつだが自信をつけてきた。口紅で遊んでいないときには、エイミーの後ろをついてまわる。片方の手をのばして、エイミーのひざの後ろにさわりながら……。エイミーがみんなにお話を読もうとしゃがみこむと、ナジリーンは彼女のとなりに立ったまま、ドア枠によっかかるみたいに先生にからだをあずけている。

とはいえ、ナジリーンは、いまでもしょっちゅう遅刻をするし、結局は登校しないこともある。彼女の母親は若くておとなしい女性だが、寝過ごしてしまったとか、時間をうっかり忘れていたとか、職員に言いわけをする。担当の職員たちは、母親のほうがひどくメゲているのではないかと気づかっている。彼女は最近イギリスにきたばかりだし、たったひとりで小さな三人の子どもの子育てに悪戦苦闘しているのだ。

昼食前のお話タイム、子どもたちはカーペットの上に集まってくる。間隔を同じにして、みんなで輪になって座る。

今週のトピック「浮くこと・沈むこと」にあわせて、追加課題に指定されているお話をエイミーが読んできかせる。小さな船につぎからつぎへと動物たちを乗せていく話だ。ウシさん、ヒツジさん、ヤギさん……、エイミーは子どもたちに絵本を見せながら読みすすめ、なにが出てきたかをたしかめさせていく。すべての動物の名を英語で言うことができるのは、サリーほか数人。ほかの子どもたちはどれも知らない。けれど、英語を話せなければエイミーのお話がまったく理解できない、というわけでもない。子どもたちは彼女を見上げ、目をあわせては、にっこり微笑む。

ナジリーンは、エイミーのわきに座って、口のまわりじゅうに銀色のスティックを動かし、でたらめに口紅をつけている。輪の反対側ではケイリーが、黄色い毛糸の髪のぬいぐるみ人形をひざの上で抱き、足を組んで座っている。彼女は目を閉じて、そのねじれた毛糸の髪の長さを、指先で測

★——**教育省**（ＤｆＥＳ）：ＤｆＥＳはDepartment for Education and Skillsの略語。直訳すれば「教育技能省」とすべきだが、同省はしばしば名称・組織変更されてきており、現在（二〇〇八年）はDepartment for Children, Schools and Families（ＤＣＳＦ：子ども・学校・家庭省）と呼ばれている。煩雑さを避けるため、本書では単純化して一律に教育省という訳語を当てることにした。

るみたいにさわっているところだ。ジョジョは――もうこれで二度目だが――大きなプラスチックの自動車を輪の反対側に放り投げ、それがほかの子に当たりそうになる。彼は保育士のレイチェルに抱えあげられ、輪の外に連れだされる。ジョジョのからだはズリさがり、フードつきフリースとジーンズのすきまから、裸のお腹がのぞいている。

数秒もすれば、ジョジョは走って戻ってくる。レイチェルが、そのあとを追いかけてくる。エイミーはそれには気づかず、熱をこめた読み聞かせの真っ最中。「だれがボートを沈めたの?」いまやこの教室もお話のなか。全員が水のなかだ。「ケイリー、泳いで! 泳げ、泳げ、泳げ!」、エイミーが大声で叫ぶ。子どもたちの命がほんとに危ないみたいだ。「だれがボートを沈めたの? ウシさんじゃないよ。ロバさんじゃないし、ヤギさんでもないよ。アーッ、ネズミさんだ!」。エイミーとナジリーンは、輪の真ん中に広げられたテーブルクロスの上に這いあがる。

子どもたちはみんな、『こげ、こげ、ボート』を合唱しながら、前へ後ろへからだをゆする。「この世の生はひとつの夢だ」とかれらは歌う。終わりのころには、レイチェルのひざに座って、ジョジョもみんなのようすに目を向けている。

担任エイミーの実績と悩み

むらさき組担任のエイミー・クラウザーは、大学では地理学を専攻し、もとは都市計画関係の仕事に進むつもりだった。ところが、あるとき、学校の仕事を一日だけ手伝う機会があり、この仕事にほれこんで方向転換した。彼女に教育の天賦の才のあることはあきらかで、教師になっていなかったかもしれないなどという話を聞くと驚くほどだ。しかし、教職を彼女はずっと続けていけるだろうか……？

昼、子どもたちが昼食のためにホールに移動したのを見届けて、保育学級《ナーサリー》の職員たちは、専用の小さな職員控え室に集まる。壁に貼られた紙には、ジョジョの名前が見える。職員たちはどこへ行っても、彼から逃れることはできないらしい。ジョジョは添加物の入ったものはいっさい食べられない。〝異常興奮（ハイパー）〟になってしまうのだ。保育士のレイチェルが、担当者としてジョジョの母親と会うことで、職員全員の意見が一致する。「家で本を読んでやっているか、お母さんに聞いてくれる？」とエイミーが提案する。「あの子、お話には興味をもってるみたい。だけど……」と、彼女は言葉をにごす。

子どもたちの多くが、なにかしらの禁止食品を抱えている。壁のリストにあるのは、香料、ラム肉、牛肉、小麦、ナッツ類、アイスクリームなどなど。おまけに、近くのキングズ・クロス駅周辺の大規模再開発——目下、地下水路の連結部を建設中——の工事現場から出る粉塵が、子どもたちの喘息を悪化させている。被害は大人にもおよび、あのハデなくちびるの保育士ローラにしても、その陽気な人柄の陰で肺の障害に苦しんでいるのだ。

掲示板には、このチームのみんなでレストランの長いテーブルを囲んでいる写真が貼ってある。ルーリー・ナズニンはいつものポニーテールをほどいているし、だれもかれもが微笑んでいる。けれど、それは昨年のクリスマスのものだ。いまは春の学期が始まって四週間（二月上旬）、新しい子どもたちに慣れるための大変な仕事がまさに峠にさしかかっている。

エイミーはリヴァプール大学で、学部卒業後に一年間のPGCE★（教員資格専攻科課程）で勉強した。彼女の最初の職場はリヴァプールだったが、二年後、恋人といっしょにロンドンにやってきて、北ロンドン郊外の小学校に職を得た。その職場で彼女は管理的な立場も初めて味わったし、教育水準監査院★★の監査も経験した。そして二年ののち、イーディス・ネヴィル小学校の基礎ステージ主任という現在の職に応募したのだ。

着任当時、むらさき組は新設されたばかりで、当初の仕事には困難が多かった。「まるでからっぽの外枠だけだったのよ。家具はない、おもちゃもない、おまけに子どももいなかったの」とエイミーは言う。

エイミーとレイチェルは前任校からいっしょに移ってきたのだが、転任してきたばかりの教師と保育士が、まったく新しい保育学級を担当させられて、彼女らは少々憤慨したわけだ。さらにエイミーには、主任として基礎ステージの新しいカリキュラム——遊びをとおしての学習に力点がおかれたカリキュラム——を導入する仕事もあった。彼女はこのとき弱冠二十六歳で、チームのなかでいちばん若かったが、保育学級を徹底的に変えようと一生懸命だった。

「以前の保育学級は、よくやっていたけど、ちょっと堅苦しい感じだったと思う」と彼女は話す。「運動場はいまよりずっと狭かった。それに、ミルクの時間なんかも決められてた。職員一人ひとりの技量を発揮できる余地が少なかったのね。わたしは計画表の書式や評価の仕方、ランチタイムのやり方も変えた。でも、うまく行ってた部分については、そんなにあれこれいじらなかったわ。それに、わたしがいちばん年下だったから、みんなも意見を言いやすかったのよね」。

いま、このチームは強力だ。もちろん、個々のあいだに緊張が生じることは避けるわけにはいかないが……。

エイミーは、これから取り組もうとしているプランの作成の仕事に戻り、部屋にいるみんなの話題は、子どもがコートをかけるようすを見て、その子が右利きか左利きかを言い当てられるか、といったおしゃべりに移っていく。そうこうするうち、教室のほうでジョジョのかんしゃくがまたひどくなる。セーターを脱がせてあげようとしただれかに向かって、「このクソ頭からセーター引っぱがしてよ、クッソー!!」と叫んでいる。

子どもたちの多くが、その行動について、言語能力について、トイレット・トレーニングについ

★――**PGCE（教員資格専攻科課程）**：Postgraduate Certificate of Education の頭字語。現在の英国で学校教員になる標準的な途としては、三年制の大学各学部を卒業ののち、一年間のPGCEを修了し、さらに一年間の試験採用期間の教職経験をもつことが求められる。なお、ほかに教員養成課程を付設する教育学部（四年制）でBEd（教育学士号）をとる途もある。53ページ「試補教員」の註参照。

★★――**教育水準監査院（OfSTED《オフステッド》= Office for Standards in Education）**：学校等の教育関係機関を監査・評価し、その結果を監査報告書（インスペクション・レポート）として公表する。ナショナル・カリキュラムにもとづくその監査は強い権限と広い影響力をもっており、極端に低い評価を受けた学校等には改善勧告や閉鎖命令が発せられる。「教育水準局」と訳される場合が多いが、教育省からは独立した機関であることを明確にするために監査院という訳語をあてた（巻末の図2参照）。また、この組織の権限は二〇〇七年、さらに拡張され、児童福祉、職業教育分野の諸機関をも監査対象に加えている。

なお、その監査（インスペクション）のようすは本書エピローグにもふれられているが、四～六年に一度、二か月前に通知し、五～十名の監査官チームがまる一週間にわたって各学校をチェックする。この監査手順は近年簡略化されてきており、それについては巻末の著者インタビューを参照されたい。

てなど、一対一の個別のケアを必要としている。たった三歳では、日に六時間以上の学校生活に四苦八苦する子が何人もいる。ずっと目を覚ましているのがやっとの男の子もいれば、両親は平均的な体格なのにあまりに小さいので心配になる子もいる。問題行動は、子どもたちが疲れてくる午後に多発する傾向がある。子ども十三人に大人一人というのが保育学級での法定最低基準だが、ここでは二十六人の子どもに対して四人の大人（教師＋保育士＋アシスタント）が配置されている。「このくらいはいなきゃ、どうしてやっていけるのかわからないわ」とエイミーは言う。

この仕事は、本当にあれもこれもと骨が折れる。予算はいつだってたりない。エイミーは同僚といっしょに、補助教材や校外学習のための寄付金集めもやっている。学校の企画運営委員会★（シニア・マネージメント・チーム）の一員として、病気の職員の穴埋めもしなければならない。ここしばらく、委員のひとりが休みをとっており、他の職員に過重な負担がかかっている。それに、特別ニーズ教育主任のナシーマがもうすぐ産休に入るし、教育水準監査院の監査も予定されているしで、エイミーはこの先に待ちうける仕事の山のことを考えると気が重くなる。いまだって朝七時から夕方六時まで働きづめだし、週末にさえしばしば仕事をしなければならないのだ。

おまけに目下エイミーは、ある学校行事の準備担当もやっている。〝レッド・ノーズ・デイ（赤鼻の日）〟のイベントとして、保護者たちも招待して、全校あげてチャリティ募金のための集会を催すのだ。「小規模校ではだれだって、かけもち仕事になるものよ」と、抑えた言い方を彼女はする。じつは最近、彼女はパートナーと別れた。「仕事とは関係ないわ」と本人は言っている。いま、ふたりで買ったロンドンのアパートを売りに出しているところだ。

さよならナジリーン、またあした！

昼食後、むらさき組のペアレントルームでは、上級生たちが児童会の代表委員会を開いている。「インターネットのためのブロードバンドが必要だよ」と、五年生の代表委員が断固とした口調で発言する。「それから学級のペットも」と。

で、エイミーが言う。「この保育学級《ナーサリー》で魚を飼っているけど、長いお休みのときにどうなると思う？　だれも家に連れて帰りたがらないのよ」。

「うちのクラスのみんなは、水泳プールがほしいと言ってます」と、四年生の代表委員の女子生徒が訴える。彼女自身の予想にたがわずこの提案は、やっかいな交渉場面への引き金となる。――教室にもっとゲームがほしい。校外遠足をもっとふやしてほしい。昼食にはもっとましな食べものを出してほしい。一年に一回じゃなくて月に二回くらい、海辺に行くことはできないか。みんなからつぎつぎと希望がだされて、収拾がつかない。とうとう議長のアミンまで「いつも行ってるブロードステアーズじゃなくて、どこかほかの場所に行くことはできないかな。たとえばブライトンとか」と言いだす始末だ。

午後、ナジリーンは、なんとか教室に入ってくることができるようになった。彼女はエイミーの

★――**企画運営委員会**（シニア・マネージメント・チーム）：学校の中軸的管理経営組織として校長を補佐する。この学校では、校長・副校長とほか四名の教員で構成されている。

ふくらはぎにくっついてきて、フロアにしまりのない姿勢で座っているほかの子どもたちを見まわしながら、自分の指をくちびるにあてて警告のしぐさをし、「シーッ」と口にする。これが、彼女がきょう初めて自分からとったコミュニケーションだ。

三時半になると、親たちがコート掛けのそばに姿を現す。みんな、朝よりはずっと充実していて、よりくっきりとした存在感を感じさせる。

サリーのパパは、片方の親指に銀の指輪をはめ、革ジャンを着て、髪をポニーテールにしばり、自転車に乗ってやってくる。彼は、自分の娘の描いた絵に熱い〝あいさつ〟を送っている。「ワォ、こりゃイケてる。家の壁に飾れるヨ」。

ほかの親たちはずっとひかえめだ。広げた子どものコートを手に、ドアの近くに立っている。ナジリーンの母親もやってくる。娘の顔をじっと見ているが、なにも言わず、表情も変えない。バイリンガル・アシスタントのルーリーがベンガル語でそっと話しかけ、「あすはナジリーンにハイヒールを履いてこさせないように」と頼んでいる。

「さよなら、ナジリーン」。エイミーは気合いをこめて呼びかける。この別れぎわにもまだエネルギーをしぼり出して、子どもの心に刻みこもうとしているようだ。「きょう一日、あんまり時間のたつのが早すぎて、やり残してしまった楽しいことがいっぱいあった。あしたはきっと、まだまだたくさんできるわよ」と。

2 金のトロフィー　校長ジョーンの一日

「動物なんかぜんぶ殺《や》っちゃえ。ネズミも殺《や》っちゃえ。ぼくも殺《や》っちゃえ」
――動物園でなにがしたいかをたずねられたジョジョ

ロンドン都心裏、移民の街で

サマーズタウンは、東にキングズ・クロス駅およびセイント・パンクラス駅、そして西にユーストン駅と、大きなターミナル三つにはさまれた〝鉄道地帯〟として知られている。すぐ南にはユーストン街道が走っていて、毎日六万台の車が往き来する。歩道のライムの並木には色なしの電飾が一年じゅう数珠つなぎにかけられており、電話ボックスにはこれ見よがしの〝風俗チラシ〟がベタベタ貼りつけられている。

このあたりは子どもの遊び場に適した場所とはとてもいえたものではないのだが、夜、イーディス・ネヴィル小学校の門がしまるころともなると、ユーストン大通りに面した大英図書館の市松模様の石畳の中庭には、バイクのエンジンを噴かせる年かさの少年たちの姿が見える。かれらはバスや大型トラックの車体のわきをすりぬけて、大通りから急カーブで歩道へと乗り入れると、中庭にひとしきり溜まってはまた出ていくのだ。

新築の大英図書館、三つの鉄道ターミナル、そしてあのシティの金融街さえほんのすぐ近くなのだが、このサマーズタウンは、旧式の公設住宅の建てこんだ、閉鎖的な〝都会の村〟だ。ずんぐりとした四、五階建てのバルコニーつきアパートが、大きな中庭をかこんで建ちならんでいる。街の名は、ここがまだ沼地だったころの地主、サマーズ・オブ・イーブシャム男爵の名に由来している。とはいえ、もとの面影を残しているのはわずかに、十九世紀スタイルのテラスハウスの並ぶ通りだけ。この街で個人所有の住宅といえばそれらのテラスハウスくらいで、ほかはもっぱら、セイント・パンクラス住宅公社やカムデン区の所有になっている。つまり、この街ではこれまで、借家の買い取り権を行使するような住人は多くはなかった、というわけである。

ふだん、このサマーズタウンの日常が、外の世界から注目を集めることはほとんどない。ときおり地方紙が、住宅のひび割れ問題をとりあげたり、強盗事件や学校のスポーツチームの勝敗などを伝えたりするくらいだ。例外は、二〇〇二年、この地域の住人だったアンソニー・ハーディーが、女性ふたりのからだをバラバラにして、黒いビニールのゴミ袋に入れて捨てた事件だろう。このときばかりはサウス・カムデンのこの一帯が、全国紙の大見出しに登場して、世間を騒がせることになったのだった。

アルコール飲料や袋詰め玉ねぎや宝くじなどを商う街角の雑貨屋、廃業して板切れが打ちつけられたパブ、ひき抜かれて根っこを空に向けた潅木が放置されたままの荒れた公園……。ここは、首都ロンドンの心臓部に位置していながら、同時にその首都そのものから隔絶した街なのだ。

イーディス・ネヴィル小学校は、サマーズタウンの真ん中、低層建築のあいだの開けた一画にある。通学区は半径約一マイル（約一・六キロ）で、もっぱら周囲のアパートに住む子どもたちを受け入れている。受け入れ許可★にあたっては、まずは〝特別な教育的ニーズ〟が考慮される。もっともそれは毎年一、二名のことなのだが、この地域にはなによりふさわしいやりかただ。そして、つぎに現在の在校生の弟妹が優先され、あとは通学距離の近さによる。

リーグ・テーブル★★（学校別成績番付）に示される各校の実績は、在校生の社会階層構成の実態に密接に関係している。教育熱心な親たちは、成績のよい学校の通学区に引っ越したり、よい教会立学

★——**受け入れ許可**（**入学許可**）：公立の各学校は通学区（キャッチメント・エリア）の範囲から出された入学希望のなかから、それぞれの入学許可基準（アドミッション・クリテリア）にそくして入学を判定・許可する。本文にあるのは、こうした小学校ではかなり一般的な基準である。

★★——**リーグ・テーブル**（**学校別成績番付**）：「サッチャー教育改革」（一九八八年）は、QCA（資格・カリキュラム機構）を設置してナショナル・カリキュラムを導入すると同時に、その実施状況を確認するためのナショナル・テスト（全国一斉学力テスト）をも開始した。正式には関連手続きをふくめてSATs＝スタンダード・アセスメント・タースクス（標準評価課題）と呼ばれるこのテストは、七歳・十一歳・十四歳という各キー・ステージの最終学年におこなわれる。なお十六歳時のテストは、GCSE＝一般中等教育修了資格試験となる。（巻末の図3参照）

このテスト結果が教育省から公表されると、各マスコミがそれをもとに各種のランキングのかたちにして競って報道する。これがリーグ・テーブル（元来の意味はスポーツなどでのリーグ戦の戦績表）と呼ばれ、教育にかかわる世論動向に猛威をふるってきた。ただし、二〇〇五年から七歳時のテストの実施方法は緩和されており、二〇〇八年十月には十四歳時のテストの廃止が決定された。またウェールズでは、すでに二〇〇七年よりナショナル・テストは全面的に廃止されている。

校の入学許可を得るためという理由で礼拝に出席したりする。反対に、人気のない学校はしばしば定員割れを生じ、その結果、ほかの学校から締めだされた子どもたちや、国外や国内他地域から越してきたばかりの子どもたちを受け入れることになる。そして、そうした子どもたちは、多くの場合、通常以上にさまざまな支援の必要を抱えているのだ。

つまり、学校の悪評と定員割れとが、人間関係上・行動上の問題を抱える子どもたちを不釣りあいに多くひきうけざるをえないという結果をもたらすわけで、学校はあまりに容易に悪循環に陥る。学校の評判になにより響くリーグ・テーブルの順位はさらに下降し、心配する親たちの不信感を倍加させ、それはまた職員の募集や勤続確保をも妨げて、ひいては監査官《インスペクター》たちの注意を惹きつけることになる、というわけだ。

ところで、サマーズタウンには、ほかにもふたつの小学校があるのだが、いずれも教会立学校★だ。一般に、教会立学校はコミュニティ学校★★よりもすぐれている、とみられている。多くの信仰熱心とはいえない親たちでさえ、制服や伝統的価値の重視や厳格な規律などを好んで、教会立学校を選ぶ。サマーズタウンの親たちもまた例外ではない。で、イーディス・ネヴィルの保育学級《ナーサリー・クラス》で学校生活を始めても、四歳のリセプション学級の年になると近隣の教会立学校に移っていく子どもが、毎年何人か出る。とはいえ、ここ数年、イーディス・ネヴィル小学校はテストですぐれた成績をあげ、地域でもよい評判を得て、上り調子だ。リセプション学級には定員の二倍の応募がある。

この学校では、白人やアフリカ系カリブ人の子どもはマイノリティ（民族的少数派）だ。つまり、生徒の大多数が、アジア、北アフリカ、東アフリカに出自をもつムスリム（イスラム教徒）なのだ。★★★

イーディス・ネヴィルは、もうずっと〝貧乏学校〟として知られてきたのだが、現在ではそれを〝ムスリム学校〟と読みかえることもできなくはない。

ひとりの肩にのしかかるもの

いま、ショーン・オリーガン校長の部屋の窓は板切れでふさがれている。それで、この学校の外見は目下、少々痛々しい。しばらくまえの週末、夜中に窓枠が壊され、折りたたみ式シャッターもこじ開けられて、校長のコンピュータが盗まれた。で、すぐに、窓枠もシャッターもコンピュータもとりかえたのだが、窃盗のほうもまたすぐさまくり返された。

★――**教会立学校**（**チャーチ・スクール**）：英国では広義の公立学校（ステイト・スクール）にもいくつかの異なるタイプが存在する。ここにいうチャーチ・スクールは現在ではボランタリー・スクールという類別に一括されているが、教会が敷地や一部の資金を提供し、学校理事会にまとまった代表を送りこむタイプの広義の公立学校である。イングランドでは、小学校の約三五パーセント、中等学校の二〇パーセント弱をチャーチ・スクールが占めている。

★★――**コミュニティ学校**：地域のＬＥＡ（自治体教育当局）管轄の狭義の公立学校で、小学校の約六五パーセント、中等学校の八〇パーセント弱を占めている。ここでのこの語の使用は、米国や日本でいわれる「コミュニティ・スクール」のような限定的な教育思潮上のニュアンスを強くふくむものではない。なお、日本でいう「私立学校」は独立学校（インディペンデント・スクール）と呼ばれており、在籍生徒数は全体の六～七パーセントと少数である。巻末の図1参照。

★★★――**生徒の構成**：最近のイーディス・ネヴィル小学校生徒のエスニックな背景は、白人一割、アジア系六割、黒人二割、混血その他一割といった構成になっている（白人のうち四分の一が非英国人、アジア人の大多数がバングラデシュ系、黒人ではソマリア人が多数）。なお、アフリカ系カリブ人（西インド諸島系黒人）は、早い時期（第二次大戦直後）に大量流入し、クレオール英語を話し、多様ながらキリスト教徒が多いという点で、現在の英国在住のカラード移民のなかで独特な位置を占めていることから本文でもとくに言及されているのだが、この学校ではごく少数である。

「盗難保険金で最新式のコンピュータに買い替えてるはずだと、やつらは踏んだんだ。どっこい、うちではそんなの買ってない。置いてあったのは、またまたケチなおんぼろコンピュータってわけだよ」とショーンは言う。ちなみに、用務員のジョン・パントンが疑っているのは、以前この学校に在籍していた兄弟のふたりだ。

窓が板張りにされてしまって、校長室はまるで地下壕みたいに薄暗い。壁には、子どもを描いたピカソのデッサン、それに、額に入ったショーンの学位証書——オックスフォード大学の政治学・哲学・経済学の学士号証書——が掛かっている。

この部屋にドアはふたつ。ひとつは、ノブの位置が子どもの背丈にあう高さで、各学年の教室のあるほうに通じている。もうひとつのドアのノブは大人向きで、事務長ジョーン・ウィリアムスンの部屋とつながっている。どちらのドアにもひっきりなしにノックの音がする。校長の未決裁書類のトレーはうず高く山になっており、卓上日誌はといえば付箋やリストや電話番号メモなどでモザイク状態。

ショーン・オリーガンの肩にかかっているのは、この学校の五十人あまりの職員、二百五十人の子どもたち、百万ポンド（約二億円）あまりの年間予算、四十以上の経営計画、そしてそれらをたばねてこの学校を教育機関としてうまくきり回してゆく、という責任だ。もっとも、彼は独りではない。女性の事務長、ジョーン・ウィリアムスンは財務管理の資格をもっていて、通常の学校事務だけでなく有能な経理部長の役割も果たしてくれる。また、副校長と三年担任の両方を兼務しているヘレン・グリフィスには週に二日、授業をもたない日がとってあって、管理業務を分担してくれるし、さらに四人の教師が企画運営委員会（シニア・マネージメント・チーム）のメンバーとしてさまざまな仕事を担ってくれる。また、この小学校では、十七人のメンバーからなる学校理事会★が協力的だし、なかでも理事長は一流だ。さらに区の教育当局★★が後ろにひかえていて、それなりに役立つ支援や便宜を与えてくれることもある。

　とはいえやはり、この小さな学校では、多くの責任がもっぱらショーンの肩にのしかかる。しかも、今年はストレスの多い年なのだ。教育水準監査院の監査が入ることが全職員のプレッシャーになっており、みんな、監査の日どりを通知する〝茶色の封筒〟がいつ来るか、いつ来るかと気をもんでいる。そのうえ予算の削減だ。もちろんこれは国をあげての難題なのだが、どこよりもロンドンの学校にこそいちばん響く。イーディス・ネヴィルの場合でいえば、来年度には職員数の削減に

★——**学校理事会（スクール・ガバニング・ボディ）**：「サッチャー教育改革」の柱のひとつとして一九八〇年頃より導入が進められてきた学校の経営・管理方式。各学校の最高意思決定機関として、校長選任をはじめとする人事決定権・予算の運用決定権・カリキュラムの具体化権などをもつ学校理事会をおく。その理事（ガバナー）の構成は、コミュニティ小学校の場合、保護者代表四～五名、地方教育当局指名三～四名、教師代表一～二名、職員代表一名、追加任命三～四名（地域住民、地域企業、教育・福祉団体、上級学校などの関係者から理事会自体が選任）、校長一名で、計十三～十七名だが学校規模などにより変動する。

★★——**地方教育当局（ローカル・エデュケーション・オーソリティ）**：英国の自治体には実権をもつ首長は存在せず、選挙によって選ばれた議員よりなるカウンシル（council＝参事会）によって運営される。この参事会のもつ教育行政機能を直接担う機関がＬＥＡ（地方教育当局）である。日本の「地方教育委員会」と類比することもできるが、かつては英国の地方分権的な教育制度の背骨の役割を果たしていた。しかし「サッチャー教育改革」によって、その権限の少なからぬ部分が、中央政府と各学校理事会という上下の機関に移され、近年はその弱体化が指摘されている。

なお、現在は児童福祉行政も担うことになり、たんにＬＡ（地方当局）と呼ばれるようになっている。

直面するということがあきらかなのだ。

おまけに、ふたりのベテラン教師が、近く産休に入る予定だ。うちひとりはショーンの妻ナシーマで、特別ニーズ教育の主任をしている。その産休のあいだ、補助教員を雇うには財政的な負担が大きすぎ、結局は、いまいる教師たちでその穴を埋めざるをえない。それに、ベテランの彼女たちがいないということは、きたるべき監査で、監査官《インスペクター》たちに学校をベストの状態で見てはもらえない、ということを意味している。

それやこれやのすべてに加えて、この学校では、何人もの子どもたちが家庭に深刻な問題を抱えている。「うちにはいま、とっても難しい親が何人かいる」とショーンは言う。「未解決のまま現在進行形の難問が、いくつもあるんだよネェ」。

校長は目のまわる忙しさ

ショーンの一日は、事件や急用やがひっきりなしに寄せては返す潮の満ち干のようだ。

今朝の職員朝会の部屋には、めずらしい顔がふたつ。ひとりはナジリーンで、赤いビロードのパーティードレスを着て、保育学級《ナーサリー》担任のエイミー・クラウザーのとなりに腰かけ、マーマイト（ペーストの商標）を塗ったトーストを食べている。母親が時間をまちがえて、一時間も早く彼女を連れてきてしまったのだ。もうひとりは、四年生クラスの担任代替を務める臨時教員だが、本人はまだ、そのクラスが学校でいちばん難しい学級だとは知らされていない。

壁の掲示板にも新顔がひとつ。海辺で夏休みを楽しむ中年男性のスナップ写真だ。麦わら帽をかぶった笑顔のその写真の下には、「この人物に孫娘をぜったいにひき渡さないこと」と注意書きがされている。この学校の何人かの子どもは、家族のうちのだれかれにいつ〝誘拐〟されるかわからない、という危険にさらされているのだ。

ショーンはこの春、平日は八時すぎから学校に出ている。例の四年生クラスは一日じゅう心配のタネになるだろう。というのも、このクラスには、ひどく挑戦的で手に負えない男子がふたりもいるからだ。おまけに、子どもとの関係づくりのできていない臨時教員では、すでに一触即発状態のこの学級をコントロールするのはほとんど不可能、ということになりかねない。荒れた日が一日あると、学級全体がその後まるまる一週間もだいなしになってしまうことがある。

職員朝会が終わると、ショーンは四年クラスの教室まで出向いていって、子どもたちに校内規則（ゴールデン・ルール）をたしかめさせ、それをしっかり守るようにと言ってきかせる——「どの子の体も気持ちも大切に！　だれの体も気持ちも傷つけない！」。

その教室がすむと、こんどは調理場へと移動する。そこでは調理師が、ミートボールや野菜ラビオリ（四角の包み状パスタ）の入った巨大な容器類にかこまれて、てんやわんやの真っ最中。調理場は清潔で、漂白剤の匂いがする——だれかがいましがた吸ったらしいタバコの匂いもまざっているが……。じつは、ここも問題を抱えている。調理員のひとりが最近、産休に入ってしまい、もうひとりは転んで腕を二か所骨折した。「そのうえ」と、調理師は言う。「給食会社から派遣されてくる応援スタッフは、どいつもこいつも役立たずよ。あたしはここんとこ、なにもかもひとりでやってんだよ。それに、この調理場の熱気ときたら、辛抱できないよ」。ショーンは、なんとかできないか考えてみる、と約束するハメになる。

九時半。校長室に戻ったショーンを、ある母親との面談が待っている。母親は、学校の職員たちが自分の陰口を言っている、と苦情を申し入れにきたのだ。彼女によれば、自分のふたりの子どもが近くのマーケットで警察に補導され、パトカーで家に連れ戻されてからのことだという。「あなたのことを悪く言ってる職員なんていませんよ」とショーンはなだめるのだが、ティーチング・アシスタントのひとりが自分のことをダメ親だと陰口をきいている、と彼女は言いはるのだ。

「わたし、ナンミン。わたし、エイゴ、できない。わたし、よーく、しっている。わたしの子どもに、なにかあっても、だれもわたしをたすけることできない」

ショーンは低いテーブル越しに身を乗りだして、耳を傾けている。校長室の両側のドアから響くノックの音は、ずっと無視したままだ。半時間ののち、イスから立ち上がるころには、その母親の気持ちも鎮まっている。帰りぎわ、彼女は言う。「わたし、このガッコー、すき。わたしの子ども、このガッコー、すき」。

彼女と入れ違いに別の母親が、仕事を紹介してくれないかと頼みにやってくる。そしておつぎは、副校長のヘレン・グリフィスだ。顔にケガをして登校してきた女の子のことを相談したいとのこと。父親に殴られたという。父親は、幼児ふたりと十歳すぎの子ふたり、都合四人の子どもを抱えて、最近、独り身になった。

「わたしが思うに、このところあのお父さんは、子育てでほんとに大変なのよ」とヘレン。彼女は机の角にお尻を乗っけ、朝食がわりらしい紙容器のパイナップル・スナックをつまみながら話している。担任の教師がしばらくようすをよく注意して、もしまた傷やコブが見つかったりしたら、こんどは福祉局に正式連絡をとることにしよう、とふたりは決める。同時にショーンは、シュア・スタート（29ページの註参照）の事務所に相談してみることも提案する。「あそこなら通訳もいる。こういうケースはかれらにしか扱えないよ」。

イングランドではすべての学校が、虐待対応など児童保護の担当者をおく決まりになっている。ショーンは、この厄介な責任をともなう役目も担っているのだ。

続いて、ショーンとヘレンの会話は、例の四年生クラスの〝問題坊主〟のひとりのことに移っていく。彼の両親は別居中で、数日前に母親が、もう自分の手には負えないから父親と住むようにと、こちらによこしてきた。ところが父親も父親で、最近、刑務所から出所したばかり、自分自身さえ落ち着いてはおらず、子どものことなど投げだしてしまっていて、もうこれ以上かかわる気はないと言う。その子はきょう、学校に来てはいるのだが、怒りっぽく聞きわけがない。彼のことを話しあうショーンとヘレンのようすは沈んでいる。「あの子はよくやってきたよ……」とショーンはつぶやく。

そのとき、ドアがそっとノックされる。立っているのは、手をつないだふたりの小さな女の子。担任教師に〝校長室送り〟★を言いわたされたのだ。「ショーンせんせい、わたしたち、おギョーギ

★――**校長室送り**：英国の学校では、教室での児童・生徒による秩序違反などが生じたさい、担当教師がその場で処理するのではなく、校長室に出頭させて直接、校長による処罰を受けさせるという措置が日常的にもきわめて頻繁にとられる。有形的な懲戒権の行使を教育管理責任者に集中するという学校慣行である。

よくできませんでした」とひとりが言う。ショーンは戸口にしゃがんで、となりの事務室にしばらく居るように、とふたりに指示を出す。また別の子がドアをノックして、四年の教室で〝事件発生〟と知らせてくる。で、その処理のため、ヘレンが教室に急行する。するとまた、もうひとつのドアにお行儀のよい大人のノック。ショーンが応えると、保育学級担任のエイミー・クラウザーが顔をのぞかせ、目まいがして気分が悪いと訴える。ショーンは彼女に、早退の許可を出す。

他方、となりの事務室では、事務長のジョーン・ウィリアムスンが、カムデン区の職員と予算チェックの真っ最中だ。支出の八五パーセントが職員の人件費なのだが、今年は支出総額を実質十万ポンド（約二千万円）ほど削減しなければならない。

彼女の部屋の壁には、「私用で学校の電話を使うさいには、電話代を各自この箱に払ってください」と書いた紙が貼ってある。職員たちはコーヒー・紅茶代や私用のコピー代はもちろんのこと、ときには教材に必要なものさえポケットマネーで買っている。しかし、学校をあげての努力とはいえ、こうした半端な倹約などではとうてい追いつかない。収支のバランスをとるため、今年は、「第二言語としての英語」の学習サポートを担当する教師が辞めたあとを補充できなかったし、新しい図書室をつくる計画も延期した。ほかにも、ただでさえぎりぎりの予算の全般にわたって、経費を削減してきたのだ。

ちなみに、副校長と三年担任を兼務するヘレンが、管理業務のためにとっている授業の空き時間も危うくなっている。このためにかれらに許された向こう一年間の緊急補助予算は、わずかに六千ポンド（約百二十万円）で、それではとてもやってゆけない。なのに、区教育当局の担当者は言う。

「実際のところはこれだって、政府は認めつづけてはくれないのですよ。なんとかして外部資金を得る途はないですか」。

もちろん、この学校の職員たちはもう何年にもわたって、校外に出て資金集めを続けてきている。ショーンは、この小学校と子どもたちのことをあちこちで情熱的に語って聞かせ、寄付金提供者をその気にさせる名人だ。こちらで読み書きの補充指導を手当てするための五千ポンドを、あちらで幼年部の運動場に屋外ゲームを買うための百ポンドをと、寄付金のためなら水も火もいとわぬとばかりに飛びまわる。けれど、これは時間を食う仕事だし、いつもいつもうまくいくとはかぎらない。

この学校の卒業生でもあるジョーン・ウィリアムスン事務長に残されているのは、言っても詮ないことを区教育当局の役人に言って聞かせてやることだけだ。「資金集めをやれなんて言われる筋あいじゃないですよ。それでなくても、やらなきゃいけないことだらけなんですから」、ぶっきらぼうに彼女は言う。

ふたたび校長室。ショーンが、手応えのありそうなふたりの試補教員★の採用候補者に電話をかけて、相手の留守録にメッセージを送っている。試補教員を雇うのと正規の長期代替教員を雇うのとでは、一年につき、およそ一万四千ポンド（約二百八十万円）の差が出る。ロンドンの教員不足は深刻で、すぐれた人材は先を争ってどんどん採用されてしまう。どの学校も、向こうから応募してく

★――**試補教員**：PGCE（教員資格専攻科課程）を修了した教員志望者がすごす一年の試験採用期間中の身分を newly qualified teacher と呼ぶ。ここでは試補教員と訳した。なお、PGCEコースに在学中にも長期の教育実習に出るが、試補教員はこの教育実習生とは異なる。5章に試補教員のインタビューがあり、9章と12章冒頭でもふれられている。

るのを待っているわけにはいかず、こちらから積極的に教員を探しまわらなければならない。イーディス・ネヴィル小学校でも、ラーニング・メンター（学習補導員・193ページの註参照）一名の募集には、事務弁護士、元教師、青少年福祉職員までふくめて八十六人もの応募があったのに、全国紙に載せた学級担任教師の募集広告に応募してきたのはたったの一人、ということもあったほどだ。

廊下では、事務長ジョーンの双子の姉妹、ランチタイム主任を務めるジーン・サセックスが、先月から延びのびになっていた相談をしようとショーンを待っている。部屋に入ってくると、懸案事項がつぎからつぎへともちだされる。調理場の人手がたりない。フォークがたりない。今週はじめ、昼食中に子どもが喉になにか詰まらせたのにだれも気づかなかった。水飲み器があれもこれも壊れていて、雨が降ると運動場が水浸しになる……。

とはいえ、行きつくところはいつもの根本問題、つまり、食事の質の問題だ。「ンったく、ひどいものよ」、ジーンは吐き捨てるように言う。「それをあの調理師様にもわかってもらうっていうのが、ひと仕事なんだ」、ショーンが応じる。

午前中、よいニュースもいくつかあった。まず、ヘレンがドアから顔をのぞかせて報告してくれた。授業中、キレてパニックを起こしたあの四年坊主はようやく落ち着いて、目下ペアレントルームで回復中、と。つぎに、新しい学校要覧（プロスペクタス）が印刷業者から届けられた。すばらしい出来ばえだ。さらに、教育実習生として来てくれそうな学生から電話があって、面接の約束をとりつけた。

けれど、午後一時にもなろうとするいまになっても、ショーンは、自分がこの日の本当の仕事をまだ始めてさえいない、と感じている。

「毎日のやりくりに追いまわされて、見通しをもった仕事なんてできやしない」と彼はぼやく。「昼食に出す豆がどうした、人参がどうしたなんて、校長の時間の使い方としてマトモじゃないって気もするんだよね」。

コミュニティの〝なんでも相談係〟

教師たちはいまや社会からの尊敬を失ってしまった、と嘆く声をしばしば耳にする。しかし、それはこのサマーズタウンには当たらない。ショーンは、このコミュニティできわめて目立つ存在で、疑いもなく尊敬されており、実際、いろいろなことを頼まれる。職員からも親たちからも、人の話によく耳を傾ける人物だと受けとめられているのだ。親たちとのあいだに壁をつくらない、というのが彼のポリシー。子どもの入学手続きのさい、「問題や相談事ができたらなんでも言って。時間を空けるから」と親たちに彼は伝える。もちろんそれは、リップサービスなんかではない。彼は本気なのだ。

たとえば、きょうの昼休み。彼がロール（チーズやサラダをはさんだ調理パン）を買おうと近所のカフェ〝金色チューリップ〟に向かうと、そのマスターのクルド人家族が、パスポートの申請書類に

★――**教師の募集広告**：英国では公立学校の教職員を自治体が一括採用するという任用方式はとられておらず、個々の学校理事会がそれぞれの必要に応じて募集・審査し、採用決定をおこなう。したがって、その募集情報の総計は膨大なものになるが、『タイムズ教育週報（ＴＥＳ）』など各主要全国紙の教育特集版やインターネットなどをとおして常時、広告がおこなわれている。

サインしてほしいと頼みこんでくる。また、角の雑貨屋のおかみさんは、息子の中等学校の願書を書くのを手伝ってほしいと言う。通りの向こうからは昔の生徒たちが、まるでまだ在校生みたいな挨拶の声をかけてくる、といったあんばい。週末には、家族間のいさかいを収めにきてほしいと電話をかけてよこす人たちすらいる――もっとも、かれらが実際に望んでいるのは、難民問題がらみで内務省の窓口に口をきくことや、福祉事務所とか住宅局の役人とのあいだをとりなすことだったりするのだが。

「なんだか、気がつくといつも、住宅局や入管に手紙を書いてるってわけ」とショーンは苦笑する。「実際には手にあまるようなことでも、まるでぼくにはなんでも片付けられるみたいに思ってる人がいるもんでね」。

このサマーズタウンのように、あらゆる種類のさし迫ったニーズに満ちたコミュニティで、人びとの求めにいちいちきちんと応じるのは、時間を消耗する仕事だ。けれど、そうした姿勢が生みだす信頼関係こそが、子どもたちの教育の、目には見えない支えになる。つまり、親たちが学校にポジティブな気持ちを抱くようになるならば、かれらは学校の価値や実践を支えてもくれるのだ。校長を信頼するようになってこそ、親は、自分の子どもが学校でしっかり成長していけると心底思えるようにもなるのだから。

ところで、現在の校長の仕事はほとんど〝不可能事〟になりつつあるという感覚――校長に求められている職務は、およそそれを果たそうにも、そもそもやりきれる範囲を超えているという感覚――は、この学校に限ってのことではない。

全国校長協会（ＮＡＨＴ）★の役員で、十五年にわたる校長経験をもつシルヴィア・モリスも述べている。「こうした地域での仕事にはもともと無理があるってことを、ハナからわきまえてないとヒドイことになるわ。必要とされるのは、つぎからつぎへと続く問題解決なんだけど、すべてをきっちり解決するなんてわけには、けっしていかないんだから」。彼女が校長を務めるテムズ川対岸のサザークにあるカセドラル小学校は、イーディス・ネヴィル同様に、貧困層の多い多文化混住地域を通学区としているのだ。

かつて教師たちは、現場の仕事を続けるなかで校長職に昇進していた。しかしいまでは、国立学校経営大学校★★の管理職コースを修了しなければならない。ノッティンガムに本部のあるこのカレッジは、ブレア首相の十八番《おはこ》の施策のひとつだ。そもそも、そこで授与される校長職国家資格（ＮＰＱＨ）は、校長の職務には膨大な要求が課されているということを公に認証するという性格をもっている。すなわち、個々の学校に予算運用が完全にまかされるようになったことで、校長たち、つ

★――**全国校長協会**（ＮＡＨＴ）：the National Association of Head Teachers が正式名称。スコットランドを除く英国の約三万人の小学校長・中等学校長などで構成された職能組織。「サッチャー教育改革」以来、教育行政の中央集権化の強まった英国だが、日本とは比較にならないほど学校長の自律性は高い。たとえば、二〇〇六年の年次総会で全国校長協会は、「イングランドにおけるリーグ・テーブルの廃止」を求める決議を全会一致でおこなった。本章・最終節からもそうした会議のありさまがうかがわれる。

★★――**国立学校経営大学校**：二〇〇〇年にブレア首相の発案から設置されたこの National College for School Leadership（「国立校長養成カレッジ」と訳されることもある）には、全国に九つの支部があり、本部はイングランド中央部のノッティンガム大学におかれている。校長をめざす中堅教員むけの研修から現職校長むけの研修までさまざまな研修コースをもち、二〇〇四年に導入された校長職国家資格（ＮＰＱＨ：National Professional Qualification for Headship）の取得コースもここでおこなわれる。

まり本来は〝教師〟として訓練された人びとが、学校での教科指導（アカデミック）や生活指導★（パストラル）といった教育活動をリードするというだけでなく、事実上、大きな経営体の〝経営者〟の役割をも担わなければならなくなっている、ということなのだ。

多くのベテラン教師たちは、学校の企画運営委員会に参画するようになると、校長に課されている要求のきびしさをつぶさに見ることになり、校長になるのはよそうと心に決める。現在、校長が欠員★★となっている学校は記録的な数にのぼり、校長の募集広告を出した小学校のうちの半数では、応募者が五名以下というありさまだ。したがって、給与額は高騰しており、小学校校長のなかには年収八万ポンド（約千六百万円）という例さえめずらしくない。

イエスがもし学校教師になるならば

ショーンは、自分の仕事に格別の思い入れをもっている。

「ぼくは、ただ〝小学校の校長〟ってわけじゃない。この学校の、イーディス・ネヴィル小学校の、校長なんだ」と彼は言う。

ショーン・オリーガンは、アイルランドのコーク県の田舎に生まれた。彼の誕生後すぐのころ、一家はイギリス海峡のジャージー島に移住し、その島で彼は、母親が校長を勤める小学校に通い、その後はカソリック系の男子校に進んだ。当時、彼の母親や祖母（この人も教師だった）は、彼が教職に就くことをかならずしも勧めなかった。

「ぼくが育ちに流されてなんとなく教師になるのを、母や祖母は望んでいなかったんだ。そうなりそうなのが見えてたんだね」

けれど、ペタゴジー、つまり、教育実践の学が、彼の関心を惹きつけた。オックスフォード大学で学位を取ったのち、レディング大学で幼年期教育を専攻して教職資格を取得。当時は熱心なクリスチャンで、かつ社会主義者でもあった彼は、自分には貧しい人びとのもとで働く使命がある、と信じていた。

「いまじゃ、バカにされそうな考えだけどね。でも、ぼくにはほかの道はないと思えたんだ」

教職資格をとったあと、彼はベジタリアンになった。そして、職を探してあちこちの学校を見てまわりながら、自分に問いかけていた――「イエスがもし教師になるとしたら、どの学校を選ぶだろう」と。

一九九〇年、二十六歳のとき、ショーンはイーディス・ネヴィル小学校に着任した。学級担任教師として就職したのだが、七年たらずのうちに校長に昇格した。この時期は、いまとは別の意味でこの学校にとって多難な時代だった。教職員の必死の努力にもかかわらず、リーグ・テーブルの学校成績は区の最低レベルを低迷。前任の校長はすでに辞職していて、そこに副校長の突然の死亡が

★――**教科指導と生活指導**：「学校での教科指導と生活指導という教育活動（の両側面）をリードする」と訳された箇所の原語は leading the academic and pastoral sides of their schools で、ここにいう pastoral side とは、七〇年代に広まったパストラル・ケア（pastoral care）という英国固有の実務用語にもとづいており、日本の固有用語「生活指導」に大きく重なる語義内容をもつ。

★★――**校長の欠員**：全国校長協会の二〇〇六年の調査にもとづくと、英国の公立小・中等学校のうち千三百校で校長が欠員となっており、それらの学校に通う生徒数は五十万人にのぼるとも推定されている。

重なった。しかも学校の建物には、あたりの地盤沈下の影響が出ており、さらに監査官《インスペクター》の監査が目前に迫っていた。

しかし、ちょうどそのころショーンは、イーディス・ネヴィルに変化を起こしたいと思っていた。「子どものよいところを見て前向きにかかわろうとすることが〝弱腰〟だと受けとられる、なんてことのない気風」を創りだし、同時にテスト成績も底上げしたい、と考えていたのだ。それまでのこの学校は、二十世紀も終わろうとしているのに、おおよそのところはまだ、規律重視の〝ビクトリア時代の学校モデル〟★にもとづいたやりかたをとっていたのだ。また、すべての教師とほとんどのサポート・スタッフが、（この学校内では民族的少数派になる）白人だった。なおかつ人事が停滞していて、五人いたサポートスタッフの勤続年数を合わせるだけで、百二十五年にもなった。そして教員のなかの、伝統第一主義で変化に抵抗する〝勤勉家〟たちは、ショーンが導入しようとした〝子どもにやさしい（チャイルド・フレンドリー）学校文化〟を快く受け入れようとはしなかった。

他方で、彼は当時、個人的な難問も抱えていた。現在の妻、ナシーマ・ラシードとの交際という問題だ。ナシーマとショーンは、ロンドン大学教育研究院の修士号コースで出会い、その後、彼女がイーディス・ネヴィルで臨時任用教員として仕事をするようになって、ふたりはつきあいはじめた。ただし、こっそりと。というのは、教師同士の職場恋愛はやっかいな問題をひき起こしかねないし、加えてかれらの場合には、宗教や文化の問題もあった。ナシーマの両親は保守的なムスリムで、同様にムスリムの多い他の父母たちの目もはばかられたからだ。それでふたりは、週に一度、学校からうんと離れたところでデートすることにしたのだった。

それ以来、彼の築きあげてきた実績をみれば、その成功はあきらかだ。彼は区内の小学校校長たちの助言・指導役にも任命されているし、二〇〇〇年には全国教育賞の優秀校長賞にも選ばれた。また、彼が校長職を受けついでからこのかた、イーディス・ネヴィル小学校は、類似の困難な事情のもとにある他校とくらべ著しく成果をあげている学校として、四度の認定を受けている。学業成績は劇的に改善し、玄関ロビーの棚はスポーツのトロフィーでいっぱいになった。ショーンはイーディス・ネヴィルの子どもたちが達成したことを、そしてこの子どもたちの存在そのものを、かぎりなく誇りに思っているのだ。

彼とナシーマが結婚するとき、ナシーマの両親はまだ反対していたが、地域のムスリム・コミュニティでは、憤慨する人よりも喜んでくれる人のほうが多かった。

彼の理想主義にはおよそゆるぎがない。だいたい、この仕事は、なんらかの信念を抜きにしてこなえるものではないのだ。もともとショーンは、幼年期教育を専門にして勉強を始めた。で、仕事が手に負えないと感じるようなとき、いまでも彼はちょっと保育学級《ナーサリー》の教室に行き、そもそもなぜ自分はこの仕事をしているのか、と思い返してみるのだという。

★――ビクトリア時代の学校モデル：ビクトリア女王の治世（一八三七―一九〇一）は大英帝国の覇権のもっとも強力な時代であったが、近代国民教育制度もその治世、一八七〇年の「初等教育法」によって典型的な確立をみた。ただし、自由主義の本国とはいえこの国の学校教育は伝統的に階級的断絶を前提としており、庶民むけのものは元来、救貧対策や児童労働対策と絡みあいながら成立してきた経緯もあって、画一的な集団訓練や厳格な宗教的服従道徳の強調に彩られたものでもあった。

校長から政府への大ブーイング

「教育」はしじゅう新聞の見出しを賑わしている。政治家たちは学校を、選挙で親の票を獲得するための大票田とみており、しかも、なんでもかでも安直に変えられる場所だと考えている。たとえば、小学校にかかわる重要な新施策として、リテラシー・アワー（読み書き集中練習時間）やニューメラシー・アワー★（計算集中練習時間）の導入の義務化がある。これらは、十一歳時の英語と算数の全国一斉学力テスト（ナショナル・テスト）に向けた準備をなにより優先するという方向に、学校の仕事をよりいっそう傾斜させるものだ。それぞれの学級で自発的な活動を展開したり、自分の興味関心にしたがって仕事を深めていくなどといった教師の自由はほとんどもう過去のお話で、いまでは指示的で詳細きわまるナショナル・カリキュラム（全国共通教育課程）によって、教室で子どもたちの学習する事柄は、ほとんどそのあらゆる細部にまでわたって規定されている。

近年、この国のすべての小学校が強いプレッシャーのもとにおかれている。だが、もっとも不利な立場の子どもたちを抱えるイーディス・ネヴィルのような数百の学校への圧力が、とりわけ大きい。学校は、リーグ・テーブルの順位によって、その浮き沈みが決まってしまう。各校の特殊事情を斟酌《しんしゃく》するために〝付加価値基準★★〟なるものも導入されてはいるのだが、地方メディアはあいかわらず、単純なテスト成績だけで学校をランク付けする。つまり、入学から卒業までのあいだ、その学校生活のなかで子どもたちがどんなに進歩したか、といった点が顧みられることがない。リーグ・テーブルは、イングランドではことに、政府と教育専門家のあいだの争いの種でありつづけており、わけても子どもたちの学習をとりまく社会的事情をきちんと考慮しない政府の姿勢は、現場の士気を著しく損なうものとなっているのだ。

政府は現場の声に耳を貸そうとしない、と校長たちは感じているが、それにはいくつかの背景がある。たとえば二〇〇一年、教育省は、全国に百五十あるすべての地方教育当局と、サンプリングされた一千の小学校に対して、意見聴取をおこなった。――「キー・ステージ2」★★★の英語と算数のテスト（十一歳）で、レベル4★★★★に八五パーセントの子どもが合格することを到達目標とすることは、

★――**リテラシー・アワー／ニューメラシー・アワー**（**読み書き集中練習時間／計算集中練習時間**）：ブレア政権下、ブランケット教育相が主導した「基礎学力向上戦略」によって導入された義務的特設時間で、リテラシー・アワーは一九九八年より、ニューメラシー・アワーは九九年より開始された。これにより全国の公立小学校は毎朝、各六十分の特設授業を一斉におこなわなければならないこととなった。その授業課題は教育省の外郭団体「資格・カリキュラム機構（QCA）」によって詳細にわたって規定・提示されている。

★★――**付加価値基準**：二〇〇五年に教育水準監査院によって導入されたCVA（コンテクスチュアル・バリュー・アッディド）と呼ばれる指標で、全国の類似の社会的環境のもとにある学校と比べて各校の学力状況を評価する。性別・エスニシティ・母語・家庭の収入など社会経済的な要因を学力テストの成績評価に加味することで、困難の多い環境下にある学校の教育活動を支援するものとされる。

★★★――**キー・ステージ2**：キー・ステージとは、就学前から義務教育修了までの全教育課程を五つに区分した階梯表示のこと。「キー・ステージ2」は、ナショナル・カリキュラム上の七歳から十一歳、小学校三年生から六年生までの四年間の階梯を指す。巻末の図3参照。

★★★★――**学業成績レベル**：ここにいうレベルとは、ナショナル・カリキュラムの指定する学習の到達目標の程度を示す指標で、全国一斉学力テストの成績評価（SATs）の基準となる。キー・ステージ1・2・3（小学校二年・六年・中等学校三年）での標準到達レベルはそれぞれレベル2・4・5とされている。したがってレベル4とは、小学校六年生での標準レベル。この目標設定のしかたの幅の広さと伸びの緩やかさは見逃すべきではないだろう。巻末の図5参照。

実現可能な目標か」と。で、それに回答した校長のうち三分の二が、この目標はあまりにも高すぎると答えたのだが、結局のところ、大臣たちはその目標値を修正しようとはしなかったのだ。

この政府の目標を達成するために、特別な取り組みが必要とされるいわゆる〝指導重点児童〟(ターゲット・チルドレン)の数は、目下、六万五千名にのぼっている。そして、そのうちの何人かはイーディス・ネヴィル小学校にもいるわけだ。この学校の子どもたちは、算数と理科では全国標準を超える成績をあげているが、英語はかれらにとって格段に難しい。この学校ではおよそ八割の子どもたちが、第二言語として英語を学んでいるからだ。

ショーンはあるとき、千人の〝練達小学校長〟(コンサルタント・リーダー)――すぐれた学校経営の実績が認められ、他の校長たちへの指導・助言役をまかされている小学校校長――が参集する政府主催の会合に出席した。ショーンの言うには、演壇から語られるのはどれもこれも〝愚にもつかない管理職談義〟ばかりで、校長たちはみな飽きあきしていた。おまけに、内閣府のお偉方が贈ってくれるエールといえば、「学力テストのさらなる成績向上を」という始末だったのだ。

校長たちは、まるでクイズショーの観客のように、フロアから応答するためのボタン装置を持たされていたのだが、そんなものを使うまでもなかった。かれらは心底からの不満を、生の声や音で表明した。抗議の声はどんどん高まり、ほとんど収拾のつかない事態にまでなるところだった。

テストの成績を上げよ。同時に、どんな子どもでも受け入れる(インクルーシブな)コミュニティ学校をつくれ。なおかつ、親、地元の政治家、教育水準監査院の監査官《インスペクター》、つぎつぎと交代する教育大臣など、あらゆる人びとへの説明責任を果たせ。そして、そのすべてを予算削減のもとで達成せよ。——こんな情けない容赦のないプレッシャーをかけられて、小学校校長たちはほとんど身動きさえできない立場に追いこまれているのだ。

イーディス・ネヴィル小学校には、そしてまた全国のほとんどどこの小学校にも、テストの点数よりもずっとさし迫った問題を抱えた子どもたちがおおぜい存在する。すでに保育学級《ナーサリー》の段階から、乱暴で荒れた行動をする子、あるいは自分の殻に閉じこもってしまう子たちがいる。ある三歳児などは、「ぼくが悪い子にしてたなんて母さんに言ったら、ぶっ殺すぞ」とショーンを脅したことがある。後期課程（ジュニアズ：七歳〜十一歳）の子どもが自殺しようとしたこともある。あるいはまた、出身国への強制送還の危険にさらされている子どもや、家に帰ればそこには暴力と絶望しかないような子どもたちがいるのだ。

校長たちは、子ども一人ひとりの生活指導（パストラル）上の必要と、テスト成績を毎年毎年向上させよという政府命令という、ときに軋《きし》みをひき起こすふたつの要求のはざまで、自分なりの打開の途を選びとらなければならない。

ショーンは言う。「〝学力テストの成績アップに弾みをつけろ〟って議論がもう何年もやられてる。でも、そんなの子どもの教育に役立つことなのかねえ？　ぼくは学校を〝学力テスト工場〟（SATs ファクトリー）になんかしたくないよ」。

もっとも、教師の役割とソーシャルワーカーの役割とを天秤にかけるとしたら、彼の立ち位置はあきらかだ。「子どもに共感するだけじゃ十分じゃない。共感はかれらに仕事を保証してくれはしないもの」と彼は言う。つまるところ彼は、テスト結果に振りまわされたりはしないにしても、日頃の学力の水準には心を砕いているというわけだ。

それにつけても、教育水準監査院の存在は、つねに変わらぬプレッシャーだ。監査官たちは、各校のいわば〝早撮りスナップショット〟を写してまわるようなもので、その評価はつねに信頼がおけるというものではない。しかも、ベストの状態にある学校をいつでも診断するというわけでもない。今回、イーディス・ネヴィル小学校は、全校きっての有力教師がふたりも産休に入り、かわりに大学からの実習生ふたりを受け入れた状態で評価にさらされることになるだろう。

すぐ近くのセイントメアリー・アンド・セイントパンクラス小学校の場合など、教育水準監査院が来るまではビーコン・スクール（すぐれた実践のモデル校）に選ばれていたにもかかわらず、監査の結果、その評価がとり消された。ちょうどその年、校長が交代したばかりで、さらに八学級のところに四人の試補教員を迎えていたのだ。

教育水準監査院・学校監査部のチーフ、デイヴィッド・ベルの論じているところでは、監査の結果にしたがって問題校を〝特別措置★〟のもとにおくといった手段をとるのは、その学校への支援を強化し、問題への対処に努力を焦点化させるためだ、という。しかし、現場での解釈の向きはずいぶん違う。〝失敗校〟と公に名指された学校は、職員を集めるのにも、生徒を集めるのにも困ることになり、よりいっそうの下降スパイラルの途をたどる、といったことになりがちだからだ。「〝特別措置〟扱いが助けになる学校なんて、どこにある？」と、ショーンは懐疑の声をあらだてる。

その一方、校長には校長としてやらねばならない評価や処置の仕事もある。教室を巡回して、教師たちの日々の仕事ぶりやその成果をモニターし、かれらの昇給についての判断も下さなければならないし、学校の基本構想を練り上げたり微調整したり維持していくという作業にも手を抜けない。しかもなお、担任教師をてこずらせて〝校長室送り〟を言いわたされた子どもたちがしょっちゅうドアをノックする、という毎日なのだ。

さて、昼食用のロール（調理パン）を手に学校に戻ったところで、ショーンは、またまた別の人物につかまっている。せんだって、ある慈善団体が、「なにか国産種の木を二本ほど、無料で校庭に植えましょう」と申し出てくれていた。その団体の代表が、植樹に適当な場所を下調べにきているのだ。

「羽状複葉」なるものについての〝講釈〟をひとしきり聞かされたあと、ようやく、校庭の周囲の鉄柵に沿った二、三か所が、木を植えるのによさそうだと決まる。

「サンザシか、エルムか、オークなんかがいいでしょうかな」。その男性は言う。「いや、もちろん、イングリッシュ・オークの場合だと、木の持ち味が完璧に発揮されるまで育つのに、二、三百年はかかりますが……」と。

★──特別措置（スペシャル・メジャーズ）：監査（インスペクション）でこの評価を受けた学校は「失敗校」として教育水準監査院の監督のもとに直接おかれることになり、学校改善のための行動計画の策定が求められる。二年以内に改善がみられないと判断されると、教育省は当該校に閉校を命じるか、フレッシュ・スタートの措置がとられ、学校名を変更し教職員組織を一新させる。なお、これと同様の措置が地方教育当局（ＬＥＡ：日本の教育委員会に匹敵）に対してもとられることもあり、その極度の機能不全を理由に権限を剥奪され民間組織に委託されたＬＥＡも存在する。

3

赤鼻の日《レッド・ノーズ・ディ》

地域の親たちとともに

メラニー・ミアー「ピザはどんな形をしてる？」
スーキー「あかいカタチ」

全校あげてのチャリティ集会

興奮したざわめきが、イーディス・ネヴィル小学校のホールを満たしている。フロアに足を組み、何列にも並んで座っている全校生徒から湧きあがるざわめきだ。教師たちは、各列の端に置かれたイスに腰をかけ、目でその騒音をしずめようとする。

高窓から斜めにさしこむ光が、子どもたちのほおやひたいに描かれた赤いハートマークや丸や十字を照らしている。きょうはレッド・ノーズ・デイ★（赤鼻の日）の集い。学校じゅうのみんなが集まっているところだ。

バングラデシュ語やソマリ語の口コミや翻訳つきの家庭通信で、すべての家族が招待されたのだが、参加している親は十五人ほど。ムスリムの男性たちは、最前列近くのイスにかたまって腰をかけ、サンダル履きの足をしっかりと床にすえている。後ろのほうには母親たち――その何人かは腕に赤ん坊を抱いている――が並んで、二百五十人の子どもたちの頭のてっぺんを眺めわたしている。

この行事の責任者のエイミーが、保育学級《ナーサリー》むらさき組の〝Sクラブ・エイト〟グループ（人気テレビ番組の主人公チームを模したもの）の子どもたちをホール正面に連れて出る。集いのはじまりだ。エイミーのブロンドの髪は、きょうはあっちもこっちも真っ赤な三つ編みだらけに結われていて、そのいかにもトンデル感じは、彼女の疲れた表情と対照的だ。と、音楽が後ろのカセット・プレイヤーからとどろく。正面に出た小さな子どもたちは、目のまえのたくさんの顔を見て一瞬とまどっているようすだが、エイミーは練習どおりに指示を出す。子どもたちのまえに立ち、これまで練習してきたダンス――手をたたき、脚をゆらし、腰をまわす――をやってみせるのだ。すると、観客席の年長の子どもたちが、リズムにあわせて手をたたきはじめる。

そのあと、八歳のマハランが登場する。長い黒髪を赤いメッシュの入ったお下げにピンと結い、彼女特有のあの緊張の面持ちで、首をかしげ、顔を天井のほうへ向けている。マハランは盲目だ。彼女には生まれつき眼球がない。保育学級のころから世話をしているラーニング・アシスタントが、背後にまわってひざをつき、彼女の腰を軽く支える。マハランは、右に左にからだをゆらしながら、

★――**レッド・ノーズ・デイ（赤鼻の日）**：元来は乳幼児突然死症候群（ＳＩＤＳ）の防止キャンペーンとして一九八五年に始まったチャリティ活動で、英国の芸能人が中心となってコミック・リリーフという運動体をつくり、世界の恵まれない人びとの救済のための募金活動をおこなう。年一回、三月半ばのレッド・ノーズ・デイには、このキャンペーンへの支持表明としてピエロ用のスポンジの赤鼻をつけたり、赤いリボンや服を身につけたりする。

クレイグ・デイヴィッド（若手の人気シンガー）の歌をうたう。歌が進むにつれ、マハランの声には力がこもる。「きみにもだれかが必要なのかも――」と彼女は歌いおえる。子どもたちはすごい喝采だし、父親のひとりなどは席から跳びあがっていき、彼女の肩をたたいて誉めちぎる。「クレイグ・デイヴィッドは黒人歌手です」とマハランは言葉を添えて、自分の列に戻って席に着く。

ところで、こうした集いでは、文化の溝があらわになる。たとえば、何人かの子どもはこの日のためにドレスアップして登校してくる。髪の毛をスプレーで染め、Tシャツもズボンもリボンも、みんな赤でキメている。しかし、ほかの子たちは普段着だ。保守的なムスリム家庭の女の子でいえば、ワンピースとカーディガンの下にズボン。その地味で実用的な風采は、ムスリムでない女の子たちの、幼いなりのセクシュアリティのアピールとはずいぶん違う。音楽番組やファッション広告からの影響にせよ、家族や宗教や伝統からの影響にせよ、女の子は男の子よりもずっとはっきりと服装に文化的な影響を反映させる。この子どもたちは、日ごろの暮らしのなかで、こうした文化の溝に橋を架けなければならないのだ。

子どもたちの演技が続く。年長の子どもたちは、おおぜいの観客のまえでも自信に満ちている。小さなころから全校生のまえで演技するのに慣れてきているからだ。

四年生の子どもたちは、人気番組〝ポップアイドル〟のイーディス・ネヴィル版を元気に演じてみせる。おつぎは、一人ひとり交代で前に出ては、駄じゃれクイズを競いあう――「ラクダはどうして、よい先生になるのでしょう？　そのココロは、もともと背中にコブ（the hump）がある（＝いつも不機嫌だ）から★」。そして、男の子のグループが、つぎつぎとラップの才能を披露する。女の子たちは流行《はや》りの歌にお熱をあげる。これも多くはグループだ。「頭の先から足の先まで、あなたのからだにキスしてる。夜更けのバーでいつまでも……」――歌声がホールにあふれる。

そしていよいよ、くじ引きタイム。刺繍入りの赤いドレスと花嫁用の金のアクセサリーとでばっちりキメた六年生の女の子が勝って、いちばん最初にくじを引く。賞品は、朝、用務員さんの手伝いで、〝だれよりも早く学校に入る権利〟だ。一方、〝一日校長になる権利〟をひき当てたのは、低学年の男の子。ショーンが手ずから、その子の小さな肩に自分のジャケットを掛けてやるのを見て、子どもも大人もみんな大笑い。

四年生の子が、〝ヘレン副校長先生の両足をゼリーのなかに浸ける権利〟を当てたときには、子どもたちは大喝采。ヘレンはパフォーマンスの才を発揮して、プロのパントマイマーさながらに、わざと大きなしぐさでブーツを脱ぐと、冷えて血の気の引いた両足を、赤いゼリーのたっぷり入った大きなトレーのなかに突っこんでみせる。ヘレンの素足のくるぶしまでがヌルヌルのゼリーに浸かり、そのあと引きあげた足のつまさきから、赤いしずくがしたたり落ちる。そのありさまに子どもたちは、歓喜の金切り声を張りあげる――。

ホール前方に陣どっている分別顔の男性たちは、このイギリス式のお楽しみ会の顛末《てんまつ》に驚きあきれているみたいだが、その感情は表に出さない。

★――**ラクダと教師**：ラクダの背のコブを指す the hump という語は、同時に「気難しさ、不機嫌」をも意味している。子どもたちはこの皮肉なジョークで、教師たちへの願いを表現している。

イベントの締《し》めは、同じ会場でのケーキ販売だ。職員と子どもたちとがコミック・リリーフ募金のために集めた金額は、つごう四百ポンド（約八万円）になっていた。

学校と家庭の連携の難しさ

種々の研究の示すところでは、「子どもの教育に対する親の態度」というファクターは、階級所属をもふくむ他のどのファクターよりも、子どもの学業成績にとって重要な意味をもっている。親たち自身の教育レベルは、親としてかれらが示す関心と励ましほどには、子どもの学業成績に差異を生みだすものではない。読み書きのできない母親でも、子どもの読み方の学習を助けることができる。ソファに座って子どもといっしょに絵本を見ながら、その物語について話すひとときをもつことをさえいとわなければ。

学校で進められている学習をサポートし、より拡げてくれる親を増やすことは、子どもの年齢や発達段階にかかわらず、学校にとって、なににもまさる重要性をもっている。しかし、イーディス・ネヴィルのように貧困地域にあるかどうかにかかわらず、多くの学校が親の協力を得るのに悪戦苦闘しており、ときには親たちの足を学校に向けさせることさえひと苦労なのだ。

政府は、親と学校との関係を改善するために「家庭—学校契約」★の取り組みを導入したが、これまでのところ、その試みは目に見えるほどの成功を収めていない。いや、なにも特に難しいことが要求されているわけではない。ここで交わされる約束は、典型例でいえば、自分の子どもを学校へ、定刻に、身なりを整え、食事を与え、目を覚まさせて送り届けること、および、家でお話を子どもに読んでやり、学年が進むと宿題をするようすを見守ること、といったところである。ところが、教育省の委託を受けたある研究のあきらかにしたところでは、すべての親がサインを求められたはずであるにもかかわらず、三人に一人以上の親がこの「家庭—学校契約」という言葉さえはっきり憶えてはいなかった。

子ども時代に学校でいやな思いをしてきた親は、学校との接触といえばどんなものでも一種の〝呪い〟とみなしがちになる。いやな思い出がよみがえるのだ。サマーズタウンの成人の三分の一は、まったくなんの教育資格★★もっていない。この数値は区の平均の二倍になる。つまり、学校はこの地域の住民にとって、結局のところ役立つものとはなりえなかったとみるべきだろう。

親はほとんどだれでも、わが子がせめて自分の力相応には学校でうまくやっていくことを望んでいる。にもかかわらず、すべての家族が学校に深くかかわるようにするための処方箋は、まだどこ

★——**家庭—学校契約**（**ホーム・スクール・アグリーメント**）：一九九八年、ブレア政権のブランケット教育相の主導のもとに導入された制度で、すべての公立学校の理事会は、この家庭—学校契約（ホーム・スクール・コントラクトともいう）の内容を決定することが法的に義務づけられた。ところによっては学校・親・子どもの三者がそれぞれの誓約事項にサインをし、履行することが求められるのだが、その実情は本文にみられるような場合が少なくない。「契約」というには無理のある日常的心構えが内容とされているからだろう。

★★——**教育資格**：英国では中等教育を終える（これを離学 school leaving という）さい、その修了資格・大学進学資格・種々の職業資格などをそれぞれ個別の試験に合格することによって獲得するというシステムをとってきており、日本の中学卒業や高校卒業のように包括的な資格獲得の意味をあわせもつ「卒業（証書）」という制度がそもそも存在しないといってよい。したがって、なんの資格もとれないまま義務教育年齢の終了とともに離学する若者が存在するということになる。199ページに関連註。

でも見つかってはいない。

　イーディス・ネヴィルの子どもたちが話す言語は、ぜんぶで約三十にのぼる。★そして多くの親、とりわけ母親たちは、自分の子どもよりも英語ができない。そのため、父母面談のさいや、なにか学校とのやりとりが必要な場合などには通訳が必要になる。「子どもが上手に通訳できたら、なんとかなるわ。でも、そうじゃないときにはちょっと大変ね」と教師のコレット・バンベリーは言う。加えて、正式の教育をこれまでいっさい受けてこなかったという親も一定の割合でいる。そうした親たちが、わが子の勉強を助けるという話になると、ことさらに自分にはその資格がないと感じたとしても不思議はない。

　ちなみに、親族がこの学校で働いているという児童が、ここには何人もいる。職種は、バイリンガル・アシスタント、清掃員、ラーニング・アシスタント、調理員などさまざまだ。あるときなど、保育学級《ナーサリー》だけで七人の子どもの親族が、この学校で働いていた。これは、地域社会との良好な関係を育んで、学校と地域とを隔てている壁に風穴をあけるための効果的な方法といえる。もっとも、地域の人びとが仲たがいを起こしたりすると、それが学校にもちこまれて厄介なことにもなるのだが……。

文化の架け橋となる親たち

　これまでも全国の学校が、父母をひきこむためのさまざまな方策を試みてきた。

　たとえばニューカッスル市バイカー区にあるウォーカー小学校は、読み書き講習からアロマセラピー・クラスまで、飛び入り参加歓迎のさまざまな父母教室を開催し、簡素とはいえ大人むけの図書室も立ち上げ、狭いながらコミュニティ・カフェ用の部屋をも提供している。敷地内の建物に余裕があり、加えて校長がすぐれた着想の持ち主であったことで、ウォーカー小学校では、学校施設を地域住民に部分的に委ねるという、こうしたスペースとビジョンの両方をもつことができたのだ。

また、遥か南部のバンベリー中等学校は、生徒の多くが白人の学校だが、少数派のムスリム家族のための家族ピクニックを催している。教師たち、子どもたち、両親たち、そして親戚たちがいっしょにピクニックに出かけて、ゲームやバーベキューを愉しみ、絆を結ぶ。こうした行事は、たがいの善意をジェスチャーで懸命に伝えあう機会となり、教師と親との信頼構築の一助となる。

あるいはまた、親たちのなかにエネルギッシュで地域思いのリーダーがいてこそうまくいく方法だが、〝家庭と学校の連携〟を親の権限として、その責任を親に委ねているような学校もある。

イーディス・ネヴィル小学校ではどうか。家庭と学校のよい関係を維持するためにこの学校が見出したもっとも効果的な方法は、おそらく、英語とコミュニティの言語との両方を話せる人びとをバイリンガル教育アシスタントとして雇用する、というやりかただろう。

たとえば、保育学級《ナーサリー》むらさき組で働くバイリンガル・アシスタントのひとり、ルーリー・ナズニ

★──**使用言語三十語**：この学校の子どもたちのエスニックな出自はきわめて多様だが、使用言語の総計が三十というのは、各国の地域語・部族語などを算入したとしても少々過大かもしれない。確認できる使用言語としては、英語・ベンガル語・ソマリ語・アラビア語・ディンカ語（アフリカ）・クロアチア語・ポルトガル語・オランダ語・フランス語があげられる。

ン。担任エイミーの読み聞かせにあわせて動物たちの名前をベンガル語で唱えるとき、彼女は通訳以上の存在で、バングラデシュの子どもたちにとっては、いわば〝人間架け橋〟だ。彼女は、子どもたちが暮らすアパートのなかの家庭世界と、これからうまく生きていくことを覚えなければならない学校世界とを身をもって橋渡しする。

同様に、バイリンガル・アシスタントは、両親に向けてもまた、言語だけでなく文化や信条についても解説する役割も担っている。幼年部★担当の職員たちが、もうすぐ保育学級に入るアフリカ系の子どもの家庭訪問をするといった場合、間近に迫ったわが子の学校生活について、母親の抱えている本当の心配事を聴きとることができるのは、ソマリ語を話すスアド・アーメドだ。(たとえば、「学校のトイレには、娘が〝あとしまつ〟をする水はあるの?」といった質問に、「いいえ、学校ではトイレットペーパーの使い方を覚えなくっちゃ」と答えてあげる必要がある。)

バイリンガル・アシスタントには、最初、自分の子どもが通う学校にボランティア・ヘルパーとしてかかわりはじめた母親が、のちに正式な職務としてそれを担うようになる、というケースが多い。これは学校にとっても、参加する側の人にとっても好都合だ。スアドの場合、第二子の娘が学校に上がったとき、教室でのヘルパーを始めたのだが、やってみると、これが楽しかった。

「子どもたちに手を貸してやるのが楽しかったのよ。なんせ、先生の話してることがわからないソマリのチビたちがいっぱいいたんだもの」とスアドは話す。で、担任の教師から、父母ヘルパーのための短期講習に参加するよう勧められたとき、彼女はすすんで登録したのだった。

スアドは二十歳までソマリアで暮らした。十一人きょうだいの一番上だった彼女は、夜明けまえに起床して木炭コンロに火を起こし、弟妹たちにパンとお茶を用意して学校に送りだしてやらなければならなかった。彼女が国を離れたのち、この仕事はすぐ下の妹にひき継がれた。それからまたつぎの妹がやり、末の妹の番になるまでそれは続いた。「でも、末のあの子は運がよかったわ」と、スアドはそっけない口調で言う。「戦争が始まったのよ」。

イギリスにやってきてから、彼女は英語を流暢に話すことを覚え、夫を自分で選び（これは、彼女にとって文化伝統に背くことだった）、息子が小学校から中等学校へと進むのを見守ってきた。彼女はソマリアの生活の仕方とイギリスのそれとの両方を理解している。つまり、ふたつの人生を知っているということだ。

「で、あたしはこっちの人生を選んだの」とスアドは言う。バイリンガル・アシスタントの職への誘いがあったとき、彼女はためらわなかった。「娘のおかげで、幼年部で三年間、手伝いをしてきてたからね。それに、そうしてなきゃ、あたしは家にじっとして、料理して、主婦してたわけ。外で働くことであたしは強くなったし、自分の暮らしを自分で決められるようになったのよ」。

教育によってなにが可能になるのかを自分の人生そのもので示してみせ、モデルとなってくれる人、そして、親たちにかれら自身の言語でその心配事（子どものことであれ、一般的な制度のことであれ）について話をしてくれる人、こうした人びとがいてくれることは、異文化間の理解と親交を深めるために計りしれない価値がある。

★——幼年部：このアーリー・イヤーズは、保育学級とリセプション学級をあわせた基礎ステージを指す。

とはいえ、それぞれの家族の文化的背景はじつにさまざまで、英語を第二言語とする子どものすべてにこうしたサポートができているわけではない。イーディス・ネヴィル小学校には六人のバイリンガル・アシスタントがいるのだが、うち五人がベンガル語、一人がソマリ語の担当だ（このふたつが、この学校では代表的な第一言語であるわけだ）。しかも、このポストさえ、事情次第のかなり不安定なものなのだ。バイリンガル・アシスタントたちの仕事は高く評価されているのだが、任用そのものが法定最低基準の枠外にあるため、学校予算がきびしくなれば、まず最初に経費削減の検討項目に入ることは避けられない。

ヌアー家への家庭訪問

ヒーボー・ヌアーの住むアパートの部屋へは、キングズ・クロス界隈の再開発現場を見下ろす、吹きさらしのコンクリートの踊り場から入る。そとに広がるのは、広大な建設現場の重機類とたえまなく続く作業の光景だ。

なかに入るとすぐ居間で、濃いバラ色の壁のその部屋には、ほのかな光がレースのカーテン越しにさしこみ、香のにおいが漂っている。ひしゃげた三点セットの家具のほかは全体にがらんとしていて、壁にはコーランからとられた碑文の額が一対かかり、リノリウム張りの床にはテレビが置かれている。

部屋のなかでとくに目立つのは、イーゼルに立てかけられた大きな白板だ。窓から入る光のほうに向けられて、子どもたちの算数の勉強のあとが一面に残されている。上のほうには六歳のアブディの計算のあと、その下には、いっそうおぼつかない筆跡の五歳のザーキの計算のあと。ヒーボーの三人の息子はみなイーディス・ネヴィル小学校に通っていて、よちよち歩きの娘までが保育学級《ナーサリー》に入りたがっている。

いま二十八歳のヒーボーは、内戦から逃れて国を離れるまえ、十三歳のときにソマリアの学校をやめている。けれど、なにをおいても教育こそが、彼女と、そして学生として勉強を続けている彼女の夫とが、子どもたちにかけている希望なのだ。

ヒーボーは、イーディス・ネヴィル小学校にとてもよい印象をもっている。「学校の人たちは親に声をかけて、こちらの思ってることをたずねてくれるし、仲間にしてくれる。それに、いっしょに海に行こう、動物園に行こうって誘ってくれる。コミュニティみたい」。

それでもやはり、保育学級に最初の子どもを預けるときには、彼女もずいぶん心配だったという。「だって、それまで自分の子どもを知らない人にまかせたことなんてなかったし、うちの息子は英語が話せなかったから。あの子になにが起こるか、見当もつかなかった」。

当初は、バイリンガル・アシスタントのスアドが、ヒーボーの息子と教師たちとの通訳をした。で、三年後のいまでは、その息子バシールも、そしてあとふたりの弟たちも、めったにソマリ語を話さない（もちろん、かれらはそれを理解しているが）。

ちなみに、英語を第二言語にしている子どもでも、いったん登校すると、友だちにあわせていつも英語を話そうとする傾向がある。したがって、子どもたちに母語の大切さとその価値を伝えることも、学校でのバイリンガル・アシスタントの役割の一部となる。だいたい、ヒーボー自身でさえ

――彼女はテレビとラジオでもって自力で英語を身につけたのだが――家での夫との会話は、英語とソマリ語のちゃんぽんなのだ。

「うちはイングリッシュ・ファーストね。ソマリ語が第二ゲンゴだと思ってる」

こうしてヒーボーは、このイギリスの言語や教育制度にどっぷり浸かろうと努力しているのだが、それでもやはり、彼女が子どもの宿題をみてやれる範囲などには限界がある。六歳の息子はすでに、彼女には書けないような複雑で長い文章を英語で書くようになっている。一方、家で息子たちに算数とコーランを教えるのが、夫の役割だ。自分が助けになれるのはほんの些細なことしかないと、ヒーボーは言い、いまは、いちばん下の娘にアルファベットを教えている。けれど、子どもを応援しようとする彼女の姿勢と教育に対する信念は、子どもたちにもよく伝わって、かれらはみんな学校でよい成績をあげている。

ヒーボーはいま、もっと広いアパートに引っ越すのを心待ちにしている。いまは、たったふたつの小さな寝室を六人家族で使っているのだ。そのくせ彼女は、サマーズタウンの外へ引っ越すことになるのはいやだと言う。この学校との関係を断たれることになるからだ。「はじめっから、みんなやり直しっていうのはキツイ」と彼女は言う。子どもたちにもたくさんの友だちができている。

「わたしは子どもたちにいつも言ってるの。ムスリムの子とも、ムスリムじゃない子とも、だれとでも仲よくしなさいって。人のことを裁いちゃいけない、いつも正しいことをやりなさいってね。それって、宗教よりも大事なことよ」

親の不幸がくり返す

学校で問題を抱えている子どもの親、つまり、教師がいちばんその協力を必要とするタイプの親は、親たちのうちでも学校にかかわることにむしろもっとも強い抵抗を示す傾向がある。

もちろん、母親たちのなかには、自宅の延長にいるようなリラックスした雰囲気で、保育学級《ナーサリー》の教室に入ってくる人たちもいる。彼女らは職員たちとひとしきりおしゃべりをし、ほかの子どもや親たちと挨拶を交わして、それからようやくおもむろに帰っていく。しかし、ジョジョの母親、三十歳のニッキーは、息子を送ってきても、いつもせかせかと急いでいて、なにか逃げ帰るような印象をまわりに与えている。「わたしは、おしゃべりタイプじゃないから」と、本人は弁解しているのだが。

ニッキーが学校に長居したがらないのには、じつはたんなるひっこみ思案にとどまらない深いわけがある。小学生のころ、彼女は白板を見るのに眼鏡が必要だったのだが、それを掛けるのがいやで見えないままにしていた。加えて、聴覚にも問題があったのだが、それはだれからも気づかれもしなかった。見ることも聴くこともまともにできない状態で、当然ながら彼女の学業成績はかんばしくなく、中等学校に入るといちばん成績の悪いグループに入れられた。

「わたし、あんまり頭がよくなかった」と彼女は言う。「なんにも覚えなかったわ。それに、わたしが十四のときに父さんが死んだの。それからはなにもかもメチャクチャってわけ」。

ニッキーは、十五歳のころにはもう、めったに学校には行かなくなっていた。知能は十分にあることはあきらかなのに、彼女は自分を〝落ちこぼれ〟と感じつづけていて、自信をもって読んだり書いたりすることができないままだ。そして、最初の子どもを産んだのは二十歳のときだったが、その息子が学校に上がると、彼女自身の昔の不幸な経験がくり返されるようなことになった。

「うちの子は最初っから、学校で問題ばっか起こしてた。ほかの子のことを引っぱたくわ、つばを吐くわ、噛みつくわ。あの子はほんとに乱暴だった。それに、叱られるとすぐキレちゃって。で、かんしゃくを起こしたら最後、自分をコントロールできなくなるわけ」

何年にもわたって、ほとんど毎日、教室や運動場やその両方やで事件が起きるたび、彼女は学校に呼びだされた。「いつも目を泣きはらしてたわ。先生やらカウンセラーやら、みんながあの子のことをなんだかんだとあげつらって、大きな書類の束をつくるんだから……」。その長男は結局、学習障害があると診断され、個別の支援を受けることになったのだった。

ニッキーはいま、第二子のジョジョも長男の二の舞になりそうだと、ひどく恐れている。彼女がイーディス・ネヴィル小学校を選んだのは、難しい子どもの扱いがうまい学校だという地域の評判があったからだ。だが、それでもやはり、ジョジョの保育学級での学校生活のスタートは、トラウマになりそうなものだった。毎朝、ジョジョは学校に置いてかれるのをいやがって金切り声で泣き叫び、母親が行ってしまうと、職員の言うことなどまったくきこうとはしなかった。ニッキーは息子をなんとか登校させるため、キャンディで釣ることに頼っていたが、彼女も言っているとおり、じつはそのキャンディが彼を〝ハイパー〟に、つまり異常興奮の状態にしてしまうのだ。

もっとも、当初こそいろいろ不安を感じていたものの、イーディス・ネヴィルの職員たちの姿勢は信頼できる、としだいに彼女にもわかってきた。「先生たちは、いまやってることをきちんと知らせてくれるし、『家でも彼と話をしてあげてね』なんて言ってくれるわ。ここでは、校長に呼びだされたのは、まだたったの一回だけ。あの子が乱暴な口をきいたっていうのでネ」。

ジョジョは家で野放図にふるまう癖がついてしまっている。だから、家と学校で共通のルールを用い、共通の対応をとることが必要だと、担当の職員たちは考えている。それには両親との協力が不可欠だが、これがなかなか難しそうだ。ニッキーは自分を、ジョジョのこの世でただひとりの擁護者だとみているからだ。

「あの子の父親は、ジョジョもやっぱり手に負えないと思ってる。あの子に期待なんかぜんぜんしてないのよ」

親も自信回復できる場に

イーディス・ネヴィル小学校ではこれまで、〝父母グループ〟の活動をとおして家族を学校にひきこむ試みを続けてきた。

月曜はグループの集会日になっていて、成人教育講座と朝のコーヒー・ブレイクと職業講習とをミックスしたような集いが、母親チューター、サイエダ・ネッサの運営でもたれている。サイエダはこれまでも、コンピュータ講座から織物やガラス絵や刺繍の教室にいたるまで、親むけのさまざまの講座を催してきた。もともとは彼女自身、参加者のひとりだったのだが、四年前にチューター養成のトレーニングを受け、それ以来、この活動を推し進めることへの情熱をまわりじゅうにふりまきつづけている。

「わたしが目指してるのは、父母のみんなの自信を高めることなの。楽しくって、なおかつ自分のためになるような活動を、あれこれやってみる機会をみんなに提供することでね。もちろん子どものこともみんなの心にあるけど、でも焦点はあくまで親自身においてるのよ」と、サイエダは言う。

父母たちは、ここでやったことを子どもたちに話してきかせる。彼女の言うところ、それが親たちの自尊心を高めるのだ。母親たちがここで身につけた手工芸の技能を認定するために、彼女が手製の〝修了証〟を作ってあげたときなど、何人かの母親はサイエダに語ったものだ――これは、この国で（あるいはこれまでの人生で）自分が初めて手にした〝お免状〟だ、と。

〝父母グループ〟は、一種の中継点となるよう意図されている。母親たちはしばらくここに参加したあと、それぞれつぎの場へと進んでいく。あるフランス人の母親のように、生化学者として職を得て働くといった例もあれば、アイディル・ファラーがいま考えているように、〝第二言語としての英語〟のクラスに正式登録して学ぶといった選択もある。他方、父親たちの参加はあまり多くはないのだが、それでも科学博物館からの出前講師によって催された〝台所科学の会〟などは、男性を惹きつける魅力をもっていたようだ。四人の父親が、連続講座の期間中ずっと、朝から学校に立ち寄って、コーンフラワー（トウモロコシの粉）で作るスライム（ゼリー状の色粘土）や、アルカセルツァー（発泡性の鎮痛錠剤）を使って飛ばすミニロケットの作り方を習っていた。

父母グループに参加する親の大多数は、サマーフェア（バザー）の手伝いにも顔を出す親や、朝、教室の戸口で職員とおしゃべりをしていくようなタイプの親たちだ。サイエダは、家から外に出ず孤立しているような親や、メゲそうになりながらも困難と闘っているような親たちも仲間にひきこみたいと望んでいる。

「『自信をなくしている人の名前を教えてほしい。その人たちをねらって参加を呼びかけるから』なんて、学校に申し入れたりはしないわ。けど、心の底では、そんな人たちにこそ来てほしいって思ってるの」

世話役たちは、この父母グループが、自信をなくしている親にさらに追い討ちのプレッシャーをかけたりしないように、そしてなおかつ、実際に役立つものになるようにと、細心の注意をはらってきた。カムデン区当局も、父母たちを教育や職業訓練に橋渡しすることを意図して、近くの成人教育センターでさまざまなグループ活動を推進している。サイエダは、学校の父母グループの参加者たちをこのセンターのメーリング・リストに入れていて、なにか特定の学習分野に関心をもつ人がいたら、センターのアドバイザーに学習プラン作りを手伝ってもらえるようにしている。

彼女の言うには、これは本当に、一歩一歩の遅々たる歩みだ。

「〝父母グループ〟は、読み書き教室がやるみたいに、一人ひとりの進みぐあいをことさら問題にするようなことはしないの。だれも参加者に〝評価〟を下したりしないし、わたしもあまりプレッシャーをかけるようなことはしたくない。来なくなった人に電話をいれて、せいぜい『どうしてる?』って聞くくらいよ。『あなたのこと忘れてないわよ』って伝えるのね」

この学校の父母グループは参加費が無料だし、乳幼児を預かる託児室も設置しているが、参加者を惹きつけるのには苦戦している。名目上はかなりの数の親が名を連ねてはいるのだが、定期的に参加する親はごく限られている。サイエダは、カムデン区やタワー・ハムレッツ区の他の小学校でも親チューターとして活動しているのだが、イーディス・ネヴィルの親たち、わけてもバングラデシュの母親たちは、ひきこむのがもっとも難しいと感じている。

「わたし自身、バングラデシュ系の人間なので、よけいにそう感じるのかもしれないけれど、やっぱりあの人たちの難しさはとくに目立つわね。でも、それも無理はないのよ」

そこには、女性が広い世間に出ていくことへの文化的な障壁があると、彼女は考えている。

「あの人たちはよく言うのよ、『お姑《しゅうとめ》さんにお茶をいれなきゃならないから行けない』みたいなことをね。成人教育の講習に出かけるなんて〝革命〟にひとしい、っていうような家族もあるの」

学校がとくに女の子たちに伝えたいと願っているのは、だれでも自分の選んだ道をめざして、なりたいものになろうと望んでいい、というメッセージだ。しかし、彼女らの母親たちがひどく制約された生活を送っているなら、学校のその願いの達成もまた、より困難になる。

シャヒーンと家族の第一歩

ショーン・オリーガン校長は、子どもたちがこの学校にやってくるその最初の機会から、家庭と学校との積極的な関係の基本トーンを設定するよう努めている。一人ひとりすべての新入生とその親とに面談して、かれらをこの国の教育制度とこの学校とに歓んで迎え入れる気持ちを伝え、自分の顔を覚えてもらって、いつでも必要なときには直接話をしにきてほしいと告げるのだ。

きょうも彼は、ひとりの子どもの保育学級《ナーサリー》への入学手続きをおこなっている。両親——ジーンズにスニーカーのいでたちの男性と、長い上衣を着て頭と顔をスカーフですっぽり覆った若い妻——が、ちょっと緊張した面持ちで校長室のソファに腰かけている。息子は母親のひざの上で、ばつが悪そうにモゾモゾしている。

ショーンは入学許可証に、男の子の氏名、誕生の年と場所——二〇〇一年、バングラデシュ——を記入し、母とその子がその年のうちに英国に入国したことも書き入れる。また、かれらの家庭言語がベンガル語であること、そして、このシャヒーンが夫婦の第一子であることを記録する。いつもの万年筆で。

さらにほかにも、両親からいくつか同意を得ておく必要がある。職員がシャヒーンに応急処置を施していいか。シャヒーンのぐあいがよくないときには、サマーズタウン・メディカルセンターの指定医（ファミリー・ドクター）に電話していいか。シャヒーン自身や彼の作品の写真を学校のウェブサイトに掲載してもいいか。——両親は、これらすべてに異議をはさまず承諾する。ショーンは、給食にはもっぱらハラール肉★を使っていることを告げ、シャヒーンはラムやチキンを食べることが許されるかどうかをたずねる。父親の言うには、シャヒーンは、昼食にはむしろポテトチップスを好み、カレーは好きではないとのこと。

★——ハラール（halal）肉：イスラムの律法にのっとって食用に処理された動物の肉。学校給食でのハラール肉の使用をめぐっては、各地で紛争的な事態が生じている。

シャヒーンにはアレルギーの問題はなく、眼鏡も補聴器も使っていないが、喘息もちだと父親は言う。彼は、入学許可証用にショーンが示したシャヒーンのエスニック・カテゴリー――アジア系英連邦民たるバングラデシュ国民――に同意する。喘息で病院にかかっていることをのぞけば、とくべつ伝えておかなければならないことはないと父親はくり返す。ショーンは、母親もなんとか話にひきこもうと試みるのだが、彼女は夫のわきに腰かけて黙ったままだ。

ショーンは、面談のあいだじゅうずっと母親のひざの上におとなしく座っていたシャヒーンを誉めてやる。「きみはほんとにいい子にしてたね、シャヒーン。これならすぐに学校に入ってもだいじょうぶだよ」。

そしてショーンは、三人をむらさき組の部屋へと案内して、荷物掛け、トイレ、おうちコーナー、保育学級の専用門などを見せてまわる。シャヒーンは低いテーブルに広げられたパズルが気になって、教室からなかなか出ようとしない。

「シャヒーンはこの九月からスタートがきれますよ」と、その教室でショーンは家族に告げる。

彼はイーディス・ネヴィルのロゴの入った大判カードにそれを書きこむと、インクを乾かして父親に手渡す。父親はそのカードを折りたたみ、胸のポケットにしまいこむ。シャヒーンにとって、まさにこれが始まりだ。

4 皿の上の緑の豆

〝食〟の理想と現実

「よくまあ、こんなドッグフードみたいなものが出せますね★」
——イーディス・ネヴィルの子どもたちから給食業者への手紙

愛すべきか、問題校舎

イーディス・ネヴィル小学校の学校施設は、この学校で展開されているすぐれた教育活動にとって、その舞台として助けともなれば、また障害ともなっている。

学校の創設は、義務教育の導入の方向が示されてから間もない一八七四年。ビクトリア時代に建てられた校舎は一九六〇年代にはとり壊されたのだが、ジーン・サセックス（ランチタイム主任）とジョーン・ウィリアムソン（事務長）の双子の姉妹は、その校舎のことをいまもまだよく憶えている。休み時間を過ごしたあの屋上の運動場、そして毎朝、子どもたちに整列を呼びかけて通りのむこうまで響きわたった大きな鐘の音……。

もとの校舎が取り壊されたあと、同じ敷地に臨時の校舎が建てられた。だがモダンな一階建てのこの新しい校舎には、そもそもの始めから問題がいくつもあった。まず、平らな屋根はあちこち雨漏りがした。それに、オフィス用のスペースが十分にとられていなかった。当時の学校はお役所的な事務仕事の負担がいまよりもずっと軽かったのだが、それでもやはり狭すぎたのだ。

この臨時校舎での授業開始のセレモニーは、BBCテレビのニュース番組を担当していたジョン・クレーヴンが中心になっておこなわれたのだが、当時の学校理事会の代表は、児童数に比してあまりにも狭すぎると、この建物の正式な受け入れを拒否したのだ。当時はいまより学級定数が多かったこともあって、教室のなかに全員が収まらず、廊下で勉強せざるをえない子どもたちさえ出た。しかも、建築から二十五年もするとこの建物は、こんどは、この一帯の地盤である〝ロンドン粘土層〟のなかに沈下しはじめたのだった。

ショーンが校長代理に任命されたのは、ちょうどそのころのことだった。つまり彼は、〝炎の洗礼〟ならぬ〝泥の洗礼〟を受けることになったというわけだ。理事会は、この建物の取り壊しを区当局に働きかけた。というのも、この建物は、もともと学校の正式建て替えまでの臨時施設として造られたものだったからだ。それに、地盤沈下によって、ドアというドア、窓という窓がぴったり収まらなくなってしまっていたし、配管系統も使えなくなっていた。しかし区は、建て替えでなく、いまある校舎を補強するという途を選択した。一九九八年の夏、その補修のあいだの仮教室として使っていた区の施設から子どもと教師たちが戻ってみると、屋根はこれまでにもましてひどい雨漏りがし、ずっと建築資材置場に使われていた運動場は荒れはてていた。

それに続く数年間、校長は、校舎改装のための寄付金集めに奔走し、また、その改装工事を監督した。授業用のスペースを広げるため、各控え室をそれぞれの教室に統合したり、また、新しい保育学級棟の建設を進め、リセプション学級の教室を拡張し、幼児専用の屋外スペースを確保したりもしたのだ。

政府のシュア・スタート事業がサマーズタウンにも適用されたこと、そして、キングズ・クロス駅周辺の再開発事業が進行していたことなどが、一時期、学校に追加資金をもたらした。とはいえ、それらの新財源も、計画していた図書室の建設に手をつけるまえに枯渇してしまった。その建築用にプールしていた資金まで、職員の給与に使わざるをえなかったのだ。ちなみに、学校の敷地をかこむ背の高い鋳鉄柵は、学校まわりの四分の三ほどの箇所でとぎれている。イーディス・ネヴィルの理事会の財務委員会は、残りの部分を仕上げるための資金を捻出できなかったのだ。

イーディス・ネヴィル小学校の子どもたちの多くは、絶望的なまでにみすぼらしい住まいから登校してくる。だからこそこの学校では、校長も理事たちも用務員も、少しでもよい学習環境をつくろうと、できるかぎりの努力を続けている。たしかに建物は狭苦しく、あちこちひびが入ったりもしているが、この校舎は明るく清潔で、手入れがゆきとどき、たち寄ってみたくなる雰囲気にあふれている。それでもやはり、子どもたちには図書室がなく、屋根は雨漏りが続くし、小グループでの活動や会議をするスペースはいつも奪いあいになる。水飲み場もたりないし、トイレはお粗末、

★――**ドッグフードみたいなもの**：この子どもたちの言葉は、94ページでふれられているジェイミー・オリヴァーの著名な給食改善キャンペーンが「もうちょっとマシなもの食べさせろ！（Feed Me Better!）」とネーミングされていたことに呼応する。

年長の子どもむけの運動場には遊具や競技用の設備がたりない。また、教材教具やその他の資材を保管するスペースも不十分だし、コンピュータ専用室もとれない。さらに、この学校は種々の演技や演奏で抜きんでた実績をあげているのだが、常設のステージも照明設備も持ってはおらず、子どもたちは、食堂と兼用のホールを使っているのだ。

これがもう少し裕福な地域であれば、ＰＴＡなどがまとまった額の建築資金を提供することもあるのだろう。だが、この地域ではみんなかつかつの生活をしていて、地元で寄付金を募れる可能性はごく限られている。

他方、教師たちは、他の専門職にはほとんどありえないほどの労働条件に耐えている。職員室では、同じひとつのテーブルが仕事机にも食卓にも使われるわけだし、三十人以上の女性教職員が、たったふたつの粗末なトイレを共用している。全職員による長時間の会議は教室でやるほかはないのだが、そこではみんな、子ども用のイスに腰かけ、子ども用の机に向かう。コンピュータやプリンタはほとんど信じられないような代物で、しかもこの校舎はしょっちゅう暑すぎたり寒すぎたりするのだ。

政府は現在、コミュニティでの学校の役割範囲を押しひろげる〝拡張学校〟（エクステンディド・スクールズ）事業★を進めているが、その計画にあるようなサービスや設備を受け入れるための余分のスペースなど、この学校にはまったく存在しない。そもそも、入学を希望してくる定員外の子どものために校舎を拡張する余地さえなく、あえてそれをやるとすれば、運動場を削るほかに方法はない。だが、大多数の子どもが庭なしのアパートに暮らし、建物の狭間の吹きさらしの中庭には

〝ボールゲーム禁止〟と掲示されているようなこの地域では、学校の運動場はなくてはならない貴重なものだ。実際のところ、毎朝、子どもを送ってくる親たちをみな校内に収容するゆとりすらない。だからショーンは、こんな掲示を出さざるをえない実情なのだ――「本校では父母のみなさんの来校を歓迎していますが、朝の登校時間にはとても混みあいますので、乳児以外のお子さんは校舎内には絶対にお連れにならないようお願いします」。

周知のとおり、トニー・ブレアの労働党が政権に就いたころ、多くの学校施設が絶望的な荒廃状態に陥っていた。〝汚い、危険、居心地わるい〟学校は、新首相が約束した〝教育革命〟がおこなわれるにふさわしい舞台とは、とてもいえるようなものではなかったのだ。その後、労働党は、ビクトリア時代いらい最大規模の公共投資を学校施設に対しておこなった、と誇らしげに語ってきた。たしかに教育省の発表では、学校への設備投資は、一九九七年の七億ポンド（約百四十億円）から、二〇〇五年には五十億ポンド（約一兆円）を超えるまでに増加した。それはしかし、小学校にはほとんど費やされはしなかったのだ。

★――**拡張学校**（エクステンディド・スクールズ）事業：二〇〇〇年、ブレア政権のブランケット教育相が主導した施策で、当初は学校の開設時間の延長（九時～三時を九時～五時に、さらにクラーク教育相は八時～六時を提唱。7章170ページに語られている）が強調されたが、その後、先にふれられているシュア・スタート事業とも重ねられて、コミュニティのなかでの学校の機能・役割を拡大する施策へと展開していった。とくに二〇〇二年からスタートしたチルドレンズ・センターは福祉と教育を統合する施設で、学校との緊密な連携を図り、しばしば学校に併設されもする。さらに現在、二〇〇四年のチャイルド・アクト（児童法）にもとづいて、Every Child Matters（どの子もみんな大切だ！）と名づけられた教育・保育・家庭支援・保健などの総合的推進施策が強力に進められている。

ランチタイムは三文替

もうひとつ、子どもむけ施策の貧困が職員の努力の足を引っぱっている大きな問題がある。それは学校給食だ。

塩気の多いフライドポテト、ぐずぐずのグリーンピース、ケチャップの塗りたくられた灰色のチキンソーセージ……。保育士のローラ・オードノヒューが、むらさき組の教室わきの小さな職員控え室で、お昼の給食をつっついている。ローラは、自分の小学校時代の給食を想い出す。

「あの手作りの〝チーズと卵のタルト〟……。毎週金曜には、ちゃんとしたロースト・ディナーが出たわ。ロースト・ポテト付きでね。わたしなんか、金曜日をほんとに楽しみにしてたものよ」

だが、それは、全国の学校給食が民営化され、もっとも低コストの入札者に外注されるようになる以前のことだ。★「人間って、食べもので決まるものよ」――ローラは、皿を押しやりながら言い捨てる。

最近になって、テレビの人気シェフ、ジェイミー・オリヴァーが提唱した、あの学校給食改善キャンペーンにうながされてのことだろう、いくらかの変化がみられるようにはなった。とはいえ大局は変わらない。

イーディス・ネヴィル小学校のホールには、国じゅうほとんどの学校食堂と同様に、熱せられた脂肪の匂いが充満している。リセプション学級と一年生の子どもたちの列が、食べものを取りながら、大きな金属製の料理カートのまえを進んでいく。そこには野菜も出されてはいる――茹でたグリーンピースと人参のミックス、小さな器に入ったグリーンサラダやコールスロー——けれど、大多数の子どもは、フライドポテトとソーセージにケチャップを取っただけで列を離れる。かれらはイスつきの折りたたみテーブルの席に大急ぎで戻って、皿を傾け、食べものを詰めこむのだ。

このホールでは毎日、二百五十人の子どもが、一時間半のあいだに三交替で昼食をとっている。しかし、ここはもともと食堂として設計されてはいない。調理場からホールまで、重く扱いにくい料理カートで食べものを運びこむので、この学校の昼食時間はまさしく〝緊急事態〟のありさま。まるで毎日、不測事態への即応訓練で大騒ぎしているみたいなのだ。これまでに契約した給食会社はどこも、ホールの改装を約束した。「壁ぎわに設置されている体育用の肋木《ろくぼく》（はしご状の体操器具）をほかへ移して、そこに配膳窓を開け、調理場から直接にホールのサービス・カウンターへ料理を出せるようにしましょう」などと。けれど、そんな計画はついぞ実現されず、調理場の業者職員たちは、この校舎ができたときからずっと同じ〝料理カート方式〟をいまも続けている。

中学年の時間帯になった。あの盲目のマハランも、クラスメートといっしょに列に並んでいる。彼女は、カートに並んだ料理の名前を聞きながら選んでいる。どれもこれも名前だけはシャレてい

★——**学校給食**：本文にもあるとおり、かつての英国の学校給食（school meals）制度はきわめて充実していた。一九四七年、当時の労働党政権が義務教育段階の子どもすべてに無料の学校給食を提供する制度を導入して以来、七〇年代までは、給食費は政府予算から支出されていた。しかし、保守党サッチャー内閣は、その全般的な教育改革に先立って、八〇年、予算削減の一環としてこの公的給食制度を大幅改変し、栄養基準なども廃止したうえで、ファーストフード産業の参入を許す民営化をおこなった。これらと関連して、サッチャー元首相は「ミルク・スナッチャー」とも揶揄された。

るので、実際に見るよりはずっといいものに聞こえる。彼女担当の特別支援アシスタント、ラヌエ・ビービに介助され、マハランは最前列近くのテーブルに着く。「〝三時〟のほうにフライドポテトよ」「ソーセージは〝九時〟のほう」。ラヌエが言う。マハランのお皿には、ふちに沿ってプラスチックのリングが取りつけられていて、お椀状になるよう工夫されている。それを使って彼女は、手ぎわよくきれいに食べている。「ゆうべのサッカーの試合、テレビ観た?」と、となりの席の子がたずねると、マハランは「うん。スコットランドが勝ったでしょ」と明るく応える。

ランチタイム主任のジーン・サセックスが、ホールの真ん中あたりを巡回している。指示をはっきり通すため、ときどきホイッスルを使いながら。

「きょうも結構なごちそうよ」と彼女は言う。「実際のところ、むかむかするけどね。まあ、ひとり分のわりあて量がまともなだけマシね。きのうなんか、フライドポテトが、ひとりたったの五本ずつだったのよ」。

彼女は、立ち歩いている子どもを席に着かせようと追いかけはじめる。もうすぐ午後一時で、最後の高学年の昼食時間帯が迫っており、席を空けなければならないのだ。中学年の子どもたちは、低いテーブルの下に腕木でついているイスをたたみこみ、食べ残しをゴミ容れにこそぎ落とすと、前後のドアから運動場へと脱出していく。

カムデン区では、スコラレスト社と給食の独占契約を結んでいる。この会社は、ケータリング業界の多国籍巨大企業コンパス・グループの学校給食部門だ。コンパス・グループは二〇〇三年、八億ポンド(約千六百億円)の営業利益をあげている。給食が民営化される以前、イーディス・ネヴィル小学校では、調理と配膳のために七人の職員が雇用されていた。いまは四人でやりくりしている。調理主任の仕事は会社の〝ユニット・マネジャー〟におきかえられ、労働条件は悪化している。で、六年生たちが、その労働力不足を埋め合わせることになる。★子どもたちが何十もの広口カップを並べたり、サラダやパンやケチャップを配膳したりするわけだ。

食べもの自体、みんなに行き渡るまえになくなるのがいつものことだ。列の最後尾の子どもが先頭にたどりつくころには、ハラール肉のソーセージはなくなってしまっている。パスタもそうだ。パンはまだあるにしても、干からびていて食欲をそそらない。ナイフやフォークの類も不足しており、子どもたちは使い捨てのプラスチックのフォークやスプーンを、金属ナイフとごっちゃに使っているありさまだ。残りものといっしょにフォークを誤って捨ててしまったりするからとはいえ、民間業者の予算はその替えを購入することを許さない。

給食の質もまた、学校の管理者たちにとっても、子どもたちにとっても、目下の大問題だ。たとえば、〝バニラ・ブリケット〟の柔らかくなった包みをつついてみて、「こんなのはアイスクリームの〝つらよごし〟だ」とのたまうような場合なら、子どもは大人の口真似をしているのかもしれない。けれど、食べものの質への憤りが、はっきりと子ども自身のものである場合もよくあるのだ。五年生のひとり、十歳のトリンニーは、「ハラール・チキンのソーセージに骨が入っていた」と訴

★――**労働力不足の埋め合わせ**：わが国のように掃除当番や給食当番を「特別活動」として児童・生徒に担わせるという学校慣行は、英国には存在しない。しかし近年、この記述にあるような事例はかならずしも例外的とはいえない。

える。彼女の言うには、「人参は柔らかすぎるし、毎日のように桃ばっか食べさせられるし。給食にはもう、ほんとにウンザリ」。

ようやく昼食の時間も終わる。例のユニット・マネジャーが、テーブルをつぎつぎ折りたたむと、一対のパッドの付いた巨大なモップで、床からソーセージや人参のかけら、折れたプラスチックのフォークなどをチリトリに掃きこみ、床を掃除する。

学校給食をめぐるせめぎあい

ジーン・サセックスは、この学校の食品監視係として、給食に出された品目の質を毎日記録につけている。その彼女の帳簿では、たとえばポテトコロッケなど、「ログハウスでも建てるのに使うと最適」とのコメントを頂戴している。ライスプディングは「濃厚すぎて容器にしがみついている」し、ベジタリアン・ソーセージにいたっては「段ボール・ソーセージ」と呼ばれているようなありさまだ。

スコラレスト社はつねづね、自社食品の〝姿のよさ〟をウリにしている。しかし、その中味については不透明だ。ジーンの言うには「料理はどれもこれもパッサパサ」だ。彼女は皮肉に問いかける――「グレイビー（肉汁）には、いったい、いつになったらお目にかかれるの？」「カスタードはいつ？」。それで、ジーンと校長のショーンは、給食の質・量・種類についてみんなの苦情をリストアップして、定期的に業者との会合をもつことにしているのだ。

よい食べものとはなにか、また、よい食べものが人生においてどれほど大切なものか、ジーンには思い入れがある。子どもたちが学校で、蒸しあげた魚とポテト、冷製チキンのサラダ、さまざまな野菜といったいろんな料理と出会い、いかにもおいしそうに供されたその味を覚えることができたら、というのが彼女の願いだ。アイスクリームをのせたゼリー、カスタード入りのフルーツ煮なんかも味わわせてやりたいと思っている。

「ちょっと目先を変えて、ガーリック・ブレッドや全粒粉のロールパンなんかも出してやったらどうなの？　サラミハムやローストビーフみたいなコールド・ミートは？　キッシュみたいなパイ料理は？」。イギリスの伝統料理で、もう学校食堂には戻ってくることのなさそうなメニューを、ジーンはよどみなくつぎつぎとあげてみせる。

「小さな子たちはたいてい、ファーストフードか、家で包みから出して温めるだけみたいなものしか知らないのよ」と彼女は言う。「家に食卓さえない子もいるわ。立ったまま食べるのに慣れちゃってるの。この子たちにはホンモノの食べものが必要だし、バラエティも必要なの。初めて食べるようなものも学校で試せるようにね」。

全国各地の学校においても起きていることだが、学校給食はいまや、イーディス・ネヴィルの毎日の学校生活のど真ん中にいすわる〝矛盾〟となっている。教師をはじめ、学校にかかわるだれもが子どもたちに日々伝えようと心をくだいているのは、「それぞれの境遇にかかわらず、子どもはみんな、社会の与えうる最善のものを受けるに値する存在であり、またそれを求めてよい」というメッセージだ。ここでは一貫性が重要だ。ところが、白昼堂々と子どもたちに与えられる食事は、それとはまったく別のメッセージを語っているのだ。

ちなみに、カムデン区の別の小学校の母親たちは、例の鳥インフルエンザの流行中、学校の調理場への〝ガサ入れ〟をやってのけた。当時禁止されていたタイ国産の冷凍チキンを手に母親たちが調理場から出てきた姿は、地方紙のトップ記事にもなったのだった。また、地方教育当局との給食契約から離脱することを選んだ公立学校もいくつかある。関心の高い親の協力も得ながら、自分たちで、健康にいい作りたての給食を出すことにしたのだ。あるいはまた、いまではメディアでも人気の学校調理師、ジャネット・オーレイの場合、有機食材を使った食欲をそそる給食を子どもたちに食べさせようと、ノッティンガムシャーの小学校でたったひとりで始めたキャンペーンが国民的な共感を呼ぶことになったのだった。

だが、イーディス・ネヴィル小学校の親たちは、ずっと受身で消極的だ。大多数の親たちが、給食の〝質〟の問題は学校におまかせなのだ。

この学校での難問のひとつは〝肉〟だ。学校の調理場では、ここ数年、区教育当局の決定によって、ハラール肉だけを扱うようにしている。つまり、この地域の学校では、豚肉は使われず、ほかの肉もイスラムの律法に則って屠殺されたものだけが調理されている、というわけだ。これは厳格なムスリムにとっては心安らぐことであり、同時にまた、それ以外の人びとのほとんどにとってはたいした問題ではない。しかし、他方には少数ながら、それにいらだちを感じている人びともいる。

ジーン・サセックスによると、全校生徒のうち二十人が、ハラール肉を食べることを許されていない。かれらの親が、信念としてそれに反対しているためだ。「われわれはイギリス人だ。ここはイギリスだ。これは原理の問題だ！」と。このハラール給食の問題は、学校の壁を越えた人種問題緊張のバロメーターとなっている。

すべての子どもに公平な立場で仕事をするジーンだが、昨今の変化のなかで自分たちの思いはなおざりにされていると声をあげる。「いずれにしたって、わたしたちはもう、給食でちゃんとしたラム肉さえ口にしてないのよ。それこそ〝われわれ〟は、完璧に無視されてしまってるってわけ」。

こうしたなかで、給食費保障を受けられる子どもの一部もふくめ、しだいに多くの子どもたちが、お弁当を持ってくるようになっている。学校では、〝健康によいお弁当〟の献立をアドバイスするリーフレットを親むけに出したりもしているが、子どもが実際に持ってくる昼食の栄養面の実態には大きなばらつきがある。

むらさき組で児童会委員をしているサリーが、バービー・ブランドのお弁当箱を開けている。全粒粉のパンを使ったハムとプチトマトのサンドイッチ、人参スティック、レッドグレープ、りんごジュース、おまけにパラフィン紙にていねいに包まれた小さなパウンドケーキまでが、ぎっしり詰まっている。バーナード慈善財団の研究者に子どもたちが語った表現を借りれば、このサリーのお弁当などは、まさに〝いいトコの、ケバい女の子〟しか持ってこないタイプのものだ。

一方、彼女のとなり、五歳のアリのお弁当箱には、モンスター・ムンクのポテチの袋、どぎつい色つきの砂糖菓子の包み、チョコ風味のデザート、それに定番、ライビーナのカシスジュースのカートンが詰まっている。先の研究者への子どもたちの言によれば、こういうタイプのお弁当こそが、かれらにとって〝いじめ〟にあわずにすむと安心のできるお昼セットなのだ。

じつは、お弁当にチョコレートや砂糖菓子を持ってくることは禁止されている。けれど、この規則は、親の協力なしには守らせるのが難しい。そもそも、中身のすべてが、登校途中に角の売店で買ってきたものらしきお弁当さえめずらしくないのが現状だ。

コストは最小、添加物は最大

下院厚生委員会の報告によれば、二〇二〇年までに、子どもの半数以上が肥満になる恐れがあるという。子どもたちは学期中、栄養総摂取量の三分の一かそれ以上を学校給食からとっている。子どもたちに十分で良質の栄養を与えるという点でも、自然食品のよさを教えるという点でも、学校は絶好の場といえるだろう。ところが、土壌協会（ソイル・アソシエーション）★の委託研究があきらかにしたところでは、典型的な小学校給食は、子どもへの推奨適正量と比較して、おおよそ、塩分は四〇パーセント、飽和脂肪は二八パーセント、砂糖は二〇パーセントも多かった。

政府は二〇〇一年、学校給食のガイドラインを導入したが、しかし、そこには給食にふくむべき栄養素の内訳が規定されていない。ただたんに、「赤肉は週二回、魚は週一回、果物と野菜一種は毎日」といったぐあいに、食品群ごとの品目を規定回数どおりに提供するよう契約業者に求めているだけなのだ。しかも、食品の質に関する規定はまったくない。

同時にまた政府は、学校給食への支出の削減も実施してきた。業者が現在、食材費にあてることができるのは、概して、ひとり一食につき三十五ペンス〜七十ペンス（約七十円〜百四十円）にすぎない。だが、学校給食の改善キャンペーンを続ける土壌協会の提案では、その二倍の金額が、より現実的なコストとされている。

カムデン区では、親は一日あたり一ポンド四十五ペンス（約二百九十円）の給食費を支払っているにもかかわらず、そのうち食材費にさかれるのは四十四ペンス（約八十八円）だ。結果は、料理の見場や匂いとなって子どもたちの皿の上に歴然と現れている。

あのスコラレスト社のように食品の〝姿のよさ〟をウリにしていても、原材料の〝姿〟のほうはといえば、それこそ判別不能といってよい。そこに給食業界のおおもとを支える特徴があることはよく知られているとおりだ。ふたたび土壌協会の指摘を引いておこう。

「現行の政府基準にもとづいて、一食分の〝肉〟が子どもに供されるとしよう。ほとんどの場合、ことはそれほど単純ではない。献立としてはもっぱら成型セイボリーやナゲットとして出されることが多いのだが、じつのところそれは、質の悪い肉に、脂肪・でんぷん・香料・風味増強剤・着色料・塩ほかの防腐剤等々の添加物を混ぜてこねあげた代物である」

ところで、イーディス・ネヴィル小学校では、全校生徒の三分の二が給食費保障を受けており、その費用を免除されている。給食費保障は、学校にかかわる社会的窮乏の度合いをはかる主要な指標のひとつだが、五分の一以下という小学校全国平均とくらべると、この学校の実態ははるかに高い割合になっている。これら給食費保障を受けている子どもたちは、家庭で食費にお金をかけられる裕福な世帯の子どもたちよりも、学校でこそ良質な食事をとる必要がむしろいっそう大きい。に

★――土壌協会（ソイル・アソシエーション）：Soil Association は、農業者・科学者・栄養士たちの連携で一九四六年に設立されたボランティア組織。有機農法／有機食品（organic farming ／ organic food）の必要を先駆的に唱導した。有機食品の基準を設定する役割も果たしている。

もかかわらず、ジーンとショーンが給食業者と何度ももってきた話しあいは、これまでのところほとんどなんの変化ももたらしていない。

食事の品質についての不満が蔓延し、区から罰金を課せられる危険に瀕したスコラレスト社は、いくつかの改善を約束している。しかし、社の広報『カムデン学校給食最新情報』に掲載された記事は、かれらの作る給食に似て、手の込んだ加工処理が施されたものとなっている。

「弊社といたしましては、カムデン区当局に意見交換と熟慮とをさらに前向きに進めていただくべく、献立を再編し、強化された製品群よりなる高品質仕様への変更を実施いたしました。また、すでにこのたび弊社では、全ユニット・マネジャーに対する献立・調理技能訓練を実施いたしております」

すべて手作り、〝朝食クラブ〟

こうした問題に対処するひとつの方策として、昼食とは別の食事の機会を学校で子どもたちに与える、ということが考えられる。とはいえもちろん、学校ではよくあるとおり、大人の側がいちばん手をさしのべたいと思うタイプの子どもたちほどつかまえにくい、ということになりがちなのだが……。

イーディス・ネヴィル小学校では、ジーン・サセックスとイヴォンヌ・サウジーのふたりが、毎朝八時十分前には、運動場の隅に建てられたプレハブ教室ですでに仕事を始めている。ここは時間によって、音楽教室や保護者談話室としても使われているが、朝のこの時間は〝朝食クラブ★〟の部屋となる。

イヴォンヌが、模様のついた皿とそれにあう紙ナプキンをテーブルに並べる。ジーンは、プラスチックの容器に卵をいくつも割り、手でそれをかき混ぜる。イヴォンヌは胡椒のミルを取りだしながら、ひとりブツブツこぼしている。「ペッパーが好きなのはエイダンだけなんだよねえ」。

ジーンとイヴォンヌが朝食クラブを始めて一年半になる。ふたりはこの活動を自主的にやっているので、たとえば大豆や卵の予算の足しにと、職員室で自前の〝宝くじ〟を売り出したりしているのだ。クラブに参加するのは後期課程（ジュニアズ：七歳～十一歳）の子どもたち。算数クラブやドラマクラブ、いくつかのスポーツクラブなど、教師といっしょに日替わりの始業前のクラブ活動をやったあと、ここで朝ごはんを食べる、というシステムだ。「朝食をぜんぜん食べずに学校にくる子が、けっこういるのよ。それか、自分でパンだけ食べてくるとかね」。ジーンが言う。

ひとりの子どもがやってきて、朝ごはんを食べる子はきょうは十一人だと伝え、また算数クラブに走って戻る。ジーンは、手もとのスクランブルエッグを掻《か》きたてる。ここで使う食材は、〝コス

★——**朝食クラブ**：ブレックファスト・クラブは、九〇年代末、学校給食の質の低下と広範な子どもたちの食習慣の劣化とが大きな社会問題となるなかで、それへのひとつの対応策としてボランタリーなかたちで始まった取り組みだが、当初は当時政府の進めていた貧困地域への緊急的教育環境改善施策（Education Action Zone）の対象地域を中心に拡まった。近年ではさらに一般的な地域の学校でも、他の課外活動（種々の始業前クラブ・放課後クラブなど）と類似の位置づけで、自治体や食品企業の支援も受けながら実施する学校が増えている。ただし参加する児童の割合は、全校生の一割程度という場合が一般的のようである。
なお、最近の統計として、五分の一の子ども（約三百万人）が朝食ぬきで登校しており、さらに同数の子どもがチョコレートやポテトチップスの類を朝食にしているといわれる。また、こうした朝食給食の取り組みは米国に先例がある。

トカッターズ〟という名の安売り店や地元の食料雑貨店から買ってくる。ほかに、台所洗剤や漂白剤、アルミホイルや使い捨て雑巾までふくめて、ふたりがクラブ運営の必需品に支出するのは、週あたり四十ポンドから四十五ポンド（八千円から九千円）。ときには自分たちの買いもの袋から、なにがしかを差し入れすることもある。

初回の献立はシリアルで、あとで子どもたちに、朝食になにが食べたいかをたずねてみた。クレイグは〝ディッピー・エッグ〟（半熟卵の殻の上部をあけて、スティック状のトーストにつけて食べる）を注文した。けれど、たくさんの半熟卵を上手につくるために、微妙なタイミングに気を使うほどの余裕はふたりにはなさそうだった。それで、彼女たちが行きついたのは、スクランブルエッグとベークトビーンズだ。ただ、問題は、卵の温かさをどうやって保つかということだ。いま、彼女たちは、それをたくさんまとめて作り、アルミホイルをかぶせておくことにしている。

ここではすべての作業が、ふたつのホットプレートの上でおこなわれる（この教室には、ワンルームマンション用の小型キッチンユニットが据えつけられており、その小さな流しや水切り台と並べてホットプレートが置かれている）。ジーンの言うには、子どもたちのいく人かは、このクラブが始まるまで、生まれてこのかたスクランブルエッグを食べたことさえなかったのだ。

イースターには、伝統のチョコレート・クロワッサンやホット・クロスバン（表面に十字の入った英国のパン）を子どもたちに出した。多くの子どもが、いろいろな食べものに慣れていない。「わたしたち、きのう、スパゲッティを初めて出したのよ。外国料理まで紹介してるのかって思われるかもしれないけど」と、ジーンは言う。「レモンカード（バターと卵の入ったレモン・スプレッド）

も試してみたわ。いろーんな種類のジャムもね。でも、チョコレート・スプレッドが、子どもたちのいちばんのお気に入り」。

ジーンとイヴォンヌがいちばんここへ来てほしいと思っているのは、家庭で朝食を食べさせてもらえない子どもたちだ。だが、かならずしもそうはなっていない。教師たちは、必要性というよりは子どもの興味・関心をもとに、それぞれのクラブへの所属を決めさせているからだ。「それに、この朝食クラブって、親にはむしろ不評なのよ。とくに、子どもを朝早く登校させるのがやっかいだって親なんかにはね」とは、イヴォンヌの言だ。

子どもたちが、朝のクラブ活動から、時間に遅れて駆け足でやってくる。朝食の場には、家庭的で礼儀正しい雰囲気がただよっている。子どもたちはくっつきあって長いテーブルにつき、小さな声でおしゃべりをする。ジーンとイヴォンヌは、全員の名前はもちろん、多くの子どもの好みも知っている。子どもたちが食べているのはスクランブルエッグとベークトビーンズとトーストだが、じつはかれらは、食べもの以上のものを得ているのだ。

たとえば、ペーパーナプキンを使いきってしまったとしよう。ジーンによれば、子どもたちは「新しいのはどこにあるの」とすぐにきちんとたずねる。〝自分たちには受給権（エンタイトルメント）がある〟という感覚が育っているのだ。つまりここには、ほしい人に十分に行きわたるだけの卵があるべきだし、スプレッドも選べて、できたてのトーストや紅茶もあってしかるべき、というわけだ。

子どもたちは、指示されるまでもなく自分のお皿を自分できれいにし、ふたりにお礼を言って、おしゃべりを続けながら部屋をあとにする。一方、ジーンとイヴォンヌは、食器洗いにとりかかる。

5

ちょっとブルー

教師たちのストレスと悩み

〝大きくな〜れ、つ〜よくな〜れ、かしこくな〜れ、やさしくな〜れ〟

――保育学級・職員控え室の掲示

海外からの〝助っ人教員〟

もう職員朝会が始まっているというのに、床にはバケツが置かれている。夜どおし続いたどしゃ降りのせいで、天井から雨水がまだ落ちてくるのだ。

職員室に集う顔ぶれが少々さみしい。きょうは副校長のヘレン・グリフィスがショーンの席に座っており、ほかの出席者も全員、イスに腰かけることができている。職員・子どもの区別なく、病気が学校じゅうを席巻しているのだ。で、その病気のこと、そして病欠職員の補強をどうするかということが、今朝の話題の中心だ。そうそれから、ナシーマが女の子を出産した。サミールの妹だ。なので、ショーンは父親として、数日間の出産休暇（パターニティ・リーヴ）をとっているところなのだ。

業務日誌を閉じながらヘレンは、後期課程（ジュニアズ：七歳〜十一歳）のひとりの男子にとくに気をつけてやってほしいと、みんなに告げる。その子の母親が、先週末から家に戻っていない。酒に溺れてのことだ。いまは一時的に叔母が面倒をみているが、その叔母も、もし母親が今週末までに戻ってこなければ彼を福祉局にまかせることにする、と言っている。その子が今朝、朝食クラブにきていたことをジーン・サセックスが報告する。たしかに彼はお腹をすかせていた、けれど、家で起きていることについてはなにも話さなかった、と。

授業時間になる。一年生の子どもたちは、きょうは代替教員の授業を受けている。担任が病欠なのだ。その臨時教員のドーラは、ジーンズにスニーカーといういでたちで、てきぱき仕事をこなせそうな女性だ。

彼女にとって、きょうの出だしは悪くない。一人ひとりの名前を呼んで「おはよう」と声をかけながら出欠をとる。子どもたちがそれぞれに応える、ベンガル語で「チャンナ・ダーム」、アラビア語で「サラーム・アレイクム」、そして英語で……。

子どもたちを自分の足もとのカーペットの上に集め、ドーラは白板に数字をいくつか書いてみせる。5を裏返しにしてみたり、3を寝かせてみたり、わざとあちこち間違いをやりながら……。子どもたちは大騒ぎしてその間違いを言いたてるが、ドーラはなんのことだかわからないそぶりで、いっそうかれらを歓ばせる。子どもはこういうのが大好きだ。そのクスクス笑いの最中に、アラウィアがお腹が痛いと訴えて、女子トイレに連れていかれる。

このあと一時間以上、特別の算数の勉強——ニューメラシー・アワー（計算集中練習時間）——が続く。もちろん、おもしろいことばかりではない。六歳児たちは、二桁の数のそれぞれをきちんと識別して、書き写すように指示される。そのつぎは、足し算と引き算の初歩のページ。

ジェイソンは、算数がよく理解できていないようだ。あてずっぽうの答えをつぎつぎ書くと、すぐに「もうできた」と宣言して鉛筆を投げだし、両足を突っぱってイスの前足を持ち上げ、体を後ろに傾かせる。同じテーブルで、苦戦しながらも地道に足し算をしていた女の子ふたりが、ジェイソンの早さに舌を巻いたようすでそっちを見る。先生がきちんと座るようにと指示すると、彼は、テーブルを向かいの子たちのほうに乱暴に押しながら、ガシャンと音をたててイスを戻す。

この時間が終わりに近づいたころ、ひと騒動がもちあがる。あのアラウィアが、かなり激しく嘔吐したのだ。床だけでなく、近くにいた子どもたちの靴にも、薄い吐瀉物《としゃぶつ》が飛び散っている。その子たちは、手で口を押さえながら四方八方に散らばって、「キモチわるーい」と叫びたて、学級アシスタントがアラウィアを連れて出る。ドーラは、子どもたちに紙と鉛筆を持たせて、運動場に出すことにした。

外に出ると、陽の光を浴びて子どもたちはのびのびし、あちらにこちらにと駆けまわる。この休憩時間、かれらの遊びは、手にした紙と鉛筆を使った〝こすりだし〟だ。ガラス、木の幹、はては男子トイレの壁にまで紙をあてて熱中する。ところが、ジェイソンがひとり、肩をだらしなく落として、けだるそうにベンチに座っている。「ゆうべは何時に寝たの?」とドーラがたずねる。「十時? 朝ごはんは食べてきた? なにも?」。

ドーラは、オーストラリアからロンドンにやってきて、短期代替教員としてこの二年、断続的に働いてきた。けれど彼女には、この国で常勤の教職に就く気はない。理由は文書事務の煩雑さだ、と彼女は言う。母国オーストラリアのそれとくらべて、この国の教師の事務仕事の負担は、どうみても度を越しているというのだ。おそらく彼女は、長期代替教員として一学期間をとおして勤めるだけでも、イングランドの教師たちに要求されている文書事務の膨大さに圧倒されてしまうだろう。

極度の教師不足が続くなか、ロンドンの学校という学校は、じつはドーラのような臨時任用教員の支えでようやく維持されてきた。おもにカナダ、オーストラリア、ニュージーランド、南アフリカといった国々からやってきた有能でエネルギッシュで外向的な若い人びとだ。ところが、かれらがやってきてすぐに、ひどく驚くことがある。この国での教師の仕事に対する中央集権的な統制のきびしさ、逆にいえば、教職の自律性の突如とした喪失、という問題だ。

代替教員たちは、一日あたり百ポンド（二万円）程度をエイジェンシーから受けとる。教師派遣のエイジェンシーは、派遣先の学校にはそれよりずっと高い金額を請求し、その差額を取り分にする。イングランドの学校で仕事をするのに必要な事柄について、事前研修を実施しているエイジェンシーもあるにはあるが、そうしたことはなんらおこなっていないところも少なくない。しかし、世界のどこから来たかにかかわらず、この国以外で養成された教師たちは、イングランドの子どもたちの問題行動にはひどく驚くことが多いのだ。かれらのすべてがイングランドの教室でやり抜いていけるわけではない。また、どうにか仕事を続けている教師たちにしても、まるで初めて教壇に立ったときのように、自分の教育技術がまともに通用しない無力感を味わわされている、という。ところで、アラウィアの嘔吐のあとは、休憩時間にも片付けられていない。用務員のジョン・パントンが、きょうは非番で学校に出ていないのだ。一年生たちは、他学年の教室に間借りさせてもらうほかはない。小さな教室は人いきれで息苦しく、雑然たるありさまだ。

つぎのリテラシー・アワー（読み書き集中練習時間）、ドーラは、自分が与えた書き方の練習問題をこの一年坊主たちがろくろく進めてくれないことにいらだってくる。小さくて顔色のよくないジェムも、まだ課題を終わらせていない。で、それに気づいたドーラが彼に与える注意には棘《とげ》がある。「ママにうんと叱られるわよ」。ジェムは髪を耳の後ろにかきあげながら、心配そうな顔つきだ。ひとりの女の子がとなりの子に聞いている。「もし単語を間違えたりしたら、先生、ひっぱたくかな？」。そうかと思えば、あのジェイソンが、たった五分のあいだに五回も鉛筆を削りに前に出てきて、結局、教室の外に出るよう言いわたされる。

副校長のヘレンが、万事だいじょうぶかとたしかめようとドアから顔をのぞかせたころには、朝の初めのあの陽気で愉快な雰囲気は、すっかり消えてなくなっていた。

子どもやアシスタントの視線がコワい

教師の仕事は、ストレスに満ちたものになる可能性をつねにはらんでいる。とはいえやはり、学校や役割によってストレスの誘発程度はさまざまだ。

ここイーディス・ネヴィルには、大人にも子どもにも健全な関係性を育む学校文化が育っている。だから、たとえば〝いじめ〟など、運動場でも職員室でも、目につくような問題になってはいない。これは関係者にとって、ストレス軽減の大きな助けとなる事実だ。また、学校が成功していること

——あるいは成功していると思われていること——も、いまひとつのストレス解消要因だ。だが、インナー・シティの環境と、そこに暮らす子どもたちが学校へと持ちこむさまざまな問題は、対処するのが難しく、苦悩に満ちたものになりがちだ。加えて、教育水準監査院の監査への心配も、不断のプレッシャーになっている。もうすでに一年以上、いつ監査実施の通告がきてもおかしくはない状態が続いているのだ。そして、同僚間の関係のとり方がそれ特有の緊張を生みだすことも、仕事の性質からして、この学校にあってもまた避けがたい。

ところで、試補期間というものは、標準的な教師経歴のなかでもっとも大変な時期に数えられている。ことに、インナー・シティで試補教員を務め正式な教員資格を取得するというのは、その地域性と関連した子どもの行動上の諸問題の困難さからしても、使われている言語の多様さからしても、また、なにかにつけマニュアルにない判断を迫られるという点からしても、ことのほか難しい。

この困難さを、三十五歳の試補教員、ララ・ソープは痛感している。

昼休み、午前中の音楽の授業を終えたララが、職員室で、タッパーに入ったツナサラダを食べている。じつのところ、彼女は音楽教育の訓練を受けていないのだが、それでも、体育と同様、学級担任教員としてはやらずにはすまされない。ララにとってはここでの職が、近くのカレッジでの一年間の教職課程をへて初めて得たポストだ。

そもそも、その教職課程、ＰＧＣＥで与えられるのは、教育方法の理論的基礎の速習講座と、学校現場での実習によるごく限られた実地経験だけで、とてもそれのみで十分に力をもった教師を養成することなどできはしない。なお、この教職課程修了者は、そのうえさらに一年間の法定試用期間——ララの場合でいえば、このイーディス・ネヴィルでの四、五歳児の担任としての実地経験——を無事に終えてはじめて正式の有資格教員の地位を得る、というシステムになっている。リセプション学級を受けもつのは、つねに骨の折れることだ。なぜなら、この学年は、遊びにもとづく学習から、読み・書き・算数のよりフォーマルな学習へと移行するよう子どもたちを訓練する必要のある学年だからだ。しかも、今年、この学校のリセプション学級には、ひどく対応の難しい行動をとる子どもがふたりいる。そしてさらに、試補教員にとって悩ましい問題がある。

イーディス・ネヴィルでは、学校が抱える社会的・教育的・言語的な困難度の高さから、教室内に教師以外の職員が通常以上に多く配置されている。バイリンガル・アシスタント、ティーチング・アシスタント、スペシャルニーズ（特別支援）・アシスタントなどだ。だが、新米教員にとっては、この補佐役たちが、ある意味で仕事をより難しくする面がある。つまり、しばしば自分よりもはるかに経験豊富なアシスタントたちを監督すること、また逆に、かれらに自分の仕事を視られているということが、また別のプレッシャーを生みだすのだ。

もちろん、同僚ばかりでなく校長も応援してくれる。「彼はいつでも相談にのってくれるわ」とララは言う。しかし、それでもなお彼女にとって、教職へのこの洗礼は、自信を奪うとともに疲労困憊《こんぱい》させるものだという。

「教師の仕事って、自分のせりふをきちんと覚えて役者をやる、みたいなところがあるのよ。最初っからそれがいちばんの不安のタネだったんだけど、いまでもやっぱり変わらない。ときどき、動悸がひどくなって、すっかりアガッちゃうことがある。たとえひと晩中かけて、スミからスミまで徹底的に準備してたとしてもね。子どもって、すぐにこちらの痛いところを突いてくる。こっちが〝馬鹿にされるかも〟〝恥をかかされるかも〟なんて思ってたら、信じられないくらい攻撃されやすくなっちゃうのよね。それに、自分が監督しなくちゃいけない職員たちから視られてるってのは――とくに、自分のやってることに自分でも確信がもてないようなときなんか――ホンッとに、ものスゴーく大変なのよ。だから、自分に自信がなくて、目標がはっきりしてないようなら、教師をやるのはかなり難しいってことね」

現在、ベテラン教師ふたりが産休で職場を離れており、しかも、教育水準監査院の監査官《インスペクター》たちがいつ来るかという心配も依然として続くなかで、この学校のララたちふたりの試補教員が、あてにできるサポートには限界がある。もちろん、ララの指導教員エイミーは、助けになろうと尽力してくれている。ララは、自分の教室を離れてエイミーの授業を参観できるよう、いくらかの空き時間を与えられているし、自分の実践についてエイミーとディスカッションする機会も与えられてきた。また、区教育当局がおこなう新人教員研修だけでなく、職能開発のための他のさまざまな研修コースにも学校から派遣されてきた（彼女は学校を離れられる機会があれば、なんであれ飛びつく）。しかし、それでもやはり、彼女は自分の仕事を楽しめてはいないのだ。

もっとも、ララの抱える気がかりの一部は、学校で起きていることとは別だ。彼女は、隣接する区に住んでいる。毎日、自転車で通ってこられるほどの近いところだ。で、彼女にはまだ小さな娘がふたりいるのだが、その子たちの学校への送り迎えができていないことを、じつはひどく気に病んでいるのだ。夜や週末、娘たちとともに過ごすとき、彼女はいつもいらだちを感じ、気分が重くなる。なんだか、昼間、よその子どものために注いだエネルギーの残りカスを、自分の子どもに与えているような感覚に襲われるのだ。

家庭と仕事のバランスをもう少しよくするため、彼女は最近、授業担当を週四日に減らしてもらっている。これで、週に一回は娘たちの送り迎えができ、また、提出物の採点や授業の準備の遅れをとり戻すため毎週末、家に仕事を持ち帰らずとも、なんとか学校にいるあいだにすませることができるようになった。しかし、それでもやはり、彼女の悪戦苦闘に変わりはない。

「いまはまだ、仮免みたいなものよね」と彼女は言う。「いつだって、とんでもないところで、スピードを出しすぎたり、スピードを緩めすぎたりしちゃうのね。〝やってける！〟って思える日もあるわ。けど、エンジンの点火キーさえ見つけることができない日もあるのよ」。

ララは、サラダを食べおえて、マンゴーの皮をむきはじめる。むかれた皮は、ずっと切れずに長くつながっている。以前やっていたアート・マネジメント関係の職を彼女がやめたのは、なにかもっと創造的な仕事をやりたかったからだ。けれどもう、彼女の心は決まっている――そう長くは、この学級担任教師のポストに留まりたくはない、と。

教師のやる気はカネで釣れない

学校というものは、つまるところ、教師集団だ。学校は、教師の活力と責任意識のうえに成り立っている。もちろん、学校には有能な指導者が必要だ。しかし、〝スーパー校長〟――危機にある学校を救いだし、活性化し、たったひとりの手で成功に導くようなカリスマ指導者――というあのコンセプトは、もはや死にかけている。校長たちはみな、自分のチームに支えられている。当然ながら、それぞれの教室に力量のある教師たちがいるのでなくては、毎時間毎時間、そして毎日毎日、子どもたちに意味ある経験を与えるということなど、どんな校長にもできはしない。

全国的な教師不足――原因は、マスコミの教師バッシング、低賃金、高齢化した職種イメージなどさまざまだが――に対して、このところ政府は、大規模な広告キャンペーンを張って取り組んでいる。映画館に入れば、観客たちは予告編のまえに教員養成機構（TTA）★の広告に語りかけられる――「よい先生のことは、だれもけっして忘れない！」。ただし、観客たちの反応は、あちらこちらのこんなさざめきだ――「いやな先公のこともナ」。

さらに政府は、教員養成コースに入る人びとに奨励金を提供してもいるのだが、それは実質上、その人びとを〝買収〟するに等しいものだ。大学卒業生でPGCEに登録する者には、一年制のそのカレッジコースの費用のために六千ポンド（約百二十万円）が支給される。また、中等教育機関でとくに不足の著しい教科の教師をめざす者は、首尾よく資格を取得したあかつきには、実際にその職に就く仕度のための追加給付まで受けられる。外国語、数学、科学、ICT（情報コミュニケーション技術）、そして――最近までこの国では考えられもしないことだったのだが――英語、といった諸教科だ。

★――**教員養成機構**（TTA）：教育省は一九九八年、「教員養成ナショナル・カリキュラム」を策定し、それまで各養成機関の裁量にまかされていた教員養成の課程内容の編成に初めて全国共通基準を導入した。教員養成機構（Teachers Training Agency）は、このカリキュラムの認可・運営を実施・監督する。巻末の図2参照。

しかし、こうした奨励金による勧誘は、むしろ痛し痒《かゆ》しの結果しかもたらしていない。というのもそれは、教職志望者のなかに、もっぱら金銭めあての者をひきこむことになる面があるからだ。たしかに新採用教員研修への参加人数は、一年あたり三万五千名にまで急増したが、その新人教員の多くが、ごく短期間のうちに仕事を続けられずに退職するか、健康を害するか、ストレスでどうかなってしまうか、といったぐあいなのだ。給与を少々よくしてみても、また別の金銭的な報奨を加えてみても、そもそも動機づけのあいまいな教師たちをこの仕事に長く引きとめることなどできはしない。

教師の職務軽減のため、政府は、コピーとりや掲示物の貼りだし、遠足の費用徴収といったいくつかの日常業務を支援スタッフにまかせられるようにするという新規施策を現在進めているが、これまでのところ、その普及・実現の状況は学校によってまちまちだ。そもそもこの方針を適用・実施するための資金の調達に苦労している学校経営陣も少なくない。

ケンブリッジ大学のモーリス・ゴルトン、ジョン・マクベス両教授の調査によると、小学校教員の週あたり労働時間は、一九七一年の四十五時間弱から、最近は約五十五時間にまで増えている。教師たちが両教授に語っているところでは、ますます多くの仕事を家に持ち帰って夜や週末返上でやらざるをえなくなっており、教師の労働条件を悪化させている最大の要因は、時間の不足、つまり忙しさだ。

また、全国教員組合（ＮＵＴ）★が委託したある調査によると、政府から全国一律にもちこまれる新規施策★★があまりにも多すぎること、および、ナショナル・カリキュラムの到達目標を達成すべく不断にプレッシャーがかけられていること、というふたつの問題が、労働条件の悪化の第二・第三の要因とされている。

つまり、教師のやる気をそいでいるのは、ただたんなる職務負担の過重ではない。監査官《インスペクター》による学校監査制度、法定の一斉学力テスト体制、そして業務遂行能力の管理方式といったもろもろが、教師たちの時間と感情的エネルギーとを吸いとってしまうのだ。しかも、それらきびしい管理は、生徒たちにはほとんどなんの効果ももたらしてくれない。子どもこそ、教師たちのやる気を起こさせるなによりの大もとなのに、教師の仕事のかなりの部分が、子どもとはほとんどかかわりがないような実態なのだ。

「教師の時間のきわめて多くを奪いとっている職務が、じつは、生徒のさまざまな学習機会の質の維持や向上にほとんど実質的な貢献をなすことのない事柄で占められている」とは、全国教員組合が上述の調査に付しているコメントだ。そしてさらに、こうも述べている。

「つねに時間に追われる忙しさのなかで、授業時間内に子ども一人ひとりとうちとけた会話を交わす余裕がなくなっていること、また、しかるべき機会に――たとえばトピック学習やプロジェク

★――**全国教員組合**（NUT）：National Union of Teachers は、一八七〇年創設のヨーロッパ最大の教員労働組合。イングランドおよびウェールズの、三十万人の教員を組織している。

★★――**新規施策の多さ**：現今の英国における教育とその関連領域にかかわる政府サイドからの新規諸施策の極度の多様さ・煩雑さは、それを処理するにおのおの校長や理事長の手にはあまるほどで、それらを上手にさばいて組みあわせ、より多くの補助金を得るためのコンサルタント業をさえビジネスとして成立させている。

ト学習★の作業（中略）等々の一環として――子どもたち一人ひとりの着想や興味の十分な追求を保障する余裕がなくなっていることにも、教師たちは遺憾の思いを抱いている。しかし、それでもなお教師たちは、生徒とのこの種のやりとりこそ、きわめて報われるところが多く、やる気をかき立ててくれるものとみなしている。なぜなら、そうしたやりとりこそが、教師―生徒間の関係性を高め、ときに、現場実践家たちの言うあの〝魔法の瞬間〟をもたらすからである」

校長にだけはなりたくない

ストレスに悩むのは、経験の浅い教師ばかりとはかぎらない。

副校長ヘレン・グリフィスが担任する三年生の教室では、バイリンガル・アシスタントのスアドが、ソマリアから来たばかりでまだ警戒心のとけていない大柄の男の子に通訳をしてやっている。このヨウッセフは英語をちっとも話せず、これまで学校に通った経験もない。それでもヘレンは動じない。

「新しい子を迎えるのって、わたし、大好きなの」と、ヘレンは言う。「子どもたちみんなに、社会的スキルを身につける練習の機会を与えてくれるでしょ。新しい子にそこらを案内してまわったり、いろいろ起きるゴタゴタを処理したり、これまでの自分たちのやりかたを護ったり、っていうふうにね。それに、うちのクラスはなんでもはっきりものを言うし、新しい子たちをすぐに溶けこませられるわ」

彼女の学級では、少なくとも三分の一が、保育学級《ナーサリー》の途中以降にイーディス・ネヴィルに編入してきた生徒だ。そして今年も、三人が新しく加わった。

ヘレンは、きびしく規律を守らせる。子どもたちは授業中、発言するまえにはかならず手を挙げなくてはいけないし、背筋をきちんと伸ばして座っていなければならず、先生の話を聴いているあいだは鉛筆を置いていなければならない。こういったことを、彼女はあいまいにしない。

いまもそうだ。さっきからずっと、教室にゴホゴホ、クシュクシュという音が聞こえている。かすれたしつこい咳の止まらない子がいるのだ。ヘレンは隅の流しでグラスに水を汲み、なにも言わずそのグラスを女の子のまえに置いてやる。マハランもこの教室にいて、いつものブライユ式点字器を使っている。「シアラが咳してる」と、彼女はアシスタントにつぶやく。けれどヘレンは、教室の空気をひき締めるように、きびきびと言う、「はい、全員こっちを見て！」。

いまはリテラシー・アワー（読み書き集中練習時間）だ。ヘレンは教室の前に立ち、「大文字とそのあとに続く文字はくっつかないように書くのよ」と教えている。授業が、ディセンダー★★についての話に進むと、スアドは通訳するのをやめ、編入生ヨウッセフの手をとって、ワークブックの上で

★──**トピック学習・プロジェクト学習**：「サッチャー教育改革」までの英国の公教育では、カリキュラムの決定や運用にかかわる多くの事柄が、それぞれの学校現場の自由裁量にまかされていた。そうしたなかで六〇～七〇年代に広く熱心に取り組まれたのが、これらの活動主義的な学習方式であった。社会的な共通問題について子どもたちの関心にもとづいて課題化し、教科の枠を越え時間をかけて取り組むトピック学習、また子どもたちがグループで調べ学習をしたり、さまざまな作品制作をおこなうようなプロジェクト学習は、ともに日本の「総合的な学習の時間」にも影響を与えたものである。ただし、この時期の学校現場の実情は、教師の恣意にまかされた「秘密の花園」になっているとの攻撃を招く側面ももっていた。

★★──**ディセンダー（descender）**：欧語で、j, p, q, y など並び線より下に延びた部分のある文字のこと。

〝April〟の文字をなぞるように、その手を動かしてやる。一方、ヘレンは、続け書きの文字を宙に書いて見せ、子どもたちがそれを真似する。おつぎは、「数字の5をSみたいには書かないように」という注意だ。「大人でも怠けものは、こんなふうに書いたりすることがあるんだから！　ホント、もうバッカみたい！　ぜったい真似しちゃだめよ」。

ヘレンは、学校でいくつもの顔（ペルソナ）をもっている。イベントのときなどは、ゼリーに足を突っこんだあのレッド・ノーズ・デイみたいに、沸きたつように陽気で外交的だ。授業のときにはパワフルで愉快だけれど、教室はきっちり静かにさせるタイプの教師でもある。そして、子どもたちが外に遊びに出たあとの教室でひとりになると、彼女は眼鏡をはずして、また別人のようになる。副校長という立場は、どの学校でも、きわめてストレスの多い職位だ。種々の責任の重さのわりに、管理職としての確たる権限はほとんどない。副校長はさまざまな面で教師たちを監督する役目ももつわけだが、同僚間の葛藤こそ、どの職業においても最大のストレス要因となるのは周知のとおりだ。

ヘレンは、エセックスの小学校からここに赴任してきた。

「あそこは、ステキな学校ってわけじゃなかったわ」と彼女は言う。「あっちには、白人以外の子はほとんどいなかった。親たちはとっても口汚いの。教師がひとりっきりだったり、あとずさりする余地のないような場所でなんかだったりしたら、親といっしょにはいられないわよ」。

また、彼女の言うには、もとの学校の同僚たちにくらべると、こちらの職員は、ずっと知的だし、ずっと思慮深くて、新しい教育の方法や考え方にも強い興味を示す。けれど、それはそれでまた頭痛のタネにもなる。

「こっちの同僚と仕事するほうが、そりゃたしかに刺激的よ。でも、ちょっと困るのは、みんなけっこうウルサ型ってことね。それを仕切っていくのって大変なのよ」

ヘレンにとって、子どもたちの行動をさばくのは難しいことではない。彼女が見事に示しているとおり、学級のコントロールというのは、努力と工夫しだいで熟達可能なスキルなのだ。もちろん彼女も、昔は、ふざけて机の上にあがるような子どもや、教室のなかで派手にケンカをやらかす子どもを受けもつような経験もした。子どもに噛みつかれたり、蹴られたりしたこともある。

「あれはほんとに恐ろしい経験だった。仕事のあと、駐車場の車のなかでよく泣いてたものよ。それから、ガンツ・ヒルまで、一時間半ほど車を走らせるの。どんなふうに運転してたか、自分でもわからないわ」

いま、彼女は、ロンドン郊外のハマースミスに恋人といっしょに住んでいる。いまでは、彼女が沈黙すると、三十人の子どもたちも沈黙する。そして、教師たちのあいだでもまた尊敬をかちえている。

ヘレンは、校長になるに十分な経験と能力をそなえている。けれど、彼女自身、それを望んでいるかというと、話は少々違ってくる。彼女は〝万年副校長〟をやる気はないと言う。しかし校長になることもまた、望んではいないのだ。「あんなにたくさんの責任を背負《しょ》いこみたくないわ。それに、世の中ますますひどい〝訴訟社会〟になってきてるでしょ」と話す。

彼女が好きなのは、子どもたちを教えること、ほかの教師たちといっしょに働くこと、行事を組織することなどなど、つまり、彼女言うところの「学校の中核業務(コア・ワーク)」だ。「余分の雑務(アッド・オン)は好きじゃない。あれやこれやの資金を申し込まなきゃ、とか。わたしはそういう性質《たち》じゃないのよ」。

さらにまた、職業上の理由だけでなく、個人的な理由も彼女の心に去来する。三十四歳のヘレンは、子どもがほしいと思っているのだ。しかし、校長の職務というものがプライベートな時間をどれほどわずかしか残さないか、彼女は知りすぎるほどよく知っている。

スコットランドの研究者たちがイングランドの学校に入っておこなったある調査研究によると、女性校長の三分の一は独り暮らしだ。つまり、その女性校長たちは、校長の職責を果たしながら同時に家庭生活を築いたり維持したりすることができなかったのだ。しかも、機会均等の理想も、学校の職員室において特別に進んでいるというわけではない。教師の大部分が女性であるにもかかわらず、校長をはじめ管理職は、その多くが男性なのだ。

ショーンとヘレンとは、うまくいっている校長と副校長のペアによくあるとおり、ずいぶんと違ったタイプの人間同士だ。かれらは、たがいに補いあうと同時に困らせあってもいる。ショーンの天性は前進志向で、新しい考えや試みを進んで採用しようとする。他方、ヘレンの持ちまえは、地固めをこそ大切にしようとする。

「ショーンはすごく頭がいいし、よく気配りのできる人よ」と、彼女は言う。「でも、わたしたちのビジョンには違いが出てきはじめてるみたい」。

ヘレンは、年初めにひどいインフルエンザと気管支炎にかかって、それ以来、なかなか健康をとり戻せなかった。感染のあと、ひと月以上、ウイルス感染後疲労症（筋痛性脳脊髄炎）で仕事を休んだ。それが、あたかも〝病気になるゴーサイン〟を他の職員たちに与えることになったようだ。病欠率が高くなり、そのぶん臨時教員たちに多く頼らざるえなくなって、学校はガタガタになったのだ。職員の健康問題を管理する区の担当者から面談の呼びだし（欠勤が長くなると自動的にこの措置がとられる）を受けたさい、勤務をパートタイムにする気はないかという話も出たのだが、結局、ヘレンはそれを断わった。

「だって、それじゃ学校は、実際にはうまくまわっていかないもの。けど、それでもやっぱり、しょっちゅう考えるわ。ほんとにバカバカしい仕事だな、わたしはなんでこんなことやってるんだろう、ホントにやりたいことは、旅をすることと赤ちゃんを産んで育てることなのに、ってね」

〝燃え尽き症候群〟になるまえに

エイミーが外で子どもたちと遊んでいる。すべり台のあがり口を走って上り、すべって下りる。彼女のあとを子どもたちが追いかけていく。その近くでは、バイリンガル・アシスタントのルーリーが、陽なたのベンチに座って、女の子ふたりに髪を編んでもらっている。

ナジリーンも運動場にいる。例の赤い口紅に紫色の上着。ナジリーンはこの数か月で背が伸びて、以前とはちょっと違ったようすだ。なんだか、三歳児の骨格の実際の伸び以上に、この子のなにかが成長したようだ。〝楽しみにしていた街にやってきたばかりの旅行者〟といった風情。頭を上げ、足どりも軽く、あっちやこっちを歩きまわる。

あのジョジョはといえば、教室のなか、ひたいにアイスパックを当てている。流しに頭をぶっつけたのだ。すでに事故記録簿に、エイミーの几帳面な筆跡で記録されている。

むらさき組の教室では、ガラスの水槽にオタマジャクシが数匹、姿を見せている。保育士のレイチェル・リントンが、郊外の街フィンチェリーでシェアしている住まいの庭の池から、ビニール袋に入れて地下鉄で運んできたものだ。

ケイリーはドールハウスで遊んでいる。小さなお人形を二階の部屋のベッドに寝かしつけ、サテンのキルトを掛けてやる。ドールハウス正面の開口部から腕を差しこんで、腕の上に頭をかしげてなかをのぞきこみ、〝館の世界〟にすっかり入りこんでいる。こうやって遊べること自体、ケイリーにとってはひとつの進歩だ。この子はいまでもしょっちゅう、保育学級《ナーサリー》のみんなのやっていることに加わらず、端っこでからだを硬くしたまま座っている。ときには、両手で自分の両目や両耳をふさいでいることもある。で、また別のときには、長いあいだ金切り声をあげつづけ、頭をコート掛けのフックに打ちつけようとしたりする。

きょうの彼女のファッションは、いつもどおりにカンペキだ。刺繍のついたデニムのスカートに革のブーツで、髪は編み直されている。ケイリーは、これまでのむらさき組にいた子のなかで、ある意味いちばんの〝おしゃれさん〟だ。ところが、近づいてみると話が違う。タバコの匂いが染みついてる。それにおしっこ臭い。しかも、お腹をすかせて登校してくることがよくあるし、いつもいつも疲れているのだ。

エイミーはきょう、ケイリーについての児童保護カンファランス★に初めて顔を出す予定になっている。両親のいるまえで、ケイリーを担当しているソーシャルワーカーに、彼女について気がかりになっていることを話すつもりだ。なにより、ケイリーの言葉の遅れの問題だ。それに、彼女はいつも悲しそうで、泣いてばかりいる。だから、ほかの子たちといっしょに遊ぶことさえできない、などなどだ。もちろんエイミーにとって、こんなカンファランスはいろんな意味で気が重い。とくに、ケイリーの母親の反応を考えると心配だ。

「あの子は、あれで、ずいぶんがんばってきたわよ」。エイミーは、習い性となったポジティブ思考を失わずに語る。「以前だと、なにを言っても表情さえ動かそうとしなかった。それがいまじゃ、いっときに三単語までしゃべれるの」。

だがしばらくすると、そのケイリーが、怒りと恐れの悲鳴を張りあげる。アシスタントのルリーが、〝お話タイム〟のために彼女をドールハウスからひき離そうとしたのだ。きょう、これで二度目のかんしゃく発作だ。手足をバタつかせて泣きわめくケイリーをエイミーが抱きかかえ、お

★——**児童保護カンファランス**：英国では児童虐待への対応も民間組織を中心におこなわれていたが、近年いくつもの虐待死事件がメディアに大きくとり上げられ社会問題となるなかで、これにかかわる公的機関も整備されてきた。日本の児童相談所にあたる児童福祉局 Social Services Department（二〇〇六年以降は Children's Social Care に改組）が自治体に存在し、これを中心に関連諸機関の連携組織として、地方児童保護委員会 Local Safeguarding Children Board が構成されている。
この委員会のもとに虐待が疑われる子どもについてのアセスメントがおこなわれて、緊急の介入が必要と認められる場合には、児童保護登録（被虐待児童登録）child protection register（at-risk register）に記載され、対応策が講じられる。その個別ケースの処遇について検討するため、当該保護者をふくめて社会福祉・警察・医療・教育等諸領域の関係者が集まる協議の場が、児童保護カンファランス child protection conference（social services conference）と呼ばれる。

さまるのを待ってやる。しばらくして、エイミーはカンファランスに出かけていくが、彼女のTシャツはケイリーの涙でまだ濡れていた。

数時間後、エイミーはヘトヘトに疲れはてたようすで戻ってくる。ケイリーは、もうここしばらく、虐待要注意登録に記載されたままなのだが、彼女の両親は、居並ぶ専門家たちに向かって、この地域から引っ越すことを計画しているとノタマッたのだ。

「だから、あの子を、わたしたちは手離さなくちゃならなくなるかもしれないわ」と、彼女は言う。こんどばかりはさすがのエイミーも、持ちまえの楽天性の発揮のしようもないようだ。ところで、じつはエイミー自身も、いま、ある計画をたてている。

彼女は先学期以来、ひどく体重が落ちてしまった。赤いベストから突きでた両腕は見るからに痩せていて、デニムのスカートはウエストがぶかぶかになっている。恋人と別れたあと、彼女は変化を望んで、一度は辞職希望の届けを出した。ところが、届けを出してみて彼女は思い知ったのだ——大好きな学校を辞めることに自分の心がどれほど乱れているのか。で、離職に変えて、彼女はサバティカル（長期研修休暇）をとることにした。オーストラリアに行って、グレート・バリア・リーフでヨット・セーリングをやるという。モーターボートの操縦免許を取ることや、できれば、しばらくシドニーのどこかのナーサリーで働くことも計画している。二学期間（七か月）の休暇をとって、来年、戻ってくる予定だ。

ジョジョもナジリーンもほかの子も、ほとんどみんな、まだこの保育学級にいるだろう。たとえケイリーはどこかに引っ越して、いなくなってしまっているとしても……。

「ここで働くことのスゴイところはネ」とエイミーは言う。「ほかのことはなにもかも頭のなかから追っぱらっちゃう、ってこと」。

昼食時のホール。手前のテーブルはお弁当持参の子たちの席。左手奥に並んで立つのが給食会社の調理師たち。その前のカートから、給食を食べる子たちは料理をとって向こう側のテーブルにつく。壁には肋木も見えている。

下校時間の正門の外。「きょうも学校、楽しかった！」——どの子もみんな、迎えの大人といっしょに帰る。この一画だけは樹木のオアシス。ブルーの鋳鉄柵も正門周辺はずいぶん立派。門前の岩組みから撮影。

保育学級棟のなか。この建物だけは新しく、天井も高くて明るい雰囲気。壁はにぎやかに飾られている。いまは外遊びの時間で、部屋に残っている子はふたりだけ。教室の真ん中でひそひそ話の真っ最中。

「はい、ボールを片づけて！」──午前中の中休みも、もうおしまい。左は体育教室兼ホール兼食堂のわきの出入り口。グラウンドの向こうに見えているのは、このあたりに一般的な住宅の裏手側。

4年生の宗教の時間。「ムスリムの礼拝はどうやるの？」──代わるがわる前に出て、キリスト教とイスラム教の礼拝の仕方の異同をたしかめてみる。撮影者が日本人だと知ると、「あなたはシントーか？」と聞いてくる。

 撮影：藤本卓（2006年9月）

6

茶色の目と小さな無法者

特別ニーズ教育の取り組み

「人気キャスターのジョン・スノーは友だちよ」
——マハランの言葉

九月、学校は新年度

秋、新年度が始まって、イーディス・ネヴィル小学校の職員室には変化がたくさん起きている。サバティカル（長期研修休暇）をとったエイミーは、いま学校を離れている。彼女から同僚たちに宛てたメールが、最初はタイから、そしてその後シドニーから届いた。保育学級《ナーサリー》みどり組の担任、メラニー・ミアーが、エイミーに代わり基礎ステージの主任代行に昇格している。ベテラン教師、ナシーマとゾーイのふたりはまだ産休中。バイリンガル・アシスタントのひとり、シャヌーもそうだ。経験の浅い教師の比重がずいぶん大きくなった。年度初めから、さらにふたりの試補教員がスタッフに加わったので、当分のあいだあわせて四人が、教師生活の一年目ないし二年目ということになる。

この夏期休暇中、ショーンは、休みのかなりを返上して、改装工事を見まもるために学校に出た。昨年度の工事の仕上がりを確認し、新年度の工事の開始を準備する必要があったのだ。彼の机には、生まれたばかりの娘、スフィアの写真が飾られている。息子のサミールは、今学期から保育学級むらさき組に通いはじめた。もちろん、入学前には担任教師と保育士の家庭訪問がサミールにもあった。もっとも彼の父親は、自分のほうから定期的に教室訪問もするわけだ。そんなときにサミールは、その人物を「パパ」と呼んだり「ショーン先生」と呼んだり、うろうろしている。

例の〝茶色の封筒〟は、まだ届かない。ショーンにとっては、通知期間の更新のたび、毎回毎回、覚悟しなおさなければならない状態が続く。教育水準監査院の訪問が近いというこの見通しは、職員たちのあいだに、恐怖と覚悟とがごちゃまぜのある種の興奮状態をひきおこしている。もっとも、いささか待ちくたびれの色もにじんでいるが……。

夏学期まで六年生だった子どもたちは、中等学校に進学した。近くの学校に進んだ子たちは、しょっちゅう小学校に戻ってくる。まだ新しい制服を着て、肩に大きなリュックをかけ、通りがかりに立ち寄って、ついこのあいだまで自分の遊んでいた運動場を鉄柵のあいだから懐かしそうに眺めている。

一方、新六年生の子どもたちは、全校の最上級生の地位につくにはまだずいぶんと幼く見える。このあいだまでの先輩たちにくらべると、体格も成熟度も、いまはまだとうてい勝負にならない。

全盲の少女の学校生活

二十五人の子どもたちが、区のマイクロバスをいっぱいにして、水泳教室に向かっている。バスはサマーズタウンを出て北へと走る。グランド・ユニオン運河をまたぐ橋にかかって車体が急に傾くと、子どもたちはいっせいに「運河だ！」と声をあげる。

プールに着くと、子どもたちは、イーディス・ネヴィルのロゴつきの水着入れを肩からぶら下げ、男女に分かれて更衣室に押しあいへしあい。タイル貼りの部屋にはみんなの声がワンワン響く。盲目のマハランも、興奮のあまりに飛んだり跳ねたり。きょうの彼女は、腰のまわりにフリルのついたピンクの水着。「ピンクをみたら男子はウィンク」という声の主は、彼女の新担任、ミレーユ・アルワンだ。

子どもたちがプールに入れば、喧騒はいっそう高まる。水しぶき、インストラクターの咆《ほ》える声、子どもたちの叫び声、手という手が水面をたたく音、なにもかもが入り乱れる。担任のミレーユも、水着の上にトレーニングパンツとTシャツを着て、水のなかだ。マハランが、彼女の声のほうに向かって犬かきで泳ぎだし、「見て、見て！」と特別ニーズ・アシスタントのスー・ギャレットに呼びかける。お下げの髪が、マハランの頭の後ろに浮かぶ。ミレーユの励ましつづける声を頼りに、プールを横方向に行ったり来たり、なんとかかんとか泳いでみせる。「マハランは夏休みに泳ぐチャンスがなかったのよ」とスーが言う――「でもまあ、この子たちの多くもそうなんだけどね」。

マハランがイーディス・ネヴィルに入学したのは三歳のとき。そしていまではこの学校の特別のひとりでもあり、かつまた、普通のひとりにもなっている。彼女のことはだれもが知っていて、その音楽の能力をみんなが誉める。アシスタントの腕に片手をおいて廊下を歩くマハラン、運動場で頭をかしげて〝ケンケンおに〟をするマハラン――みんなにお馴染みの光景だ。四年生の現在、九歳の彼女は、自立移動ができるようにと白杖《はくじょう》の使い方を覚えているところ。

イーディス・ネヴィルは一階建ての小さな学校だ。カムデン区にいまでもいくつか残っているビクトリア様式の古い大型校舎なんかより、マハランにとってはこの建物のほうがはるかに動きやすく、過ごしやすいことだろう。とはいえ、より大きな問題は〝人〟だ。彼女を教えることができるようになるためには、職員たちは自分自身をしっかり再教育する必要があったのだった。

たとえば、きょうのニューメラシー・アワー（計算集中練習時間）の授業。最初は、学級の全員が大きな声で、3きざみ、4きざみ、5きざみで数をかぞえる練習をする。こんなとき、マハランの声はいちばん自信に満ちた声のひとつだ。けれども、つぎは〝ベン図〟を使った勉強だ。担任のミレーユが、半分重なりあったふたつの円の描かれた紙を手に持ち、みんなに説明をする。すると、特別ニーズ・アシスタントのスー・ギャレットは、マハランのまえにふたつの大きなプラスチックの輪っかを取りだす。マハラン用の〝さわれるベン図〟だ。彼女がそれをしっかり使えるように、スーはその輪を机の上に固定する。マハランは指先でそれを読みだす。で、輪の半分ずつのつなぎ目に指がふれると、「これはなに？」と彼女はたずねる。

ここでの課題は、いろいろな数字を種類分けして、ベン図のなかの区分された場所にわりふるというものだが、それを最初に首尾よくやってのけたのは、なんとマハランだ。もちろん、机の上のプラスチックのベン図を使って。ほかのみんなは、紙上のベン図の広い枠内のあちこちに、バラバラに数字を書きなぐっている。ところが、マハランのほうはといえば、点字用の数字ブロックを、プラスチックの輪っかの縁の内側にしっかりくっつけて並べるのだ。

そのあと彼女は、算数練習帳をみんなに配る役目をまかされる。練習帳には、各自の名前の下にその名前の点字シールが貼ってある。

「ああ、うまくできた」。配りおわってふたたび席につきながら、ミレーユ先生にマハランは言う。「みんなに練習帳を配るの、やらせてもらえてうれしかったです」。

休憩のあと、こんどは詩の勉強で、マハランはみんなといっしょに、アクロスティック★（折句）の詩づくり作業を開始する。ただし彼女の場合は、旧式のタイプライターみたいな器械、パーキンス点字ライターをガチャガチャいわせながらの作業になる。たとえば、最初の単語を消すときなどは、いちど点々と開けた穴を後ろむきに平らに打ち戻してゆく、といったぐあいだ。

つぎの古代ギリシア人についての授業ではビデオを使う。ミレーユは、終始マハランを意識しながら解説する。「ほら、ギリシアって、とっても山が多くって、とっても木の緑が濃くって……」。続いて、ふたつの違ったタイプのギリシアの壺を持ちだし、マハランの手に取らせる。マハランはまず細い首の部分に触れ、すべてを指先で感じとっていく。片方には複雑な模様が浮き彫りになっていて、もうひとつには釉薬《うわぐすり》がかかってなくって、肌理《きめ》がザラザラで……。

ちなみに、休み時間になるとマハランは、成人介助者たちの手から放され、クラスメイトに腕を引かれて運動場に出る。駆けまわる子どもたちや吹っ飛んでくるサッカーボールのあいだをなんとかかんとか掻いくぐり、どっこいケガもせずに遊んでいる。

マハランは、茶色の義眼をつけている。この人工の眼球は本物そっくりにできていて、彼女が意識を集中し、だれかに顔を向けたりすると、まるで本当にその相手を見ているみたいだ。しかし、彼女は生まれつきの全盲で、〝見る〟ということのリアルな概念をもってない（もちろん、自分でも意識せず、視覚にかかわる語彙を用いもするが）。だから当然、彼女の生活経験はほかの子たちとは違っているが、いまはみんなのなかによく溶けこんで、気持ちのよい毎日を過ごしている。

「みんな、彼女のことが大好きよ。彼女もみんなのことが大好きなの」というのが、教師としてのミレーユの状況判断だ。学校ではなにが好きかと聞かれると、マハランの返事にためらいはない――「なにもかも、みんな」。

学校は彼女の生活の中心だ。算数と書きとりのテストが大好きで、宿題をやるために家に点字ライターを持って帰ることもあるほどの勤勉ぶりだ。けれど、あらためて学校の生活について話すように求められると、彼女が思い出すのは、いろんな場所に出かけた校外学習や遠足の思い出だ。劇場、スケートリンク、動物園、市営農場……。おもしろいことに、教師それぞれの訛《なま》り――スコットランド出身の教師が担任だったこともあるし、いまの担任ミレーユはオーストラリア出身だ――も彼女はよく記憶しているし、また、その先生たちが教えてくれた音楽も憶えている。テムズ川岸

★――アクロスティック（acrostic）：欧文で各行の行頭（あるいは中間、行末）の文字を取りだしてつづると語になるようつくられた戯詩。一種の文字なぞ。日本の折句に相当する。

のエンバンクメントの地下鉄駅で聞いた、独特の口調の「マインド・ザ・ギャップ（電車とホームのすき間にご注意くださ〜い）」というあのアナウンスや、動物園でペンギンに食べさせてやった餌の魚のあのヌルヌルした感触も、彼女には忘れられない。

一方、騒音には、我慢できないくらいつらい思いをさせられることがある。教師たちの怒鳴る声を聞くのは、彼女には不快きわまりない。食堂の喧騒もそうだ。彼女の言うには、「あんまりたくさんの声で耳が痛くなる」そうだ。

マハランには、大きなことも小さなことも、重要性に変わりがない。昨年、彼女はカムデン区学校音楽祭に出場した。あの由緒あるロイヤル・アルバートホールで歌ったのだ。その日のことをマハランは、つぎからつぎへと話してくれる。舞台のために新調してもらったサラワカミス（南アジアの民族衣装）のこと、髪に付けたヘアオイルのこと、コンサートのあとにマクドナルドで食べたフィッシュバーガーのこと……。そして最後に、テレビの有名キャスター、ジョン・スノーの一件が飛びだしてくる。彼女はその日、司会をしていたジョンに頼んだのだ、もういちどお客さんの拍手をもらってほしい、と。

「ジョン・スノーはわたしの友だちよ」と彼女はおっしゃる――「彼はステキよ。チャンネル4のニュース番組に出てるんだから」。

マハランのサポートチーム

マハランが地域のこの普通学校に通うことを支えているのは、何人もの人びとのチームによる取り組みだ。区の盲児教育の専門教師が、現場の担任教師とふたりの特別ニーズ・アシスタントに協力して、授業のプラン作りや教材の編成に取り組んでいる。彼女らは、マハランの使っているたった一台の点字ライターを共用しながら、ほとんどすべての授業の点字ワークシートを作成する。そもそも、標準的な教科書の点字版を見つけることは難しい。たとえあったとしても、だいたいはRNIB★（盲人のための王立国民協会）の図書館から借りだす必要があり、そのためには長いあいだ待たなければならない。マハランが聡明なことは、アシスタントのスー・ギャレットも認めるところだ。だが、それは同時に、彼女らの仕事が増えるということにもなる。

今年度、四年生を担任しているミレーユ・アルワンは、若いレバノン系オーストラリア人で、イングランドで二年間教師をしている。彼女はいま、すべての授業を、マハランにそれをどう〝翻訳〟すればよいか、という観点から検討することにしている。算数はとくに難しい。なぜなら、算数の勉強は、むしろ視覚的な性格がとくに強くて、授業中に白板を使う機会がとても多いからだ。もちろん、美術も、立体的な課題をのぞけば本当に難しい。視覚障害児にもっとも合わせやすいのは読み書き（リテラシー）の学習だが、それでも想像力の求められる作文課題などになると、学校以外の生活経験の限られているマハランには難しい。

学級担任としてマハランを受けもつなかで、ミレーユの授業スタイルは変化してきた。授業を、

★──RNIB（**盲人のための王立国民協会**）：Royal National Institute for the Blind の頭字語で、盲人へのサービス機関として一八六八年に創立された英国の伝統あるボランティア組織の名称。

その場その場で場あたりな展開にまかせたり、まえもって立てた授業プランから逸れたまま進めたり、というわけにはいかないのだ。

「そんなことをすれば、マハランに悪いわ。インクルージョン★（包摂／共生）が大事だってこんなに言われてるのに、あの子をのけ者にすることになりそうだもの」と彼女は言う。

ときとして教師たちは気づかされるのだが、そもそも、特別の教育的ニーズを抱える子どもというのは、教師から教えられるばかりでなく、逆に教師に教えることもたくさんもっている。

「わたしにとって、マハランを担任するっていうのは、これまでで最高の経験ね」と、ミレーユは言う。「こんなふうに、きちんと筋道づけて仕事をしなくちゃいけないってこと、どうしたら彼女も包みこんでいっしょに活動できるかなって考えること、それってまさに目を覚まさせられるような経験なの。学校の外にいるときでも、なにを見ても、なにをしても、しょっちゅうマハランのことを考えるわ」。

マハランの願いは、シェフか教師か政治家になることだ。マハランにかかわる職員たちはみな、彼女が希望の実現に向かって努力するのを手助けしなければ、という責任を強く感じている。

特別ニーズ・アシスタントのラヌエ・ビービは、マハランのサポートをするようになってから独習で点字を身につけた。その技能を使って、いつも、廊下の掲示のいくつかを点訳している。そうすれば、マハランが食堂や校長室のわきの掲示板のまえに立ったとき、友人たちの書いた詩やお話などが読めるからだ。また、学級のみんなが『初歩オックスフォード辞典』を使うようになると、ラヌエは、マハランのためにその点字版を作った。それには、点字にそえて、パイプ掃除用のモールを成形して作られた〝りんご〟や〝ボール〟や〝くるま〟の絵がレリーフみたいに貼りつけられている。この辞典には、マハランの祖国、アフリカのベナン共和国の〝さわれる地図〟だって載っているのだ。

ラヌエとスーのサポートで、マハランは、スポーツデーやサマーフェアやクリスマスショーなどの行事にも参加する。彼女らは、マハランのシュートが入ったらそれが自分でわかるようにと、バスケのゴールネットに鈴をつけたり、スキップの仕方や竹馬（スティルト）の乗り方、フラフープの腰の使い方なんかも教えたりした。また、マハランをそれぞれの自宅に招いたこともある。スーは自分の飼っているオカメインコを彼女に紹介し、ラヌエはお手製のイード（イスラムの犠牲祭）の夕食をともにした。

しかし、まわりには、パーティーの余興やなんかでマハランをダシにしようとする人びともいる。

★――インクルージョン（**包摂／共生**）：社会福祉および障害児教育分野で九〇年代からしだいに広く用いられるようになった概念で、英国はその先進社会のひとつ。国際的には、ユネスコとスペイン政府の共催によって一九九四年に開催されたスペシャル・ニーズ・エデュケーションに関する世界大会で採択された「サラマンカ宣言」が、この概念の普及に大きな役割を果たした。本来、社会的に排除（exclusion）された人びとを、しかるべき社会生活（社会の main stream）に包摂（inclusion）することを意味するこの言葉は、教育にあっては、障害児教育を医学的な性格のつよい障害種別の縛りから解き放ち、より広く一人ひとりのニーズに応じた支援をおこなう教育へと普遍化する方向を含意している。

したがって、本書にもあるとおり、英国で教育上のインクルージョンの対象とされているのは、いわゆる障害児だけでなく、学業不振児・不登校児・被虐待児・問題行動児・要英語指導児等々とよばれる子どもたちにまでおよんでいる。その点で、英国における「インクルーシブ教育」と現今の日本における行政用語としての「特別支援教育」とでは、その対象内実に大きなズレが存在する。

たとえば、みんなでかわるがわる彼女の前に立ち、「わたしはだれ?」「ぼくの名前は?」と当てっこさせようとしたりするのだ。そんなとき、その人びとを説得してやめさせるのが、スーやラヌエの役割だ。

「わたしたちは、できるかぎりのことをやってるの」と、ラヌエ・ビービは言う。「みんなも、つまんないことばっか、やってる場合じゃないのよ。少しは役に立つこともやってくれなくっちゃ」。

インクルージョンの理想と現実

すべての子どもは、保護者が特殊学校に通学させることを望む場合をのぞいて、地域の普通学校で教育を受ける法的な権利をもっている。しかしこの間、特別ニーズ施策の強化を求める報告が鳴りもの入りで出されたのちも、教育水準監査院のあきらかにしているところでは、重度の特別なニーズを抱える児童に十分に対応できている普通学校はごくわずかにすぎない。六割の学校では、特別な教育的ニーズをもつ子どもたちの受けている授業の半数が「不十分」と評価されており、「読み書きにおける進歩はほぼ期待できない」というのが実態なのだ。

政府の方針は、特別なニーズを抱える子どもたちのより多くが、地域の普通学校で教育を受けられるようにするというもので、その裏打ちとして、生後早い時期における介入・治療措置と、さまざまなサービスのよりいっそうの統合とを推進するという。

しかし、世の中には、子どものために言うべきことを言い、子どもの権利のためならいつでも闘うという用意のある親もいれば、そうした余裕や関心のあまりない親もいる。親しだいで、適切な専門家の支援を受けられる子どもの可能性には歴然とした差が生まれるのだ。たしかに、全教育支出の約一五パーセントがこの分野に充当されているともいわれるが、そもそも関連施設や組織はあまりにも少なく、予算はあまりにも乏しい。しかも、行政監査委員会も「学校によっては受け入れに消極的な姿勢がみられる」と評しているとおり、多くの特別なニーズが十分な対応をとられていないばかりでなく、適切な診断すら受けられていないような場合さえ少なくない。

全国的にみると、およそ五人に一人の子どもが、なんらかの特別な教育的ニーズを抱えている。そうしたなかでも、ほぼすべての子どもを地域の普通学校で統合して教育している地方教育当局もいくつか存在する。たとえば、ロンドンのニューハム区などは、特殊学校で教育を受けている子どもの割合はわずか〇・一パーセントで、全国トップの低率だ。他の自治体では、分離された特殊学校に通う子どもの割合が、もっとも多い場合には三パーセントにまでおよぶ。

だが、このように基盤条件が大きく異なるなかで、例のリーグ・テーブル（学校別成績番付）の成績を地域間・学校間で単純に競いあうことは合理的だろうか。各校が地区のリーグ・テーブルでしのぎを削りあうことになる学力水準問題と、すべての子どもを分けへだてなく地元の普通学校に招き入れるというインクルージョン政策、これら両者のあいだの緊張関係は未解決のまま残されている。

近年、特別なニーズに関する判定尺度は、三つの段階に簡素化された。第一段階は〝学校対応〟（スクール・アクション）の必要が認定される場合で、子どもたちには当該校内の裁量で支援措置がとられる。第二段階は〝学校対応プラス〟という認定で、校内での支援にプラスして、外部機関から教育心理士やカウンセラー、あるいは言語療法士といった専門家の支援も認められる。支援措置の第三段階は、〝特別な教育的ニーズ・ステートメント〟（認定通知）が出される場合だ。この法的通知書は、最重度のニーズをもつ子どもにのみ対象が限定される。その審査と発給にはかなりの時間を要するが、これによって、一定レベルの個別専任サポートを受ける権利が与えられる。

しかし、よく整理されているように響くこのシステムは、実際には、一種の〝地雷原〟ともなる。というのも、この種の公共サービスというものは、ほとんどいつでもどこでも財政的逼迫に直面しており、なかでも経済的に恵まれない地域での資金不足は、きわめて深刻な状態にあるからだ。

ここカムデン区でも、子どもたちが言語療法士と面接できるまでに一年半も待たされることがある。校内での特別ニーズ教育主任の役割は、当然ながら楽なものではない。一方には、子どもへのサポートを求める親たちや教師たちの多くの要求があり、他方には、それを実施するための学校予算の資金不足や区からの専門家派遣の配当時間の制約やといった実情がある。そしてこれら両者のあいだの板ばさみになってしまうのだ。「ときどき、自分は保険会社のケチな審査係をさせられてるような気がするわ」と、イーディス・ネヴィルでこの主任を務めるナシーマ・ラシードは言う。

特別なニーズをもつ子どもたちを差別せず十全な統合を実現するということには、学校にとっての実践上の困難がさまざまにふくまれている。このイーディス・ネヴィル小学校にとっても、それはかわりない。それでもこの学校は、「コミュニティのあらゆる子どものニーズに応えるべし」とする自分たちの教育原則を誠実に貫いている。イーディス・ネヴィルでは全校生徒二百五十人のうち、七十名がなんらかの特別な教育的ニーズを抱えており、加えてなお八名には先の〝ステートメント〟が与えられている。つまりこの八人は、専門援助者からの一対一のサポートを一定時間うけることを保障されている。

ところで、こうした仕事では信念をしっかりもつことがなにより不可欠だ。統合教育（インテグレーション）とは、関係者たちがその成功を心から望んでこそ初めて、からくも成功するというものだ。しかし同時に、すべての子どもを排除せず教育すること、つまりインクルージョンは、気持ちだけで進められるような生易しい仕事ではない。イーディス・ネヴィルでも、子どもたちがしかるべき公的サポートを受ける権利を与えられるようにと、ショーンは激しく闘っている。そうした闘いなしに学校は、子どもたちのさまざまなニーズを満たすことができないからだ。

いまも、新年度の始まりにあたってショーンは、重複障害をもつひとりの子どもの入学許可について気をもんでいるところだ。その男の子は学習と言語にかなりの遅れがあって、身体機能のコントロールもできない。彼には〝ステートメント〟が与えられてはいるのだが、それが認める専任アシスタントの配当時間は週十時間にすぎない。「あとの十七時間は、あの子は〝おもらし〟しなっていいうつもりかねえ？」と、ショーンは皮肉を口にする。ちなみに、イーディス・ネヴィルの職員たちには、新任研修のさい、子どもたちのシャワーや着替えにじかに手を出さないように、というアドバイスが与えられている。それがもとで、性的虐待の嫌疑をかけられるおそれがあるからだ。

ショーンは、この男の子の入学許可を出すまえに、個別専任アシスタントの配当時間を増やすよう、あくまで区に要求しつづけている。校長として、学校の精神的羅針盤の役目を果たそうとしているのだ。もちろん彼は、この子の受け入れが可能になることを望んでいる。けれども同時に彼には、学校にかかわるみんなに対して、その受け入れが実際にもうまくいくよう事を運ぶ責任があるのだ。彼は言う、「うちはコミュニティ学校なんだ。コミュニティの全体に役立つ学校でなくっちゃ！」。

“難しい子”も多士済々

学級担任教師にとって、通常の学校生活にうまく溶けこませるのがもっとも難しいのは、行動上の問題を抱える子どもたちだ。

エイミーの休職中、保育学級《ナーサリー》むらさき組は、ショーンが先学期中にどうにか確保した試補教員ふたりのうちのひとり、フランシスカ・ファンの手に委ねられている。フランシスカは熱心で生まじめな人柄で、ファッション業界で働いたのち、教師になる道を選んだ。彼女はベテラン保育士のローラ・オードノヒューとペアを組んでいる。ローラはこの学校の要《かなめ》をなす人物で、からだは小さいが声は大きく、とてつもなく広い心をもっており、子どもからも大人からも愛されている。いま、そのフランシスカとローラのふたりにとって、何人かの子どもが悩みのタネになっている。

とはいえ、年のはじめから学校生活をスタートさせた子どもたちの多くは、春学期・夏学期を過ごして、大きく成長した。

あのナジリーンも、イーディス・ネヴィルに入って三学期目のいま、英語を話しはじめている。クラスメートのひとりが紙切れに字を書いてみせたり、それを大きな声で読んできかせたりして、彼女にアルファベットを教えている。ナジリーンは自分の〝お師匠さん〟の口もとを見ながら、それにあわせて一心にリピートするのだ。ひとりのときにも彼女は、自信たっぷりに〝字〟を書いて遊んでいる。彼女のスパイラルノートは、ベンガル語スタイルで右から左に向かって書かれた速記記号のようなもので埋めつくされているのだ。それに、牛乳のカートンに貼られたラベルの、むらさき組の子どもの名前もいくつか判別できるようになったし、自分なりの仕方で、言葉の関連づけもできるようになっている。たとえば、「みどり」は「まめの色」、といったように。

ケイリーの顔には、ときおりあらたな生気が見受けられるようになっている。彼女はつぎの学期にはリセプション学級に進級する予定で、アイ・コンタクトについてはずいぶんとよくなってきた。前述したとおり、ケイリーは区の児童福祉局の虐待要注意登録にあげられている。つまり、問題のある彼女の家庭生活を、ソーシャルワーカーたちが一定程度までは監視しているということだ。

一方、ジョジョの行動は、あいかわらず心配のタネだ。午後になると、職員や子どもたちに乱暴をはたらくことが多くなる。木製のおもちゃの汽車の長い線路をほかの子に投げつけたり、本棚や机の上にあがったりをくり返している。新人教師フランシスカは、カレッジでの一年間の教員養成課程を修了したばかりだが、モチベーションは高く、人間的にも成熟しており、良心的だ。彼女は、子どもたちのためにできるかぎりよい仕事をしようと、懸命に働いている。用務員のジョンは毎夕、六時半に学校の戸締りをするさい、フランシスカに保育学級の教室から出てくれるよう頼まなければならないほどだ。けれど、行動上の問題の目立つ子どもたちをうまくさばく術《すべ》を即席で身につけさせてくれる教員養成課程など、どこにもありはしない。三歳児のジョジョは三十歳のフランシスカを、心配させているだけでなく怯えさせてもいるのだ。

そのジョジョになんとか対処できるのは、保育士のローラだけだ。彼女は、まる十四年にわたる保育士経験をもち、よいことも悪いこともひっくるめて、あらゆる子どもに生じうる事柄について百戦錬磨の対応力の持ち主でもある。

こうした困難な状況では、しばしば問題が連鎖して一種のドミノ現象が起きるものだ。じつは、幼年部担当の職員たちは、関係者すべての安全のため、しばらくのあいだ、ジョジョを昼休みに帰宅させることで合意していた。ところが、フランシスカがこの決定を告げると、母親のニッキーは職員室でとり乱し、泣き叫ぶのだった。彼女の言うには、家でだってやっぱりジョジョは手に負えない。それに、たった半日の登校になるくらいなら、もう息子をここへは登校させない、と。で、ジョジョの荒れがひどくなることを恐れてフランシスカが折れ、これまでどおり学校に全日おいて、しばらくようすをみることにする、と収めざるをえなかった。これにはほかの職員たちが当惑し、いらだっている。

しかし、ここへきてようやく、ジョジョのための特別ニーズ対応のシステムが動きはじめている。彼の入学直後、エイミーは特別ニーズ主任のナシーマと相談して、〝学校対応〟（スクール・アクション）の措置を導入することにした。エイミーは、ジョジョについて懸念される問題点を幼年部担当の職員たちと話しあい、また両親にも、彼の行動をやわらげるためには一貫性のある接し方に努める必要があると話してきかせたのだった。その後、エイミーとナシーマは、ジョジョの特別ニーズ措置のレベルを〝学校対応プラス〟に改めた。校内の手立てだけでは十分な効果が得られていないと思われたからだ。で、それ以来ジョジョは、保育学級の職員たちだけでなく、カムデン区小学校学習支援センターの支援も受けられるようになった。この学習支援サービス★は、問題を抱える子どもたちに早期に介入し、問題が悪化するまえにその改善に取り組むことを目的とする連携組織だ。

ジョジョを担当するセンター派遣の特別ニーズ専門教員、シェラー・アレトソンがイーディス・ネヴィル小学校を訪れるのは、きょうで二度目になる。

いま、むらさき組はクリスマスの準備の活動で沸きたっている。子どもたちは、ツリーの根もとに飾るギフトボックスを作ろうと、ボール紙の空箱を包装紙で包んでいるところだ。そこにやってきたシェラーは、騒音のレベルについて指摘する。みんながワイワイガヤガヤと話す声、デュプロ（レゴ・ブロック）がプラスチックケースのなかでガチャガチャ転がる音、あちらこちらでイスが机にぶつかる音、部屋の隅のコンピュータが発する電子音……。彼女の所見では、こういう騒々しい状況に直面すると、ジョジョは自分のなかに引きこもるのだという。「生来は、むしろ静かなのを好む性質《たち》なんですよ。で、目まぐるしくってうるさいものは、なんにしてもうまく処理できないんです」。

ジョジョは眼鏡をかけて、レッド・ラベルの紅茶の箱を包みおえようとしているところだ。そのとなりでは新顔の男の子、ピエール――この子の乱暴で予測できない行動もジョジョに勝るとも劣

★――**学習支援サービス**：これは9章193・195ページの註にふれられているエクセレンス・イン・シティ事業でのラーニング・サポート・ユニットに重なるものと思われる。

らない——が、ノキアのケータイの空箱を包んでいる。ジョジョがセロテープを使おうとする。シェラーは、切りやすいようにとテープをピンと張って持ってやり、ジョジョが眼鏡をとおしてしっかり見ることができるよう、ずりおちた眼鏡を鼻すじの上に指で押し上げてやる。そうして、彼の横に腰かけて、じっとようすを見守っている。

シェラーはいつもこうして、子どものすぐわきに位置どりをする。「あらゆる行動は学習されたものだ」というのが彼女の考えだ。彼女は身に着けるものさえ、子どもたちを喜ばせることを考えて選んでいる。きょうは、木製の赤いハート型のネックレスをさげ、腕時計のバンドはピンクとパープルの花模様で、ストライプの入ったタイツをはいている。

ジョジョはしばらく、自分の作業に没頭する。そして、箱のラッピングをなんとか仕上げると、床の上にひざをつく。「すてきよ、ジョジョ」とシェラーは言う。けれど、ジョジョはそうは思っていない。セロテープのよじれてしまったことが気に入らず、ひどく落ちこんでいるのだ。

イーディス・ネヴィルの職員たちはこれまで、ジョジョには〝こらえ性〟がまったくなく、自分の望みどおりにするためにほかの子どもたちを平気で押しのける、といったふうに彼をみてきた。けれどもシェラーは、ジョジョの自尊心の低さこそが問題なのだと考えている。

「彼が、そのときそのときに適切な行動を身につけること、そして逆に不適切な行動をその身から解きほどくこと、つまり、学習（ラーン）することと脱学習（アンラーン）すること、わたしたちがあの子に望むのはこの両方。ある意味、どちらもやっぱり学習なんです」。シェラーはフランシスカに言う。「それから、あの子がなにかをうまくやれるときって、周りにほかの子があんまりいないときみたいね」。

学校の要録には、ジョジョの学習目標は、怒りなどの感情のコントロールの仕方を覚えること、ほかの子たちと交替することを覚えること、と記されている。

外に遊びに出たジョジョが、数分で戻ってくる。手には、ゆで卵用の砂時計を握っている。どうやら、おもちゃをめぐってだれかと衝突したようだ。けれど、彼はわかってきたのだ。砂時計が二分たったことを示したら、こんどは自分の番になるということを。

「すごーい」。シェラーがフランシスカに言う。「この子、あなたのところに手助けを頼みにくることができるようになったのね。いいことがちゃんとできるの、誉めてあげなくっちゃ！」。

シェラーは自分の役割を、親や職員たちが子どもにしっかりかかわる力を身につけられるよう援助することだとわきまえている。学校をごくたまに訪ねるだけでは、自分個人の力でジョジョの学校でのふるまいを改めさせることなどできはしない。しかし、この子と周りの大人たちとのあいだにポジティブな相互作用のパターンを築き上げることで、彼の自己評価の低さをますます悪化させないようにすることはできる——そうシェラーは考えている。で、フランシスカとローラに彼女は助言する。ジョジョが、自分のそのときどきの感情について、それがどんな感情なのかきちんと把握することを覚えれば、きっと彼の成長の助けになるはずだ、と。

「みなさんは、いつもあの子に言ってあげる必要があるんです。たとえば、もう飽きちゃったみたいね、とか、怒ってるんだよね、とか、ハッピー！……みたいに。その場その場の感情に、まさにその瞬間に、うんとわかりやすくラベルを貼ってあげるの。で、彼の気持ちがそこから移れば、また、その変化した状態をはっきりつかませるわけ」

シェラーは、担任らの合意も得て、ジョジョとほかの子三、四人で小グループを作ることにした。毎週、いっしょに遊ぶセッションをもって、ほかの子どもたちにロールモデルになってもらいながら、感情コントロールの練習をする。「そうすれば、あの子にしばらく猶予期間をあげながら、でも同時に、きちんと交替しながら遊ばないといけないってことを教えられると思うの」。

ジョジョは、その攻撃的な行動にもかかわらず、人好きのするところがある。落ち着いているときには、思いやりがあって、話し好きだ。教室では、アクションマンやスーパーマンの絵を描いていることが多い。彼のノートのページというページは、男性ヒーローの姿で埋めつくされている。じつは職員たちは気づいているのだが、ジョジョは家庭でかなり頻繁に、ひどい暴力場面を目撃している。つまり、保育学級で、他者《ひと》との過ごし方として、交替・交渉・非暴力といったルールの大切さをくり返しくり返し彼に話してきかせているまさにそのとき、ジョジョは家では、それとまったく異なった行動規準を学習しているということになる。この事実は、学校での教師たちの努力に暗い影を落としており、同時に、その取り組みの緊急性をいっそう高めてもいる。

しかし、むらさき組でとくに扱いの難しい子は、ジョジョだけではない。いまも、フランシスカとシェラーが話しあっているところへピエールが運動場から入ってきて、外で遊ぶように言ってもきこうとしない。

フランシスカが、「せっかく買ってもらった新品のコートを着たら?」と言ってみる。すると、「あんなのカスだ！　あんなもん、けっとばしてやる！」という答えが返ってくる。おまけに、「うちのかあちゃんが、おまえのこと、ぶっとばすぞ」とくる。このたぐいの行儀の悪さは無視しようというシェラーのアドバイスで、ふたりはピエールから目を離し、向きなおって、少々おおげさな言葉づかいでジョジョの話を再開する。ピエールはテーブルの下に座りこんで、ぶつぶつ独りごとを言っていたが、しばらくすると走って外に出る。

二分後だ。ピエールが外で、女の子にひどい乱暴をはたらく。運動場の監視当番の職員の目の届かないところで、その子の喉を両手で絞めたのだ。どうやら、フランシスカとローラはもうひとり、特別なニーズをもつ子どもを抱えこんだということがはっきりしてきたようだ。ピエールと一対一でかかわる時間をもっと増やすようにとシェラーは言うのだが、どの子もどの子も職員の働きかけを必要としているこのむらさき組の環境では、それは無理というものだ。シェラーが、ピエールの行動観察のために記録用紙をこんど持ってくるという。そうすれば、職員たちが、彼の問題行動の「頻度と強度」を判定することができ、彼にも外部専門家のサポートが必要かどうかを判断できるだろうというわけだ。

三時半になって、ピエールの母親が迎えにくる。ピエールは、例の新品のコートを着込んで、クリスマスツリーのために自分で包装した空箱――ノキアの箱だった――を母親に見せる。そして、それをどうしても家に持って帰ると言ってきかない。

で、母親が言う。「この子、このなかにほんとにケータイが入ってると思ってるんだワ。バッカねえ！」。

7

ホワイト・クリスマス

子どもの健康と家庭環境

とぅいんくる　とぅいんくる　りとるすたー　はう　あいわんだー　わっと　ゆーあー
——ナジリーン、学級のみんなに歌う

クリスマスはインフルエンザとともに

ショーンが、手にビニール袋をさげ、廊下を校長室に向かって歩いてくる。「証拠発見！」と言いながら、その袋を高々と持ち上げてみせる。賞味期限をすぎたチーズが給食に出されていたのだ。この学校での民間給食業者に対する〝品質改善キャンペーン〟は、まだはかばかしい成果をあげていないが、いまも続けられている。

このところ保育学級《ナーサリー》むらさき組は、歯が欠けたような状態だ。担任のフランシスカも、インフルエンザがすっきり治らず休んでいる。血液検査を受けて、いまも抗生物質を服用中だ。彼女は学校にeメールを送ってくる——「ひとの顔のまえでセキやクシャミをしないように、そして、どうしても出てしまうときには手で口を覆うように、子どもたちにしっかり念押ししてください」。

何人もの子が欠席している教室には、銀色のクリスマスツリーが部屋の隅の〝すうじコーナー〟で輝いているのだが、ほとんど見る者がない。来学期に進級予定の五人の子たちが訪問学習でリセプション学級に出かけると、残るはわずかに六人ばかりだ。

バイリンガル・アシスタントのスアドが、その残った子どもたちとサークルタイム★をやっている。子どもたちは、カーペットの上に小さな輪になって座り、スアドの足もと。彼女は『ベア・ハント』のお話を読んでやる。まずは英語で読み、そして少し進むとソマリ語に訳してきかせる。そのあと、子どもたちが一人ひとり、自分の好きな歌をうたう。

スアドに励まされて、ナジリーンが歌うのは「きらきら星」。彼女はもう例の〝口紅への固執〟からは抜けだしている。けれど、あの独特のおしゃれにはいまもまだ魅せられたままだ。きょうは、Tシャツとズボンの上にフリルいっぱいのピンクのパーティードレスを着て、銀色の上履きをはいている。でも、いま、みんなのまえで歌うナジリーンはとっても愉しそうだ。歌のあいだじゅうずっと微笑んで、瞳が喜びに輝いている。

最後にジョジョが立って、スアドの横に行く。ジョジョが歌えば、これで全員が歌ったことになる。ジョジョは下を向いたまま、「インシイ・ウィンシイ・スパイダー」を歌うのだが、その声は

★――サークルタイム：子どもたちが輪（サークル）になって集まり話しあうところから、そのためにとられた時間につけられた名称。日本の「学級活動の時間」に近い。話しあわれる内容においても、運営の仕方においても、日本の「学活」同様、児童・生徒の学級自治会活動的な側面と教師による学級指導的な側面とをあわせもつ。ここにみられるのは後者だろう。これを一種の授業として「フィロソフィー」の時間に展開する動きもある。25ページ「スクール・カウンシル」の註参照。

小さくて弱々しい。精いっぱい耳を傾けなければ聴きとれないくらい。そのくせジョジョは、締めくくりにテレビの人気番組〝ポップ・アイドル〟をそっくり真似して、床に手のふれるようなおおげさなお辞儀をする。

彼の行動改善のための週ごとの特別セッションは、すでに始まっている。小グループで遊ぶなかで、ほかの子たちがジョジョにとってのよいロールモデルとなってくれれば、というあの試みだ。だが、これまでのところ、それは彼の行動をむしろ悪くしているのではないかと、職員たちは危ぶんでいる。そのグループのなかでも悪い子でいることで、自分が特別な存在になれるとジョジョに思わせることになっているのではないか、というのが職員たちのささやきだ。

リセプション学級へ訪問学習に出かけていた子たちが、興奮しておしゃべりをしながら戻ってくる。児童会の役員をしているサリーは、もうずっとまえから、もっと大きな子のクラスへの進級に憧れてきた。彼女は読み書きもできるし、よりフォーマルな教育へのチャレンジをすでに必要としているのだ。ほかのほとんどの子たちも、進級への準備ができているようだ。四歳のライは、責任感があり、その歳にしては感心なほど面倒見のよいところがある。ケイリーもリセプション学級に参加した。担任ララ・ソープの報告では、ケイリーはまずまずの出来だった。物語についての話しあいのとき、自分の考えを〝発表〟することができたという。もっとも、ミルクタイムになると〝おうちコーナー〟の食器棚の後ろに隠れて、出てくるように言ってもきこうとしなかったのだが……。

戻ってきたほかの子たちは、自分がこれから進級するクラスを訪ねたあとの興奮で、にぎやかな〝おしゃべりさん〟になっているのに、ケイリーだけはたったひとり、しかめっ面で独りごとを言いながら、民族衣装姿のちっちゃなフィギュア遊びのなかに引きこもっている。職員たちは、彼女に自閉症があるのではないかと、いぶかりはじめている。

超偏食と依存症とDVと

このサマーズタウンに生まれた男子の平均寿命は六十八歳で、同じ区内でも北部の豊かな地域と比較して、十四歳も短い。低所得世帯の子どもは、早産児や低体重児、またはその両方である率が高く、粉ミルクで育つ子どもの割合も多い。親の喫煙率、および自身も喫煙者となる率が高く、望まないまま若年で子どもを産み、産ませるということの生じる割合も高い。さらに、経済的困窮のもっともきびしい世帯で育つ子どもたちは、野菜や果物の摂取量が平均の半分で、家庭内の火災による死亡率は十六倍も高く、路上の事故で命をおとす割合も五倍も高い。

したがって、貧しい子どもたちの教育にあたる学校は、かれらの健康にかかわるニーズを無視するわけにはいかない。全国的にはこの間、学校での健康への取り組みの多くが解体されてきているが、カムデン区では、いまもすべての学校に専任の看護師を配置している。

イーディス・ネヴィル小学校では、アン・バンコが十六年にわたって学校看護師を務めてきた。すべての子どもに学校で五歳児健診をおこない、聴覚・視覚・身体発育・精神発達・言語発達・協応機能★などをチェックする。彼女はまた、子どもの発育状態についてなど、親たちの心配事の相談

★——**協応機能**：発達心理・生理学用語としての協応（co-ordination）とは、諸々の感覚器官・運動器官を調和的に連動させる働きをさす。たとえば、「モノをつかむ」ためにも目と手が協応しなければならない。

にも応じている。

近年、一般的には、子どもたちの肥満傾向が顕著になっている。ところがサマーズタウンでは、貧困と低体重との昔ながらの結びつきの問題が、いまなお尾を引いている。この学校の五歳児の六〇パーセントが、標準以下の体格だ。もちろんこれは、概して白人イギリス人よりも身長・体重ともに低めのバングラデシュ系の子どもたちが多いためでもあって、かれらも成長とともに標準に追いつくようになっていくのだが、それでもなお一〇パーセントは、栄養失調の心配な状態から抜けだせない。この年齢の子どもたちが栄養不足の状態におかれると、本来の身長にまで成長することができなくなってしまい、さまざまな感染症にも冒されやすくなるし、注意力や集中力の持続にも悪影響が生じかねない。

いうまでもなく、健康と教育の関連の重要性は、ずっと以前から認識されてきた。二十世紀に入るころ、学校看護婦《スクール・ナース》の制度がつくられたことも、その証左といえるだろう。だが、それにとどまらず、近年の研究で食習慣が脳の機能や行動に大きな影響を与えることがあきらかにされてきたこともあって、健康状態と学習の結びつきは、かつてないほど強調されるようになってきた。

アンは、専門用語でいう〝摂食習慣〟について、親たちへのアドバイスに努めている。つまり、スナック菓子や甘いものを避け、まともな食事をきちんと腰かけてとるということにどれほどの利点があるか、親たちを説得しようとしているのだ。四歳や五歳になって満足に食事もとらず、朝夕、哺乳びんのミルクを飲んですませている子どもは当然、大問題だ。けれど、そうでなくても、標準よりも小さくて軽いのにジャンクフードばかり食べている子どもも、同じように大問題なのだ、と。

アンはこう話す。「親御さんたちがコカコーラやポテトチップスを買ってるかぎり、結局、子どもたちはほかのものはたいして食べないことになるわけよ。でも、親御さんのなかには、甘いものや炭酸飲料なんかを買ってやらないと、一種うしろめたく感じる人たちがいるのよね。それに、自分の子がほかの子たちより小さかったりしたら、子どもがなにか食べてくれてさえいれば、うれしくなってしまうのね」。

また、歯の健康についても、サマーズタウンは国内でワーストレベルといってよい。とくに子どもについては、それが著しい。嘱託歯科医が学校にきて検診してくれるのだが、そのとき歯科医は子どもたちに、家に歯ブラシがあるか、これまで歯医者さんにかかったことがあるかをたずねることにしている。

「返事はたいてい、ノーね」とアンは言う。「バングラデシュやアフリカの文化にとって、〝予防的ヘルスケア〟というのはこれまでなかった観念なの。だから、問題がはっきり表面化するまでは、なかなか子どもの健康に注意を向けないの」。

そうしたわけで、何年も哺乳びんやおしゃぶりを口にして、砂糖のしこたま入った飲みものを飲みつづけ、六、七歳にもなると歯が何本も抜けている、といったこともここではめずらしいことではない。

さらに、子どもたちの感情面・精神面の健康にかかわる問題は、なによりの重大事だ。親たちの薬物依存やアルコール依存によってさんざんな目にあわされている子が何人かいる、とアンは言う。「このカムデンでは、問題がこじれにこじれてしまっているの。とくに、あっちこっちの内戦地帯からやってくる子どもたちがいるでしょ。それに、若すぎる両親をもつ子どもたちもいるわね。で、その親自身がね、神経がすりへってしまって、なんにもまともに受けとめられなくなっていたり、生きていくのに必要なスキルやサポートをなんにももっていなかったりするわけだから」

たとえば、単純な睡眠ひとつをとっても、学校での子どもたちの学習や行動の状態に重大な影響をおよぼすものだ。アンによれば、八歳以下の子どもが夜十一時、十二時まで起きていたりして、生活習慣がまったくでたらめになってしまっていたりすることもある。ただし、こうした領域で心しておかなければならないのは、文化的にデリケートな事柄も多いということだ。たとえば、学校看護師をふくめ公共保健サービスの職員は、ときとして、アンの言う「われわれの目には不合理に映るほどの厳しいしつけ」（つまりは虐待が疑われるような〝せっかん〟）をおこなうアフリカ系の家族にでくわすことがある。

カムデン区内の学校看護師たちは、メンタルヘルスの観点から専門家の援助につなぐ必要のある子どもを、各校、毎週平均一名といった割で抱えている。とりわけ男の子たちが、情緒的発達や自尊心にかかわる問題で、もがき苦しんでいるとアンは言う。

ちなみに、〝学校でよい成績をあげるべし〟とする政府主導の容赦のないプレッシャーも、この小さな子どもたちのストレスの一因となっている。チャリティ団体、プレイス・ツー・ビー（Place2Be）が子どもたちに〝十歳の本音〟をたずねたところ、四〇パーセントの子どもが、〝体重のこと〟や〝自分のしたことにきちんと責任をとること〟などと並んで、〝全国一斉学力テスト（SATs）のこと〟がいちばんの心配事だと答えている。

ところで、当然のことながら、親自身が自分から変わろうと望まないかぎり、親の行動を変えることなど困難だ。アン・バンコが力を注いでいる〝子育て教室〟（ペアレント・エデュケーション・クラス）は、効果的に運営するのがなかなか難しい。そこに参加するのは〝ダメ親〟の烙印を押されることだ、と受けとる人もけっこういるからだ。

「こちらの意図をみんなに飲みこんでもらうのは、ほんとに難しい。来てくれるのは、いつも同じ顔ぶれの四人か五人なの」と、アンは言う。よくあることだが、こういう教室にやってくるような問題意識をもった親というのは、いずれにせよ、もとからきちんとした暮らしをしているのだ。ここにもみられるとおり、貧しい親や子どもを援助しようという政府のシュア・スタート施策は、その援助をだれよりも必要としている肝心の家族を実際に動かすことに苦戦している。

アンはまた、学期ごとに、〝要支援〟に該当する子どもたちの調査もおこなっている。ここにいう〝要支援〟（イン・ニード）とは、家庭の育児に問題があったり、DVが起きていたり、いずれにせよ「なにか難題があって、一般にその子の心身の健康や安全や発達に心配な事態が生じていたり、特定のなんらかの懸念でそのままにはできない場合」だという。イーディス・ネヴィルでは、児童保護登録（127ページ「児童保護カンファランス」の註参照）に載せられているのはほんのわずかだが、〝要支援〟に該当する子どもの家族はほぼ二十を数える。

「こうした親御さんたちって、こっちはなんとかつながりをつけたいと思うんだけど、面談の約束をしても来てくれないのよ」。この点は、アンがこの学校で働いている十六年のあいだ、ずっと変わらないのだという。

しかしアン・バンコには、この仕事がそのうち親たちの行動に影響を与えるようになる日もくるなどと、自分をなぐさめているような余裕はない。「たしかに、ほんとに最低限度のこととしてなら、バングラデシュ系家族の第二世代、第三世代の暮らし方は変化してきてる。でも、わたしたちは、つぎからつぎへとやってくる別のグループの人たちと、最初からまた始めなきゃならないの。ソマリアから来る人たち、エルトリアから、コンゴから……ってね」。

先にもわずかにふれたが、子どもの肥満も全国的に大きな問題になっている。政府は、小児肥満の増加を反転させる対策には小学校の役割に期待するところが大きいとして、最低、週に二時間、学校体育（スポーツ）の時間をとることを規定した。だが、アンは、すべての学校ですべての子どもに一日一時間、というのであればもっといいだろうに、と言う。

「子どもたちの体力づくりに励むのも、目に見える体力低下に対してだけじゃなく、子どもたちの体の深いところで進んでいる変化にまで、わたしたちは取り組まなければいけないのよ。だって、運動の機会をふやすのは、きっとあらゆることに役立つはずよ。自尊心、とくに男の子のね。それから集中力や授業中のふるまい。子どもたちの欲求不満もいくらか解消するでしょうし」

ちなみに、ドメスティック・バイオレンスは、かつてはほとんどの場合、隠されていて顕在化することがなかったが、最近ではかならずしもそうではない。多くの女性が救いを求めるようになった。また、子どもが家での問題について学校で明かすようなことがあれば、すぐさま対応策がとられるようにもなっている（たとえば以前、放課後になってもなかなか家に帰ろうとしない子がいた。職員たちはしばらくたって、それが家で生じている暴力沙汰を避けるためだと気づいたということがあった)。しかし、それでもやはり、多くのコミュニティには、被害女性を虐待者のもとに留まらせようとするさまざまな圧力が存在していると、アンは言う。

「あの子たちがどんな困難に耐えて暮らしているか、どんな問題に対処しているか、考えてみて。なのに、あの子たちは、それでもどっこい学校にやってきて勉強してる。それって本当に驚くべきことよ。実際、わたしに仕事を続けさせてくれているのは、それね。――困難をはねかえす、子どもたちの回復力!」

ドアのすぐ外にある大気汚染と隣人問題

イーディス・ネヴィル小学校をとりまく環境は、健康的とは言いがたい。複数の大規模道路や鉄道ターミナルにとりかこまれた窪地のサマーズタウンは、元来、汚染の掃きだめになりやすい立地にある。キングズ・クロス駅周辺の英仏海峡トンネル連絡線ターミナルの建設工事は、砂まじりのほこりをたえず空中に巻き上げ、近隣の非難を浴びている。なんと、少なくとも八人に一人の生徒が喘息もちなのだ。

いうまでもなく、この市街地汚染を生みだしているのは地域住民ではない。たとえば、そもそもサマーズタウン全世帯のうち四分の三は、車を所有していない。非所有率の全国平均はおよそ四分の一にすぎないという事実と考えあわせてみればよい。毎朝、子どもを送り届ける車で校門前は大混雑という、あちこちの小学校におなじみの悩みは、イーディス・ネヴィルにはまったく縁がない。ここでは、ほとんどすべての子どもが歩いて登校してくるのだ。

住宅事情は地区ごとにさまざまだ。古いアパートのなかには、湿っぽく、かび臭く、修理がゆきとどいていないものもある。多くのアパートは風通しがよくないにもかかわらず、地階や一階はぶっそうで窓を開けっぱなしにすることさえできない。サマーズタウンでは、人びとは息苦しいほどたがいにくっつきあって暮らしており、それもまたストレスのもとになっている。

たとえば、こんな事例さえ存在する。自宅のアパートで、少しでも音をたてると下の階の住人が始終クレームをつけてくるという環境で育ったきょうだいがいた。どの子も、積み木やなにか、とにかく床にひっくり返るような〝うるさいおもちゃ〟は恐怖感なしにはさわれない。で、かれらは、イーディス・ネヴィルの保育学級《ナーサリー》に入学してくるたびに、ひとりずつどの子もが、安心してそうした遊びをしてよいということを改めて学習しなおさなければならなかったのだ。

あるいはまた、高層住宅（タワー）の一画もあるのだが、そこに住むある家族は、隣人に人種がらみの嫌がらせを受けていた。被害にあっていたのはムスリムのシングルマザーで、アパートのドアのまえに、防犯柵ごしに排泄物やコンドームやポルノ写真を投げこまれていた。子どもたちは三年間も、学校に登校する以外は、ほとんどアパートの部屋を出ることさえなかった。その嫌がらせがやんだのは、加害者――薬物常用者の売春婦だった――が、自分の客に殺されるほんの少しまえのことだった。

閉ざされた経験世界をひらく

世の子どもたちのなかには、いま過ごしている家庭での生活をよりいっそう彩り豊かにするために学校に通う子どももいる一方、そもそも生活といえるものを、これからなんとか手に入れようとして学校に通う子どももいる。

親たちがよく言うのだが、イーディス・ネヴィルの保育学級《ナーサリー》の子どもたちは、土曜や日曜の朝を泣いて過ごす。学校に行きたいからだ。バイリンガル・アシスタントのスアド・アーメドは、娘のサミーラがこの保育学級に通っていたとき、よく娘に話してきかせたものだった。週末になると学校には恐い番犬がいる、咬まれるかもしれないから学校には行けないのだ、と。けれど、そんなことで娘をなだめることはできなかった。土曜のたびにサミーラは、たっぷり一時間は泣いたのだった。そのサミーラはいま、教師になりたがっている。家でおもちゃたちを整列させ、その〝生徒たち〟にあれこれ指示を出して、励ましたり叱りつけたりするので、「そんなこと、どこで覚えたの？」とスアドがたずねると、サミーラは「リンネ先生がこんなふうにやるの」と、自分の担任の名をあげる。

ところで、この保育学級の子どもたちは、平均すると、二週間に一・五日は欠席している。ただしこの高い欠席率は、子どもたちの〝登校渋り〟が原因でなく、のちにもふれるような余儀ない事情など、親の側の都合によるところが大きい。多くの子どもにとって学校は生活の一大イベントであり、かれらの興奮、かれらの楽しみ、かれらの喜びのほとんどすべての源なのだ。年長の子どもたちは教師に、長期休暇はきらいだと語る。新学期が待ちどおしくてしかたがないというのだ。つまり、出席率の数値は、テスト結果の数値同様、額面どおりに受けとってはならないということだ。たとえば、イスラムの重要な祭日が学期中に重なった場合、ムスリムの子どもたちは、まず学校に来ることはないだろう。出席率は、こうした現実を反映していない。あるいはまた、学期中に、けっこうな日数の休みをとって故国に子どもを連れて帰る家族があることも、この数値に影響をおよぼしている。

学校近くのアパートの多くが、狭くて、人であふれかえっている。子どもたちがテレビを観ているリビングの壁には予備のベッドが立て掛けられており、部屋の隅や廊下には掛け布団や枕がいくつも積み重ねられている。弟や妹とひとつのベッドに寝ている子どもも少なくない。朝はトイレに並ばなくてはならず、それで遅刻する子どもまでいる。

テレビはいたるところにある一方、子どもたちの家庭の多くで、コーラン以外の書物を目にすることはほとんどない。おもちゃさえ、ほんのわずかしかない家庭もある。テレビが映しだす、有名シェフの料理やら自宅改築の自慢話やら、はたまたイングランドやアメリカの郊外中流家庭の暮らしやらは、ここでは見当もつかない別世界だ。子どもが家で読むものといえば、安売り量販チェーン〝アルゴス〟の分厚いカタログだけという場合もある。

ことに、アフリカやアジアからやってきた第一世代の親をもつ子どもたちは、バングラデシュのシルヘット地方やナイジェリアのラゴスなどのミニチュア版ともいうべき家で暮らしている。そこには、晴れ着姿の親戚一同の記念写真が、入念に描かれたコーランの一節といっしょに壁に高く掲げられ、飾り棚には、ガラス容器や陶器がいくつか並べられていたりする。ダイニング・キッチンは、英気を養う神聖な場所というよりも、内職のための仕事場といったほうがよい。バルコニーには季節を問わず、洗濯物が何列も干されている。

子どもたちのなかには、天候がどうあれ、四六時中、外に出て街頭で遊んでいる子がいる。しかし、そうかと思えば、アパートの部屋からほとんど出ない子もいて、この場合はまさに、子どもの遊び協議会のティム・ギルのいう〝集中飼育ケージ育ち〟（バッテリー・リアード）というあの表現がぴったり当てはまる。

とはいえ、全体としてみるなら、サマーズタウンの子どもたちは、人として損なわれてはいない。かれらは、どんな事態をもきりぬけようとする才覚をもち、たいていは人に優しく、ときには実年齢よりずっと成熟してさえいる。ただし、多様な経験に欠ける憾《うら》みが残るのだ。

以前、エイミー・クラウザーがまだ新任のころ、保育学級入学前の子どもの家庭訪問で、まるで空中のとまり木の上のような高層《タワー》アパートの部屋を訪ねたさい、家具もなく壁紙も貼られていない室内でプラスチックのガーデンチェアに腰かけながら母親と面談した、といったことがあった。また、物質的には裕福な世帯の子どもたちでさえ、家族とその周囲だけの生活しか知らず、広い世界にふれる機会をほとんどもたない場合も少なくない。エイミーがそれぞれの家を訪ねているあいだ、静かに床に座っていたり、両親の背に隠れていたりといった子どももいたが、他方には、彼女がいっしょに写真を撮ろうと持っていったカメラを奪いとったり、手にしていた本のページを破ったりする子どもたちもいたのだった。

ある日の午前中の家庭訪問では、その日訪ねた四軒のうち四軒ともが、重大な健康問題や家庭危機のまっただなかにあった。一軒目の家では、近親者との死別に直面していた。故国から祖母の死亡の報せをうけて、その家の母親が葬儀のためナイジェリアに帰国して不在だったのだ。二軒目の家庭が抱えていたのは、年若い親戚女性の重病という問題だった。集中治療室に入っているその女性にかわって、彼女の乳児をその家の母親が真夜中すぎまで起きて世話しているということだった。三軒目の家庭では、ともに連れ子のいる再婚夫婦に新しい子どもが生まれて、家庭内がぎくしゃくしていた。そして四軒目は、重い障害のある子どもがいてすでに大変なところに、また子どもができてしまって途方に暮れている、というぐあいだったのだ。

英語ができず、幼い子を何人も抱え、収入も限られていて、エレベーターも動いていない高層《タワー》アパートに暮らす母親たちは、子どもたちをあまり外に連れだそうとしない。ともすれば、学校に行かせることでですらひと苦労、ということにもなる。というのも、階段通路は薬物常用者や売春婦たちと〝共用〟ということになりかねない現実があるからだ。

東西を鉄道線路で断ち切られ、南を幹線道路でさえぎられたこのサマーズタウンでは、子どもたちの視界はこの街を越えては広がらず、ときにはアパートのなかだけに限られてしまうことさえある。さらに皮肉なことには、限られたその視界のなかでもっとも目立つのが、どの家の玄関先からも見える再開発現場の巨大クレーンだということだ。遠くヨーロッパ大陸へと通じる英仏海峡横断トンネル連絡線の最新ターミナル。しかし、いつの日か、かれらサマーズタウンの子どもたちが、この駅を起点とする特急ユーロ・スターの乗客になることができるかどうか、それはまったく保証のかぎりではない。

こうしたなかで、イーディス・ネヴィル小学校の職員たちは、子どもたちを学校の外に連れだしてさまざまな経験を与えるべく、大きな努力を払っている。

たとえば、この学校では毎年、イギリス南東部・ケント州の海岸にあるリゾート、ブロードステアーズに出かけることにしているのだが、毎回、五指に余る子どもや大人がそれまで海を見たことがなかった、と言うのだ。あるいは、ロンドン市内での校外学習の機会には、エスカレーターや自動改札機にまごつくものがいる。ロンドン動物園など、サマーズタウンから歩いてすぐ行けるような距離にあるにもかかわらず、学校の遠足でいっしょに出かけるまでは、ほとんどの家族にとってまるで外国のような場所だったのだ。また、五年生の担任、コレット・バンベリーが授業で川のことをとりあげたときなども、いく人かの子どもは、テムズをさえふくめ川をひとつも見たことがないと訴えたほどだった。

したがって、学校の外に出かける小旅行や種々のクラブ活動やは、多くの子どもたちに、おそらくほかでは得ることのできないさまざまな経験の機会を提供する。あのケイリーにしても、初めてブロードステアーズに出かけたさい、砂浜で遊んだり、水に入ってバシャバシャやったり、いちごのアイスクリームを食べたりという経験のなかで、たしかな変容をみせた。話し、微笑み、アイ・コンタクトをとるといったことが、彼女にできたのだ。もっとも、帰りのバスのなかでひどいかんしゃくを起こしたケイリーは、そのあと二時間は眠りつづけていたのだが……。それでも、この日のことは、担任だったエイミー・クラウザーのとても大事な思い出になっていて、彼女はブロードステアーズで撮ったケイリーの写真を自分の日記帳の表紙に貼って、いまも大切に持っている。

この地域の子どもたちの生活に数多く存在するこうした多様な経験の欠落の実態は、それ自体が社会的な排除／差別（エクスクルージョン）のひとつというべきだ。ところが、学校がそれらの欠落を埋めあわせるために、多くの時間を費やし、それを仕事の中心に据えてまでして払っている努力は、政府のリーグ・テーブル（学校別成績番付）に反映されることはない。いやむしろ、この国の教育制度は、そうした仕事をそれ自体として尊重するものとはなっていない。実情をみれば、財政負担の大きさにせよ、計画や準備に費やされる時間とエネルギーの負担の重さにせよ、はたまた、子どもになにか事故があったりすれば訴えられかねない現実的なリスクにせよ、意欲をくじくような要素ばかりが目につくのだ。

しかし、イーディス・ネヴィルのような学校が、教室での学習と並行して子どもたちに提供しつづけている校外学習や宿泊旅行などの活動こそ、正しい意味で〝エデュケア〟(educare）と表現されてよいものだろう。この言葉は、ブレア政権の元教育相チャールズ・クラークが、「学校は子どもたちを午前八時から午後六時まで世話するべきだ」として物議を醸したさいに持ちだした、まさにその表現なのだ。

いざ、老舗百貨店ハロッズへ！

事前申し込みも、規定のバス料金の払い込みもほとんどなかったにもかかわらず、基礎ステージの三クラス合同遠足、〝サンタクロースに会いにいこう〟は、ふたを開けてみると、たくさんの父母の当日参加で盛会になった。

ケイリーの母親も来ている（ロンドンを離れるというこの家族の計画は、いまのところまだ実現していない）。ジョジョの母親もいる。ナジリーンの母親は娘の手をとって、バスの最前列の座席に陣どっている。一方、ピエールの母親は出発まぎわになって行かないと決めたので、保育士のローラがピエールの面倒をみることになった。「わたしはへっちゃら。心配しないで、お母さん」。ピンクの口紅をつけ、毛皮のふちどりフードのついた上着のローラは、バスの窓から「行ってきま～す」と手を振りながら、ピエールの母親ににっこり微笑む。

ベイカー・ストリートにさしかかると、ナジリーンは目に入る光景に興奮し、窓の外をじっと見つめて、クリスマスツリーの数をかぞえている。一方、アリはといえば、うたた寝を始めたらしく、頭を後ろにぐらぐらさせて、シートの背もたれにぶつけている。後方の座席からは、母親たちに話しているローラの声が聞こえてくる。「エイミーったら、水上スキーをやってるのよ。イルカといっしょに泳いでるんだって。四月には帰ってくるそうよ」。

バスが、ハイドパーク・コーナーの混雑をなんとか通りぬけ、ナイツブリッジに入っていくと、クリスマスの飾りつけはますます豪華になってくる。店という店のショーウィンドーは、イリュミネーションやキラキラ輝く飾り小箱やで華やいでいる。バス内の騒音レベルがいちだんと高くなり、アリも目を覚ます。百貨店ハーヴィー・ニコルズのドアマンが、シルクハットを持ち上げて、ガラス窓越しにアリに挨拶をよこす。「あれは、おまわりさん?」と彼は聞く。

ところが、目的地の老舗百貨店ハロッズでは、落胆が待っていた。お目当ての〝サンタの部屋《グロット》〟には長蛇の列ができていて、この玩具売り場の隅から隅までフロアいっぱいに人が並んでいる。たっぷり三時間は待つことになるという。

メラニー・ミアーは大あわてだ。エイミーの休職で新しく基礎ステージの主任になって初めて自分で計画した大きな校外学習の機会なのだ。もちろん彼女は、あらゆる必要事項を細かく考えに入れていた。当日のスケジュールやデパートの平面図の入ったプリントも配布した。そこには、〝ルー〟（高級化粧室をさすハロッズ用語）はどこにあるか、待ちあわせ場所はどこか、きちんと示されていたし、おまけに父母むけの注意書きまで添えられていた――「この遠足は子どものための学習企画です。買いものツアーではないことをお忘れなく」と。メラニーは下見の実踏もしたし、何度か電話で相談もした。だが、それにもかかわらず、学校の団体見学で〝サンタの部屋《グロット》〟に優先的に入るためには、開店前の九時半までに着いていなくてはならないという決まりがあるのを、だれも彼女に注意してはくれなかったのだ。

イーディス・ネヴィルの一行も、ともかく列に並ぼうとしてみるのだが、どうにもファッショナブルとはいいかねる薄いコートの母親たちのこの一団。そのわきを、毛皮のコートやレザーのパンツといった装いの常連客たちがサッサと通りすぎてゆく。メラニーは、マネージャーに掛けあいにいく。一方、列に並んでいる人びとに、従業員がハロッズ名物のテディベア・クッキーや笛吹きキャンディをサービスでしきりに勧めてまわっている。イーディス・ネヴィルの子どもたちは、気後れしているのか、おずおずとそれを受けとる。

「今回は手違いなので、特別に列に並ばずにすむようにしてほしい」というメラニーの要望を、ハロッズのマネージャーは受け流す。「まあ、そうカリカリされなくても……。これで来年は、九時半集合のこと、初めからわかってるってことになられたわけですから」というのが、マネージャー氏のアドバイス。

それでも子どもたちは、がっかりしたようすもみせず、いろんなおもちゃが見られて満足している。ジョジョとピエールは、アクションマンの箱の山のまえに〝敬虔〟な面持ちで立ちつくす。かれらは、なんと寝袋入りのアクションマンがとくにお気に入りのごようすだ。

ちなみにきょうは、社会経験を増やすよい機会だということでマハランも特別に合流しているのだが、彼女はいま、ほんとに動くミニサイズのスポーツカーに乗っているところ。革張りのハンドルや木製のダッシュボードを指先でさわりながら、いつものように顔を天井に向けてかしげている。ローラもいつものとおり、けっしてメゲない。「サンタさんは、会わないといけない人が多すぎたんだって」と、彼女は声を張りあげて子どもたちにアナウンスする。「みんなは教室でクリスマス・パーティーをやるもん、平気だよね」。

出口に向かおうとエスカレーターに乗ったとき、ピエールは、手をとろうとしたローラの腕にパンチをお見舞いし、噛みつこうとする。一方、ようやく外に出てバスを待つあいだ、数人の母親たちはホッとしたようすでタバコに火をつける。

昼食の時間に遅れて、一行はイーディス・ネヴィルに帰り着く。子どもたちを並ばせて学校の正門を入りながら、ローラがふたたびアナウンスする。

「ドラマがいろいろ！　きょうはほんっとに、すっごいドラマだったよね！」

8

鉛色の空もよう

学校の安全とクレーム文化と

ゴムのゴミすてゴメンだよ！★
――四年生のつくった環境美化標語

用務員ジョンの攻防二十四時

イーディス・ネヴィル小学校は、サマーズタウンの建てこんだ家並みのなか、ぽっかり開けた場所に建っている。平屋造りのその校舎には手入れがゆきとどき、運動場は広く、校舎に入る玄関口には趣のあるニセアカシアの木が影を落とす。敷地の周囲をかこむ鋳鉄柵はペンキが塗られたばかりで、庭の隅や茂みにゴミなど散らかってはいない。ショーンは、大多数の校長の例にもれず、ポテトチップスの袋やキャンディの包み紙などが校内に落ちているのを見つけたりすれば、立ちどまってそれを拾わずに通りすぎることなどできはしない。この学校は、地区のそこここに見られる薄汚さや乱雑さとは対照的に、緑あふれる晴ればれとした空間で、ひとつのオアシスといってよい雰囲気を醸している。

親たちは、家からの近さや、学力テストの学校成績、あるいは「お祖父さんもお父さんもこの学校に通った」というような家族と学校の親しみ深さなど、さまざまな理由から学校を選択する。しかし、教師たち、校長たちの一致して言うところでは、ある学校のことを知りたければ、そのなかを少し歩いてみさえするだけでも多くのことがわかるのだ。

で、イーディス・ネヴィルの校内はどうか。門内の受付窓口の周辺は明るく、すっきりしている。窓口のわき、外壁の掲示板には、学校の最近の実績を賞賛する新聞や雑誌記事のきりぬきが貼られ、いろいろな言語で歓迎のことばが掲げられている。校舎内に入ると、子どもたちが勝ちとったスポーツのトロフィーでいっぱいの飾り戸棚。校長や教師に会いにきた父母が座って待つことのできるコーナーも設けられ、まわりの壁ぎわには、子どもの作文や美術作品がずらりと展示されている。安全対策のため、学校のドアにはどれも鍵がかかっているのだが、玄関なら、たいていは事務職員のシュゴム・ベガムが受付事務室のデスクにいて、訪問者を迎え、なかに通してくれる。

学校の施設・設備は子どもたちの教育経験の、決定的に重要な一要素だ。そもそも学校というものは、安全で、清潔で、訪ねやすい場所でなければならない。ところが、インナー・シティの学校を安全で清潔で訪ねやすいものにする努力は、まさしく一種の闘いだ。なぜならその努力は、それとはまったく逆の地域環境のただなかでおこなわれることになるからだ。そして、この闘いのおもな担い手となるのが用務員である。

★――ゴムのゴミすてゴメンだよ！：この標語の原語は 'Don't Frow Rubbish.' この Frow には Frau と throw の両義が掛けられている。

イーディス・ネヴィルの用務員、ジョン・パントンは四十代。この学校でもう十六年、働いている。いちばん最初は、前任者が病休のさいの一週間の臨時任用だった。その後、その席が欠員になったとき、常勤職に応募して、それ以来ずっと勤めつづけている。職を得て一年半のころ、学校のとなりの用務員住宅を不法占拠していた住人（つまり、前任者家族）を立ち退かせたあと、ジョンは、両親の住む公営アパートの弟と共用の部屋を出て、寝室が三部屋あるこの用務員住宅に引っ越してきた。「やっぱり自分の部屋があるのはいいねえ。ここだと、好きなだけギターを弾けるもの」と彼は言う。

用務員の賃金は安く、その職は社会的にも高く評価されることはない。しかし、この仕事には、校長の役割とよく似た特徴がある。つまりショーンと同様に、ジョンは、もっぱらひとりで仕事にあたる場合が多く、かつまた、広い責任領域を受けもっている。そして、その仕事には、そもそも終わりというものがなく、また、つねに予算に目配りしながら進めなければならない。ひとつ問題を片づけると、すぐまた別の問題が現れる。

たとえば、水飲み場の噴水式蛇口が取りつけ金具からはずれてぶらさがっている。おまけに裏側の本管のパイプも破裂している。ホールでは電灯器具にいくつもひびが入ったままだ。きしんで音をたてるドアの留め金具に油を差さないといけない……といったぐあいだ。

「学校のあっちにもこっちにもやらなきゃいけないことが見つかると、ストレスを感じるね」と、彼は言う。「とくに、費用を節約しようって考えたりするとね。でも、だれも金食い虫の学校なんてほしくないもんね」。

ジョン・パントンは、校長と同様に、子どもや父母たちとの大事な接点ともなる。朝、校門を開けるのが彼だからだ。たとえば、四年生のだれかがひとりで登校してきたのを見かけたりすると、ジョンは教師たちにその旨きちんと伝えておく。イーディス・ネヴィルの職員たちは、下校のさいには、小さな子どもがひとりで帰ったり、小さなきょうだいだけで帰ったりすることをけっして許さない。けれども、朝の付き添いなしの登校については、かれらに手出しできることはずっと限られていて、禁止はしても、それですむというわけにはいかないのだ。

自身の学校生活となると、ジョンは、それを上首尾に満喫してきたとはいえない（この点は、ここで働いている教師以外の職員たちの多くも同様だ）。一九七〇年代、音楽を愛するこの穏やかな少年は、通っていたカムデンのコンプリヘンシブ・スクール（総合制中等学校）で羽振りよくやっていくことができなかった。「いじめと暴力の巣みたいなもんだったよ。教師が殴られてたね。あそこで覚えたことといえば、うまく身をかわして危険をすり抜ける術《すべ》くらいのものかな」。

彼の母親は当時、学校の清掃員の仕事をしており、夕方になると、彼の通う学校に出かけていた。で、彼女は家に戻ると、生徒の帰ったあとの職員室でどの教師が泣いていたか、といった話をよくしたものだった。職員のひとりはみずから命を絶った。ジョンは、そのコンプリヘンシブ・スクールを終えたとき、なんの資格★が取れていたかを憶えていない。彼が英語のGCSE★★（一般中等教育修

★――資格：73ページの「教育資格」の註参照。
★★――GCSE（一般中等教育修了資格）：GCSEはGeneral Certificate of Secondary Educationの頭字語。通常は十六歳で受験する教科ごとの資格試験で、現在は43ページ（リーグ・テーブルの註）でふれたSATsテストの第四段階とも位置づけられる。中等学校からの「離学」（卒業）とこの試験の合格・不合格とは直結していない。

了資格）を取ったのは、その学校を離れたずっとあと、いまにつながる用務員の仕事に役立てるためだったのだ。というのも、学校ではお決まりのことだが、用務員の仕事にも、驚くほど大量のペーパーワークがあるからだ。備品管理簿や防火日誌をつけなければならないし、契約業者などに出す書面への書きこみ作業も少なくない。

いま、彼は、この学校施設の面倒をこまごまとみて、子どもたちのためによりよい環境をつくってやることに一生懸命だ。ジョン・パントンの一日は、毎朝七時に始まる。まず、校庭のすみずみまで、注射針やガラスびんが落ちていないか見てまわる。夜のあいだに柵越しにそうした危険物が投げこまれることもありうるからだ。で、そういう仕事が一日じゅう続く。彼の言い方で、「使い方がなっちゃいない」のが、トイレだ。「坊主どもは小便を床にたらすし、ときには〝ほかのもの〟までね。トイレットペーパーを壁や天井に投げるし……」。このところ、嘔吐する子がずっと続いている。「こりゃ、一週間は続くよ。まあ、流行ってるのがなんの病気かにもよるけどね」。

ところで、午後の時間をぬって、こうして話してくれているあいだにも、ジョンには緊急事態の連絡が入ってくる。四年生の教室で、子どもが五リットル入りの下塗り用アクリル・ペンキの容器を床に落としてしまったのだ。容器が割れて、青いカーペット一面に白いペンキが漏れだした。

ジョンが部屋に着くと、すでにペンキは広がって、そこらじゅうの机やイスの脚のまわりにねっとりくっついている。彼はバケツとチリトリを使って、ペンキの表面をすくいとり、残りを雑巾で始末しようと奮闘する。カーペットはもう取り返しがつかないが、なにはともあれ教室を安全にすることが優先だ。ところが、このてんやわんやの途中、ジョンは、立ち入り禁止のしるしとしてイスを二つ三つ置いただけで、この場をいったん離れなければならない。下校のために、保育学級《ナーサリー》の専用門を開ける時間なのだ。雨のなか、校庭わきの出入り口から下校してゆく保育学級の子どもたちを見送る彼の両手は、薄まったアクリル・ペンキで白く染まったままだ。

その後、子どもたちがみんな下校すると、契約業者の清掃員三名がやってくる。事務室や職員室や教室に掃除機とモップをかけ、トイレをきれいにすることになっている。だが、これらの清掃員はずっと問題ぶくみだ。かれらはおもにアフリカ系や東欧系の日の浅い移民で、低賃金で雇用保障なしでも当座の職さえあれば、という人びとだ。したがって、職を離れるのも早く、仕事はテキトウで、教室のなかでフィッシュ・アンド・チップス★を食べたりして、その匂いが翌朝まで残っているなどということさえある。ジョンの言い方では、「ンったく、まともにふるまうってことを知らんやつら」ということになる。

とはいえ、学校じゅうに目をゆきとどかせる彼の仕事は、以前ほどにはやっかいでなくなった。じつは、校長のショーンが、学校の周囲を高い鉄柵でかこむための資金を手に入れるまでは、敷地のあちこちが、キングズ・クロスから流れてくる売春婦たちの〝仕事場〟に使われていたのだ。「でも、まだ一か所では続いてるね。注射針やコンドームが茂みのそこらじゅうに散らかってるし、朝早くだと、まだその場に残ってるやつらまでいるんだよ。おれが、あっちへ行ってくれって

★——**フィッシュ&チップス**：英国のもっとも代表的な大衆的ファーストフード。タラなど魚のフライとフライドポテトの盛りあわせで、塩や酢をかけて食べる。

言うとさ、男はだいたい走って逃げるんだが、女はね……。たいていぶらぶら歩いて離れていくか、反対にこっちが脅されるんだよ」

あの鉄柵が取りつけられてからこのかた、こうした〝不法侵入者〟の問題は減少したものの、ほかの難問はしつこく続いている。

イーディス・ネヴィル小学校の正門は石畳のちょっとした広場に面しており、そこには木々の植栽と、滑らかに磨かれた岩組みが点在している。それは、サマーズタウンには数少ない息の抜ける一画として、放任と不干渉のまかり通る場ともなっているのだ。つまり、時間帯によって憩う人びとはまったく違うのだが、夜になると、飲んで騒ぐ十代の若者たち、恋人たち、はたまたドラッグの売人たちがここを使う。たとえば、薬物依存者たちが岩組みに座って待っている。そこへ車に乗った男たちが現れて、着いたかと思うとすぐさま立ち去ってゆく、といったぐあいだ。日中には、犬を散歩させる人びとや乳母車を押す母親たちの姿がふつうに見られる場所なのだが……。

いずれにせよ、この広場が若者たちから見逃されることなどありえない。無数のアパートの街区が肩をふれあうように密集するこの地区のなかでは、きわめて値打ちのある場所なのだ。お上の目をはばかって、盗品のスクーターやバイクを売り買いする故買品市場の開かれることもあり、それはときに、父母たちが子どもを学校の正門から連れて出ることをためらうほど大規模なものになる。しかも、この取引に加わっている者のなかには、かつてイーディス・ネヴィルの生徒だった者もふくまれている。小学校ではなんとか落ち着いていたとしても、中等学校で生活をめちゃくちゃにしてしまった若者たち。あるいは、保護施設や矯正施設に出たり入ったりをくり返しているような若者たち。さらには、目的もなくトラブルを起こすような少年たち。こうした若者や少年の数は、サマーズタウンでは住民人口に比して不釣りあいに多いのだ。

ちなみに、夏は、ジョン・パントンにとって最悪の季節だ。ロンドン都心の夜が蒸してアパートのなかが暑くなると、イーディス・ネヴィル小学校前の一帯は活気づいてくる。

「ガキどもが外の岩のところに、昼ひなかから真夜中まで、いや真夜中すぎでも、溜まってやがる。バイクを盗むわ、そこらじゅうで急ブレーキをかけてスリップさせるわ、騒音をまき散らすわ……。そのへんの物を壊したり落書きしたり、ドラッグをやるヤツもいるし、不法侵入は起きるし……。バイクに火がつけられたり、窓がエアガンで吹っ飛ばされるなんてことまで起きるんだよ。バーンって音がする。聞かなかったことにしようって思うんだけど、やっぱりそうはいかない。すぐに駆けつけなきゃいけないってことになるわけ。そうすると、その夜はもうだいなしだよ」

さらに、広場の岩組みにたむろする〝悪ガキ〟たちの気晴らしのひとつが、学校の窓に向けての投石なのだ。ガラスはこなごなに砕けて、教室のすみずみにまで飛び散ることになる。「子どもたちの靴のなかにだって入るよ」とジョンは言う。「いまも続いてるわけ。掃除するのに何時間もかかるんだ。けど、教室は安全第一だもんね」。

彼は、割られた窓をふさぐのにいつでも使えるようにと、薄い木の板を何枚もとっておいている。あるときなど、彼が学校のなかに入ってみると、十五枚ものガラスが割られていた。以前にもふれた校長室への二度の不法侵入があったことで、守秘義務のある記録類を保管している校長室と事務室の窓には、金属製のシャッターが設置された。酒の勢いの不法侵入のあと、お祭り騒ぎの紙吹雪のように、子どもたちの個人情報が街じゅうにまき散らされるようなことが起きては困るからだ。ただし、そのシャッターは、ごく目立たないものが選ばれている。学校が〝要塞〟のように見えることなど、だれも望まない。ときにそのシャッターは、日中、日除けとして下ろされたりもする。

訴訟社会のなかの学校

〝賠償請求文化《コンペンセイション・カルチャー》〟とでもいうべき風潮の広まるなか、健康と安全の問題は、学校でかつてなく大きな気がかりのもととなっている。

たとえばあの五歳のケイリーだが、彼女はしょっちゅう事故を起こす。で、ある日の午後、ビー玉を飲みこんでしまったことがある。そのさい彼女の母親は、正規のルートをとおしての解決策さえ決まらぬうちに、すぐさま学校を訴えると電話で脅してきたのだった。ある種の親たちには、まとまった金を手に入れるチャンスで自分たちに縁があるのは、宝くじに当たるか、学校を訴えるかのふたつだけだ、といった受けとめさえ存在するのだ。

国じゅうの校長たちが、同様の事の顛末《てんまつ》を報告している。子どもが運動場で転んだり、廊下でつまずいたりするだけで訴訟を起こされかねない脅威にさらされているというのだ。教師たちもまた、自分の勤めている学校を訴えかねない。食堂の床に落ちていたフライドポテトですべって転んだことをもって訴訟を提起した人物さえいる。多くの学校が、クレームから身を守ろうとして、さまざまな教育活動を削減したりもしているが、また、そうすればそうしたで、ビクつきすぎの臆病さだと物笑いのタネにもされる。ピカピカ光る金属製の装飾を校内ではいっさい禁止したコッツウォルズの小学校など、その好例だ。また、イングランド北部のカーライルでは、〝トチの実遊び〟★をやるときにはゴーグルをかならず着用すること、という規則をつくった小学校もある。ほかにも、父母が学校の発表会のようすをビデオ撮影するのを禁じたり、遠足で子どもたちを学校の外に連れだすのをやめたりする学校も出てきている。

そうしたなか、安全をめぐる要請が別の要請と矛盾をきたすケースも生じてくる。たとえば、地方自治体協議会は、性的・身体的な虐待ということでの告発を避けるため、教師が自分の手で子どもの体に日焼けどめクリームを塗らないようにという勧告をして、その結果、逆にまた、ガン対策に取り組む慈善団体などからの批判をあびたのだ。

学校理事会が責任を問われる事柄のうち、単純な物理的事故——これは、保険業界で〝トリップス・アンド・スリップス〟（ゼロにはできない一般事故）とよばれている——は、むしろ一部にすぎない。問題はかなり極端な場合が多いのだ。

イングランド中西部のウォールソールでは、子どもに三十分の〝居残り〟を命じた校長が、人権法違反のかどで弁護士に告訴された。また、いわゆる「教育上の怠慢」を問題とされる事例も拡大している。ロンドン北西部のヒリングドンでは、裁判所が、ある女性原告に四万五千ポンド（約九百万円）の賠償金受けとりを認めたケースがある。その理由は、以前通っていた学校の教師たちが、

★——トチの実遊び：コンカーズ。ひもに通したトチの実（conker）を振りまわして相手の実を競って割る、英国の伝統的な子どもの遊び。跳ねて顔にあたると痛いが、だからこそスリルがあって面白い。

彼女の読字障害（ディスレクシア）を見逃して診断へつなぐことを怠ったから、というものだった。ほかにも、いじめの防止を怠ったこと、暴行、教師による不当な圧迫、遠足での事故といった事由で、地方教育当局を訴えてそれが認められるというケースが出てきている。

マンチェスター市議会の報告によれば、同市では、百五十八件の学校事故に対する賠償請求を受け、出費は五十万ポンド（約一億円）を超えたとのことだ。イングランド北東部のハルでは、出費は例年三十万ポンド（約六千万円）におよぶという。しかし同時に、イングランド中北部のノッティンガムで、学校の開校時間内の事故ということで請求が出された事例のうち、その半数は最終的には認められず却下されている、という事実もあるのだが……。

一方、学校から保険会社に請求される保険金のうち最大のものは、損害賠償責任のケースよりもむしろ、学校の放火にかかわるものになっている。毎年、五校前後の学校が放火によって焼失しており、そこには元在校生による放火が少なからずふくまれている。学校や地方教育当局がもっとも多く加入している保険会社、チューリッヒ・ミューニシパルによると、二〇〇三年、学校での火災に七千三百万ポンド（約百四十六億円）の保険金を支払ったという。損害の大小を問わず、平均すると週に二十校の学校が、放火による被害を受けていることになる。

去る者、戻る者、ふたたびの夏学期

学校は、いつもかわらず川のように流れている。新しく入ってくる子どもたちがいる。去っていく子どもたちがいる。学年暦の間断ないリズムが、全国一斉学力テスト週間へ、学校祭へ、学期半ばの中間休暇《ハーフ・ターム》や学期末の長期休暇へと、学校のみんなを引っぱってゆく。

夏学期前に、試補教員ララ・ソープはイーディス・ネヴィルを去った。年度途中のことで、転職先もないままのことだった。いつまでたっても続く人前での〝上がり性〟、よそのふたつの保育学級《ナーサリー》からこのリセプション学級に入ってきたふたりの男子――のちに彼女の語ったところでは「危なすぎて、どんな大人だって、あの子たちをどう扱ったらいいのかわからないわよ。ゾッとするほどの恐怖だった」という――についての不安感、そして、自分の子どもたちに手をかけてやれない罪悪感、これらすべてがあいまって、彼女は仕事を辞めることにしたのだ。新学期が始まっても、彼女の自転車は自宅の玄関に立てかけられたままだ。

学校を去って最初の週、キッチンで彼女が実感しているのは、ただただ自分の選択についての安堵の思いだ。

「教師の仕事って、自分の生活をあきらめることを意味してるところがあるのよ。自分の一〇〇パーセントを捧げることなしにやっていけるような仕事じゃないわ」と、彼女は言う。

あの心もとない仕事始め以来、結局、彼女の自信は回復しなかった。子どもたちに見透かされていると感じつつも〝できるふり〟を演じつづけることで、彼女は不安発作につきまとわれる結果になっていたのだ。

五歳児のあのケイリーも、ララと時を同じにして、イーディス・ネヴィルを去った。ケイリーの母親は、予告もせず、近くの教会立の小学校に娘を転校させることに決めたのだ。ララは、ケイリーが新しい学校でうまくやっていけるよう願って、お別れカードを作ってやったりもしたのだが、転校の当日はそれまで同様の多難さだった。春学期最後の登校日、母親の友人の男性がケイリーを迎えにきた。けれどもケイリーは、テーブルの下に隠れて、その男性といっしょに帰るのを拒否したのだ。ララは床にかがみこみ、キャンディでケイリーをなだめすかせて出てこさせなければならなかった。

「こういう子たちって、教師の心に焼きついて、ずっと忘れられないものよ」とララは言う。「でも、わたしが受けた教員養成コースでは、こういった子どもたちの行動面や情緒面の難しい問題への対処法は、なにも教えてもらえなかったなあ」。

他方、エイミー・クラウザーは、オーストラリアでのサバティカル（長期研修休暇）から戻ってきた。ひきしまった体は日焼けをして、出かけたときとは違ったエキゾチックなルックスを身につけて。幼年部担任団の仲間、ローラ・オードノヒューとメラニー・ミアーは、エイミーをびっくりさせようと、彼女に内緒でヒースロー空港に迎えにいった。ローラの「お帰りなさーい」の歓声は空港の第四ターミナルに響きわたり、三人が三人とも泣きだしてしまったのだった。

復帰後、エイミーは、リセプション学級の担任としてララのかわりを務めている。この間、保育学級むらさき組を担任していた新任試補教員のイザベルが、そのまま落ち着いて試験採用期間を勤めあげることができるようにと配慮したのだ。

保育学級といえば、ジョジョに関しても、事態はかならずしも改善していない。なにかあると、さんざんに怒りの発作を爆発させなければ、もとの状態に戻ることができずにいる。ジョジョをうまく扱えるのは、いまでも保育士のローラだけだ。彼女は怒りの感情について子どもたちみんなに話してやり、子どもたち自身にも、怒りにかかわる自分の経験を報告させてきた。そんななかでジョジョがみんなに話したのは、自分の父親が怒るとどんなに恐いか、たとえば、DVDプレイヤーを投げつけて壊すありさまや、母親を階段から突き落とすありさまだったのだ。つまり、職員たちは、学校外での彼の生活を物語るものとして、学校でのジョジョの行動を読みとるようにしなければならない、ということなのだ。

また、ピエールが、保育学級棟の外の歩道で父親にひっぱたかれる、という出来事もあった。離婚条件にとり決められた親子面会のあと、別居している父親がピエールを母親のもとに戻すため保育学級に連れてきたのだが、その朝、息子は父親に〝さようなら〟を言うのを拒否した。ピエールは、自分もほかの子みたいに家族いっしょに暮らしたい、なのにどうしてそれができないのか、と叫んだのだった。

ピエールの母親は、「あんたたちのせいでこんなことになったんだ」と職員たちを非難した。その翌日やってくると、彼女はローラに当たりちらし、ピエールをこの保育学級からやめさせると脅したという次第だ。けれどもローラは、ピエールのほっぺを両方の手のひらで包み、持ちまえの一〇〇〇ワットの微笑を彼にそそいで、「いい子ね」と言葉をかける――「わたしのいい子ちゃん」。

他方、学校の最上級生、六年生たちは、五月の全国一斉学力テストに向けての準備に忙しい。かれらの多くが、朝いちばんの勉強としてコレット・バンベリーの算数クラブに参加している。二、三人ずつに分かれて、彼女の準備したプリント綴りの問題に取り組んでいる。コレットは教室じゅうをまわって、質問を受けたり、注意をうながしたり、机間指導をおこなっている。

「ウィルを手伝ってあげて。答えを教えちゃだめよ。どんなふうにやればうまくいくか、教えてあげて」「いい線いってるよ。でも、こんなふうにやることは考えてみた?」。子どもたちは、朝の元気さいっぱいで算数の勉強に集中し、小型の白いスレート板に向かっている。

八時半になると、朝食クラブのジーン・サセックスから問い合わせの連絡が入る――「みんなはベークトビーンズがいい? それともスパゲッティがいい?」

朝食クラブを準備しているプレハブでは、精白パンのトーストの山がアルミホイルの上に用意され、ケチャップのボトルも何本か逆さまにして立ててある。週末なのでジーンとイヴォンヌは食材を使いきり、スクランブルエッグとベークトビーンズを皿に盛りつけると、もうストックはない。

「はい、エイダン。あなたの胡椒よ」――コレットも、子どもたちといっしょに朝食をとっている。ウィルが、休暇中にカナリア諸島のテネリフェ島に行ったときのことを話している。コレットはひとしきりそれを聞くと、ここでもまた〝算数〟を始める。「コレットが休暇でテネリフェ島に行ったのは、十五年前のことです。そのとき彼女は十三歳でした。コレットはいま何歳でしょう～?」。間髪を入れず答えを出すのは、女の子たち。

ところで、ショーンとヘレンは、いまなお例の〝茶色の封筒〟に、気を揉まされつづけている。監査官《インスペクター》の訪問通知が、いまだに届かないのだ。イーディス・ネヴィル小学校には、もう六年にわたり教育水準監査院の監査が入っておらず、いつ来てもおかしくない状態が続いている。いずれ来るのなら、いま来てほしい。ナシーマ・ラシードとゾーイ・ハミルトン(現在の姓はラティマー)というこの学校きっての有力教師のふたりが、産休が明けて復帰しており、エイミー・クラウザーも幼年部担任団に戻っている。もし、これら要《かなめ》になる教師たちの不在期間に監査官がやってきて、予想されるとおりの〝スナップショット視察〟をされたりしていれば、イーディス・ネヴィルは最善の状態での監査を受けることはできなかった。いまはむしろ、この学校にとってはチャンスなのだ。

さて、算数クラブで始まったこの一日は、ショーンの指揮する全校算数集会でもって閉じられる。子どもたちは、モーツァルト作曲「コシ・ファン・トゥッテ」にあわせてホールに入場し、列をつくって床に座る。保育学級の子どもたちは、自分たちで作った棒グラフを見せて、保育学級のみんなのうち、どの果物を何人の子が好きかを説明する。リセプション学級は、近くのチャルトン・ストリート・マーケットで買いものをしてきたその買いものかごを広げて見せる――「これはいくら。おつりはいくら」と。二年生は、奇数と偶数について説明する。

ショーンは大喜びで、この小さな数学者たちを賞賛する。

「おお、すごーい。大変だったでしょう。みんな、りっぱによくがんばったね」

こうして、夏学期の最初の週は終わりに近づいていく。

9

Tではじまる明るい青色

教師の役割とはなにか

ポーリーン「影って、なーんだ？」
ファディール「双子みたいなもの」

どの子もみ〜んな大切

「フィオナ先生、おはようございます」。九歳のアーメドが言う。「きょう一日が、あなたにとって魅惑的な（ファシネイティング）一日になりますように！」。

フィオナ・ジレスピーの受けもつ四年クラスの子どもたちが、一人ひとり、先生に朝の挨拶をしている。白板に貼ってある四十あまりの形容詞のリストから、好きな言葉をひとつ選んで……。先生は、子どもたちからつぎつぎと、目のくらむ（ブラインディング）一日や、驚くべき（アメイジング）一日や、心を奪う（キャプティベイティング）一日や、凄まじい（オウサム）一日を願われた。イーディス・ネヴィルの子どもたちは、多くの場合、豊富な語彙という財産を身につけないまま学校に入ってくる。だからフィオナは、かれらができるだけ言葉を豊かに獲得できるよう、いつも工夫を怠らない。

この〝ほら吹き挨拶〟のあと、フィオナはキッチン・タイマーをセットして、〝超スピード出席点検〟に挑戦する。その結果、きょうの所要時間は三十三秒。新記録樹立とはいかなかったが、まずまずの成績で、教室じゅうに満足感が行きわたる。こうして、子どもたちが幸福感や成功感をもつなか、一日が始まる。この教室の子どもたちは、挨拶もきちんとできて、オックスフォード辞典ばりの語彙を使いこなすし、早口スプリンターにもなる、というわけである。教室は愉しむための場所なのだ。

天井に張りわたされた何本もの細いロープには、子どもたちの自画像がつりさげられていて、教室はにぎやかだ。九九表が目立つように貼りだされており、ほかにも形容詞の変化表、手工芸作品、環境問題のポスター、子どもたちの創ったお話や算数のプリントなども掲示されている。

この学級はいま、「カーン家の物語」の勉強をしているところだ。バングラデシュの、サイクロンにしばしば襲われるクックリ・ムクリという島に住む、ある一家についてのフィクションのお話だ。子どもたちは先生のまえのカーペットに集まって、このあいだの集会のまとめをする。その集会でかれらは、カーン家の人びとが家の外のゴザに座って、ガーリック入りチリソースを添えたパトナ米（長粒種米）の朝食を食べるようすや、食事後、男たちは漁に出かけ、女たちは狭い畑で果物や野菜を育てるようすを全校生のまえで発表したのだ。

「カーン家の住まいはなぜ高床式になっているのか」に復習がさしかかると、イガグリ頭のマーカスが、「自分が答える！」とばかりに勢いこんで手を挙げる。けれど、当てられてみると肝心の答えは出てこず、かわりに自分の頭をピシャリとたたく、というお粗末……。復習は、「クックリ・ムクリの島には外灯があるかどうか」の話題へと進んでゆく。

フィオナは、あれやこれやの品物を取りだして、教室に新しい展示コーナーをつくりだす。彩色された木製のブレスレットいれ、ヤシの葉を編んだ〝うちわ〟、つやのあるシルクの織物類などなど。なかでも粗い麻布に刺繍で描きだされたバングラデシュ地図は、ほんものの興奮を呼び起こす。「あそこがダッカだよ」と何人かの子どもが指さすと、「ぼくらのほとんどは、あっちのシルヘット地方（バングラデシュ東北部）から来たんだよ」と別の子が解説する。

子どもたちがテーブルごとのグループに分かれて、英国のボランティア団体が制作したビデオ『サイクロンの目』について討論しようとしたとき、受付事務室から職員がやってくる。「ゴゾムボアはいる？　あなた、きょう、歯医者さんへ行くことになってるの？　で、ナフールって名前の叔父さんはいる？　その人があなたを迎えにきてるんだけど……」。けれど、ゴゾムボアは帰りたがらない。彼は地理の授業に熱中しているのだ。ひとりの女の子が「バングラデシュが、わたしたちの本当の故郷よ」と言うのだが、そこにはまだ行ったことがないと彼女はつけ加える。

すべての子どもが授業に集中し、力を合わせて勉強しているようにも見えるが、じつはこの学級、問題が山積みだ。

重い学習障害を抱えた子どもがひとりいるが、まだ正式の〝ステートメント〟（認定通知）を受けていないので、専任の介助者はついていない。また、最近、別居中の家族に連れ去られるという目に遭って、それがトラウマになっている子もいる。さらには、養護施設に引きとられる瀬戸際の子、この国に来たばかりで英語がちっとも話せない子、それにまだ、情緒と行動に難問を抱えている子もふたりいる。

　そうした難しい子どものひとりがマーカスで、背が高く、屈託のない賢そうな顔つきをしているのだが、ラーニング・メンター★（学習補導員）のアナベル・レッドフォード＝ジョブソンが特別の注意を払っている。大きなレンガみたいなスニーカーを履いた彼の両足は、テーブルの下で絶え間なく動いている。片方の足首をねじって側面を床につけ、その上にもう一方の足を載せては、またその上と下を逆にする、という動きをくり返す。両手もつねに動いている。紙を折ってみたり、ポケットからなにやら取りだしたり、しまったり。ペンのキャップを外したり、またはめたり。そうかと思うと、考えもなしに片ひざを机の上にのせて、フィオナにきつく叱られる。

　アナベルによれば、マーカスはいまでは四十五秒間はじっとしていられる。去年は十五秒間しかできなかったので、かなりの改善、ということだ。けれども、教室でのトラブルを避けるには、これではとても足りはしない。しばらくするとマーカスは、丸めてあったバングラデシュの民芸品の小さなゴザをつかみあげると、ほかの子たちの頭を手当たりしだい、たたきはじめる。午前の中休みを待たずに彼は〝校長室送り〟になっていた。

★――**ラーニング・メンター（学習補導員）**：政府によるエクセレンス・イン・シティ事業（次註参照）のなかで、特定地域の学校に増員配置されるようになった補助職種。問題行動・遅刻欠席・いじめ・虐待などなどの問題から学習に特段の困難を抱えている子どもを、おもに一対一のかかわりのなかでサポートする。また、困難を抱える子どもの親をも、家庭訪問や父母の集いをとおしてサポートする。

マーカスは、もうまる一週間、休み時間をとりあげられている。一週間前、ある女の子をジャングルジムから突きおとすという事件を起こしたのだ。この落ち着きのなさは本人にもほとんど制御不能らしい、とアナベルは言う。そのエネルギーのはけ口として、休み時間は欠かせない。その休み時間にひとつ部屋のなかに閉じこめられるのは、彼のような子どもにとっては最悪だ。とはいえ、ほかのどの子にも適用される罰則は、マーカスにだって適用されなければならない。

アナベルは、この学校で、ラーニング・メンターとして十二名の子どもの個別指導にあたっている。その目指すところは、成績達成の妨げになっているもの――マーカスの場合には彼の行動――を子どもたちが克服するよう助けることだ。マーカスは敏捷で有能だが、集中力に欠け、トラブルを始終おこして、あまりにも多くの時間を浪費してしまう。

メンター（補導員）の制度は、政府のエクセレンス・イン・シティ事業★（大都市地域成績向上事業）によって、財政措置がなされている。この事業は、都市の貧困地域での成績向上、とりわけ、学業面ですぐれた資質をもちながら、社会的・情緒的・実利的といったさまざまの理由によってその資質を発揮できていない子どもの成績向上をねらっている。

アナベルは子どもたちの抱える難問と取り組み、その役割にふさわしい信頼をかれらから勝ちえているが、それを可能にしているのは、日ごろの彼女の誠実な仕事ぶりである。すぐれたメンターは、幸運な子どもであれば家庭でたっぷりと得ている熱心な励ましや問題解決への手助けといった、その子にだけ向けられる心づかいを、どんな子にもいくぶんなりとも提供することができるのだ。

インナー・シティの学力問題

一九九〇年代初め、学校監査の責任機関・教育水準監査院は、貧しい家庭の子どもの成績が振るわないのはなぜか、その大がかりな研究を実施した。大都市の荒廃地域の学校、百三十四校を訪問調査したのち、監査官《インスペクター》たちは、学校改善の動きの全般的な進展にもかかわらず、もっとも恵まれない子どもたちにその恩恵はおよんでいない、とする報告を提出した。「教育変革の上げ潮は、これらのボートをその波に乗せていない」というのが、その研究者たちの見解だったのだ。

二〇〇三年、教育水準監査院はこの論題を再度とりあげたが、その報告で首席監査官《チーフ・インスペクター》、デイヴィッド・ベルは、十年を経てなおこの問題は「解決されていない」と述べている。「学業成績の格差を縮める点では、はかばかしい進展がない」と彼は認めたのだ。今回は調査の規模がさらに拡大され、インナー・シティの五百の小学校と七十の中等学校の子どもたちの実態が詳しく調べられたのだが、結果はほとんど変化していなかった。フェビアン協会でおこなったある講演のなかで、ベルは、学業成績格差の原因について、その一般的な概略をクールに表現してみせたが、はからずもそれは、そのままイーディス・ネヴィルの子どもたちのことを語ったものとなっている。つまり、

★——エクセレンス・イン・シティ(**大都市地域成績向上事業**):一九九九年、ブレア政権によって開始された新規施策。大都市インナー・シティなど都市部の貧しい問題多重地域の学業成績向上のために集中的な資金投入をおこない、そのなかで学校へのラーニング・メンター(学習補導員)の配置や地域ごとのラーニング・サポート・ユニット(学習支援連携組織)の設定、また最新の学習機材や資材の充実したシティ・ラーニング・センターの建設といった施策が推進された。

彼が特定した要因は、そのすべてが多かれ少なかれサマーズタウンにも当てはまるということだ。ベルは述べている。「社会‐経済的に底辺層に生まれた多くの子どもたちは、情報に通じた両親からのサポート、金銭面の裏づけ、同輩からのよい影響、健全な生活習慣といったものを与えられておらず、教育的なハンデにさらされている。これは、少女たちばかりでなく、多数の少年たちにも言えることである」「これら教育的ハンデの諸原因は、人種的不平等や社会流動の激しさ、そして家庭崩壊といった他の諸要因と複合する場合も少なくない。この教育的ハンデは、実際にはさまざまな姿をとるものだが、そこには共通の要素が存在する。すなわち、教育に大した期待をかけない低い教育的志望、決意の堅さや粘りづよさに欠けた学習への取り組み姿勢、学校のカリキュラムに適合した文化的知識とかれらをとりまく生活のなかの文化的知識との落差、そして、アカデミックな学習に役立つスキル――とりわけ、言語スキルおよび自立的学習のスキル――の欠落、などである」。

また、インナー・シティの学校はこうした子どもたちの学業成績を向上させる力をもっており、実際に向上させてもいるが、同時に学校ごとの実績にはバラつきが存在すると指摘して、首席監査官は続けている。

「疑いもなく、さまざまな困難にもめげず成功をおさめている学校、つまり、かつては沈滞し、あらゆる意味で失敗していたにもかかわらず、いまでは優秀さと希望との道標（ビーコン）となるまでに学校改革を成功させているような事例が存在する。われわれは、これらのもっともすぐれた成功例の教訓に学び、それを応用する努力を続けていかなければならない」

デイヴィッド・ベルはもともとは小学校教師で、彼の妻は現在も学級アシスタントを務めている。

それを考えれば、教育上のハンデの問題と取り組むさいのもっとも重要な要因として、彼がただひとつ教師の仕事の質の改善をあげているのもうなずける。社会の片隅に押しやられた地域の学校は、貧困や学校生活への馴染みにくさといった絡まりあった難問を抱えており、そうした学校が、教師をつとめるのにもっとも困難だが、同時にまたもっともやりがいのある場所だということは周知のとおりである。そうした学校で働く人びとが成功をおさめるには、自分の教える教科の内容や方法に通じているだけでなく、そこでの仕事をやり抜くことへのゆるぎない確信をもつことが求められる。つまり、目のまえに立っている大人は自分たちの人生を真剣に考えてくれていると子どもたちが感じていることが、教師にとってもまた助けとなるというわけなのだ。

この子たちこそ「わたしの生徒！」

フィオナ・ジレスピーはいつも、子どもたちに高い期待をかけている。それは教室でも、放課後クラブでもあきらかだ。

年長の子どもたちが二十人以上、ホールのベンチに腰かけて待機している。「白雪姫」の上演のためのオーディションがあるのだ。「ただ〜し！」と、芝居がかった口調でフィオナが告げる。「これどのは、お笑いバージョンよ」。

厚底ブーツを履き、黒ずくめの装いで子どもたちのまえに立つフィオナ。彼女の愛はなかなかきびしい。「〝せー〟は、なんの〝せ〟？」。彼女の声が、張りつめた静けさのなかに響きわたる。彼女に教わったことのある子どもなら、だれでも答えを知っている。「〝せきにん〟の〝せー〟！」。

大きな声でみんなが答える。「それなしじゃ、上演はバラバラになって失敗する」と、彼女は子どもたちにあらためて注意する。

ゴゾムボアとカリムがナレーターの役で張りあっている。フィオナは、かれらふたりをホールの外、遊具の影がのびる運動場へと出ていかせて、決めたせりふを大きな声で言わせてみる――「大きな太った男が落っこちた」。最初は五メートル、つぎに十メートル、そして最後に二十メートル離れたところから……。その後、おとなしい女の子ふたりも、同じことをやってみる。みんなのまえで大きな声を張り上げることで、これまで思ってもいなかったような大声を自分が出せるということをふたりは〝発見〟する。

〝いじわるな継母《ままはは》〟のオーディションをやってみたところ、マーカスがぴったりのはまり役だ。彼はイメージのなかの鏡に向かって鼻で笑い、だみ声でしゃべってみせ、ホールの前面に出てその場を支配し、白雪姫の心臓を箱に入れて持ってくるよう家来の猟師に命令する。「もちろん、そいつは生き返ったりなんぞしないわよ～」と、彼はめいっぱいの脅しをこめて、観客に告げ知らせる。子どもたちは拍手喝采。そこでフィオナが手を挙げる。「は～い、そこまで！　お座りなさい、マーカス」。

フィオナは、毎週、始業前と放課後にふたつのドラマ・クラブを指導している。ドラマ・クラブが子どもたちに与えてくれるのは、もちろん文学や美術や音楽にふれる機会、そして言葉や動作の豊かさや自信だ。しかし、なによりも、「どこか別の場所に行き、だれか別の人になる機会」を与えてくれる、と彼女は言う。そこにこそ大事なものがあることを彼女は知っているのだ。

六人の子どもたちの長女として生まれたフィオナの生育環境は、ほとんどの教師には縁のないものだが、イーディス・ネヴィルのある種の子どもたちにとっては、わかりすぎるほどにわかるたぐいのものだ。彼女の父親はアルコール依存症で、家族は住まいを転々とした。スコットランドで生まれた彼女だが、七年間に七つの小学校に通い、十一歳になる年にはイングランドの南西部に住んでいた。母親が、その地の女性保護施設に避難していたためだ。入学した中等学校では、無視され、いつも脅され、それで自分も攻撃的になっていたと、彼女は言う。その後、彼女は卓球の選手として大会で優勝するほどになった。スポーツが彼女に、怒りのはけ口、成功の感覚、そして、彼女がいま、毎日イーディス・ネヴィル小学校で発揮しているインスピレーションを与えてくれたのだ。

フィオナは二十代初めに中等学校に戻って、一般教育修了資格のOレベル（普通級）とAレベル（上級）★とを取得し、さらに教員養成機関に進学した。

「わたしは自分のことを優等生タイプと思ったことなんて、ぜんぜんない」と、彼女は言う。「だって、わたしの生まれや育ちを考えれば当然でしょ。でも、自分は、貧しい家庭の子たちとうまくかかわれるってことに気づいたの。こういうわたしだからこそ、それができるんだし、『あなたたちは、いまの暮らしからきっと抜けだせる。ちゃんとした人になって、りっぱに生きていける

★――一般中等教育修了資格のOレベル・Aレベル：中等学校の上級生は通常十六歳から、一般中等教育修了資格試験（GCSE）を科目ごとに受験する。これはかつてGeneral Certificate of EducationのOレベル（Ordinary Level）試験と名づけられていた。大学進学を志望する生徒は、その後シクスス・フォーム sixth form と呼ばれる大学準備課程に進み、そのうえでAレベル（Advanced Level）試験といわれる大学入学資格試験を受験する。73ページ「教育資格」の註参照。

わよ』って、あの子たちに言ってやることができる。問題のない子ばかりの学校だったら、わたしはきっと、そこを自分の居場所とは感じられないと思うわ」。

役所じゃなく、子どもの言いぶんを聴く

イーディス・ネヴィルで教師を務めるには大変な労力が求められる。教師たちは精力的で、情熱的で、創造的で、なおかつ、整理能力がなければならない。子どもたちの興味を惹きつけ、かれらの行動をコントロールできるよう、すべての教師は、教室で存在感を示す必要がある。そのためにも気力と自信と臨機応変さとが必要とされる仕事なのだ。さらに、みんながチーム・プレーヤーでなければならない。イーディス・ネヴィルの成功の理由のひとつは、読み方ボランティアであれ、バイリンガル・アシスタントや特別ニーズ・アシスタントであれ、はたまた学級アシスタントであれ、多様な大人がおおぜいで子どもにかかわっていることにあるからだ。だれひとり、ドアを閉じてひとりきりで仕事をすることは許されない。そしてまた、時間外の勤務につく用意ももたなければならない。始業前や放課後に子どもたちといろいろな活動をやること、事務仕事をこなすこと、学校環境の改善事業に加わること、さらには、休暇中に仕事をすることまでが必要となる。

ちなみに、この学校でとくに整理能力が求められるのには独特の理由がある。ここでは空間がとりわけ貴重で、整理能力がなく周りを散らかしがちな教師は厄介者なのだ。

興味深いことに、副校長ヘレン・グリフィスの語るところでは、イーディス・ネヴィルですぐれた教師と評価されるなにより大切な特徴は、よい〝聴き手〟であるということだ。

「うちの職員集団の基本精神は、子どもたちをそれぞれ個人として教育する、ということなの。子どものことをよく知らずに、その子を教育することはできないでしょ。それも、たんにただ人間として知るというだけじゃなくて、ひとりの読み手としての、ひとりの書き手としての、ひとりの科学者としての、ひとりの数学者としてのその子のことを知らなくっちゃ」と彼女は言う。「子どもたちの情緒面でのニーズや社会生活上のニーズが満たされているかどうかもきちんと確かめながら、同時に、学習者としての子どもたちのことを知らなくちゃならないわけ。それには、なによりあの子たちの話してくれることを聴かなくっちゃ」

「世間では、教えるってことを、空っぽの容器を満たすことみたいに考えてる。でも、そんなものじゃないはずよ。子どもは自分で自分を伸ばしていかなきゃならないのだし、教師としては、実際にいろいろ試してみるまでは子どものなかになにが潜んでるか、知ることはできないのよ。とりわけこの学校みたいに、たとえば九歳になるまで学校に通ったこともない子どもたちを受けもつようなところではね。そう、たしかにわたしたちは、ナショナル・カリキュラムを子どもたちに届けなくちゃならない★。その職務はもちろん果たすわ。けど、それは、ここにいる子どもたちにふさわ

★——**ナショナル・カリキュラムの配達**：本文で「届ける」と訳した箇所の原語は deliver で、むしろそのまま「デリバリーする」とでもしておくべきかもしれない。この deliver という英語は、ときに「神の祝福を与える」や「出産を助ける」といった文脈に用いられる場合もある。しかし、この語によって、まずまっさきに思い浮かべられる具体イメージは、近年の日本語文脈への借用と同様に、（郵便物やピザなどの）「宅配」である。「ナショナル・カリキュラムのデリバリー（配達）こそが教師の仕事である」という政界や行政筋の言が、今日の英国の教師たち・教育専門家たちの深い憤りを招いている。

しいやり方でよ」

ひっきりなしに政府から学校への指示が出される今日のような時代には、教師の自律性や専門職としての判断力を育むためには、校長や幹部教員の側に確固とした自信がなければならない。

じつは、教育界にはある種の不文律が働いている。つまり、学校の成功がその学校の自律性の保証ともなる、という不文律だ。たしかに学校現場は、それぞれの学校特有の実情にそれが適したものであるかどうかにかかわらず、政府や教育水準監査院や地方教育当局から出されるすべての指示を実行に移さなければならない。だがしかし、それは、先の不文律という濾紙《ろし》をとおしてのことなのだ。つまり、成功している学校ならば、自身の進路を自前で構想することも可能なのである。自立し、革新的で、なおかつリーグ・テーブルのトップにいるような学校ならば、政治家や行政の専門家たちも、自分たちの施策を現場に押しつけるためというよりはむしろ、抱えている問題の解答を探すためにこそ、その学校にやってくるようになるのだから。

イーディス・ネヴィル小学校の〝地位〟は、ほぼその真ん中どころといえる。すなわち、一定の自律性を確保できる程度には成功しているが、ホワイトホール★からぞくぞくと差しむけられる気のきいた提案や新規構想を、無視したくとも無視できるほどの位置にはない。それでもやはりヘレンは言う。「政府からの要求の多さは、ほんとにハンパじゃないわ。だからこそわたしたちは、考えもなしにすぐにそれに反応するんじゃなくて、自分たちなりのやり方で対応しなければいけないのよ」。

ムスリム家庭出身の女性教師として

イーディス・ネヴィルの教師たちは、だれもが教室での仕事に一生懸命だ。ナシーマ・ラシードは小さいころから教師になりたいと思っていた。「夢見心地の理想だったの」と彼女は言う。「教室の子どもたちのまえに立って、いろんな本をいっしょに勉強する……、なんてね。少女時代のわたしには、その夢が逃げ場だった。だって、きびしいムスリムのしつけを受けて、外出することも、いろんな人とつきあうことも許されてなかったんだもの」。

しかし、彼女がずっと望んでいたAレベル（大学進学レベル）の英語の勉強は、ひとつの闘いだった。「わたしは〝優秀〟って言われたことがないわ。教科書が当たりまえに扱っているこの国の文化の知識が、ずいぶんとわたしには欠けていたのね。参考図書なんかを見ても理解できなかったし、先生たちもそれをわたしの手の届くようにはしてくれなかった。だからいま、わたしはいつも、教科書の内容を子どもたちの知識に根づいたものにするのに力を入れてるってわけ」

子どもたちの学習が、周囲の大人の期待にいかに大きく影響されるものであるか——ロンドン大学教育研究院（ここの修士課程で勉強中、彼女はショーンと出会った）で調査・研究したことで、彼女の考えはよりいっそう確かなものとなった。

★——ホワイトホール：ロンドンの中心部、トラファルガー広場からビッグベンのある国会議事堂へといたる中央官庁街。Whitehall というこの呼び方はかつてあった旧宮殿の名に由来するが、いまでは日本の「霞ヶ関」同様、政府機関およびその政策を指す代名詞ともなっている。

「で、わたしは、自分がそこで理解したことを子どもたちにも伝えなきゃって思うようになったの。自分の力を世間に認めさせられるのは教育を通してなんだって感覚をね。ほんとにわたしはそう信じてる。ここの家族のなかには、わたしが共感できる家族もあるのよ。的外れなことを言ってるとは思わない。たとえば、うちの両親は、わたしたち子どもを少なくとも大学には行かせなきゃっていう強い信念をもっていたという点に、周りとの違いがあったってことなんだから」

以前には、この小学校のバングラデシュ系の子どもたちが、ナシーマのことをイギリス人だと思っているということがよくあった。ナシーマがかれらの母語で話しかけるまで、そう思いこんでいたのだ。「わたしがバングラデシュ人だって証明するためにベンガル語でしゃべりはじめると、みんな、ほんとにびっくりしていたわ。どうしてそんなに驚くのか、最初はこちらが理解できなかった。だって、わたしの皮膚の色を見ればわかるでしょ。でも、すぐに気づいたの。ああ、この子たちのコミュニティには、わたしのような英語のしゃべり方をする人がほとんどいなかったんだって。つまり、こういうことよ。わたしは若いころ、自分がイースト・エンド★出身だと悟られないような英語の話し方を身につけるために、意識的に努力していたわけ。ちょっと鼻持ちならないなって、いまじゃ思うけど」。

「教師としてわたしは、ずっと、きびしくしてきてる。でもそれは、子どもたちに高い期待をかけてるからよ。これは、わたし自身のしつけられ方、つまり母から受け継いだものでもあるけど、もうひとつ、タワー・ハムレッツ区でわたしがやった調査によるところもあるの。というのは、あの子たちは学校に〝遊び〟にきてるんだって、その調査で気づいたのよ。マドラサ（コーラン学校：あちこちのモスクの運営する学校で、子どもたちは古典アラビア語を習い、コーランを勉強する）で勉強して、学校で遊ぶってわけ。街のベンガル語やアラビア語の教室もいくつものぞいてみてわかったことだけど、あの子たちは、はっきりしたケジメやきびしいルールにはよく反応するの。教師に求めてるのは、友だちみたいな先生じゃなくて、はっきりとした役割モデルなのよ」

「わたしは子どもたちみんなとうまくいってると思うけど、とくにベンガルの女の子たちとの関係は大事にしてる。あの子たちがすごく控えめで、自信ももてず、家族からも認められてないようすを見たりすると、彼女たちをつかまえて〝だいじょうぶ。あなたならできる！〟って、猛烈に言ってやりたくなるの。あの子たちもけっこう応えてくれるところまで、なんとかやってこれてると思う。自信を与えて、自分の将来を信じることができるようにすることが鍵なのよ」

ナシーマは、医者をしている自分の妹を学校に連れてきたことがある。それは、当時教えていた六年生のバングラデシュの女生徒たちに、深い影響を与える出来事だった。

「ベンガルの子のなかには、十歳にもならないのにもうコーランを読んでいる子もいる。どれくらいわかっているのかは知らないけど。わたしたち学校はいま、学力水準や達成目標の泥沼にはまってる。でも、あの子たちをよりいっそうわたしたちみたいにさせることだけが大事なわけじゃない。あの子たちがどこからスタートしてるのかってことを知ることも、大切なはずなのよ」

★——イースト・エンド：もとのロンドンの東部地区の名称で、伝統的に新来移民の住みつく地域として下層民街の代名詞化していたが、現在は二〇一二年のオリンピック開催に向けて大規模な再開発がおこなわれており、様変わりしつつある。有名なロンドン庶民なまりの英語コックニーの本場。

ナシーマは、九・一一や、英国北部で起きた人種暴動のような大問題についても、子どもたちと話しあう。「でも、この世界は敵対的なものだとは考えてほしくない。子どもたちには、前に進んでいけるって希望と自信とをもってほしいって願ってるの」。

イーディス・ネヴィル小学校の教師のうちの何人か、そしてサポート・スタッフの半数以上が、黒人およびアジア系だ。このことは、地域でも当然、知られている。バイリンガル・アシスタントのルーリー・ナズニンは、地域住民でもあり親でもあるのだが、彼女はこう言っている。「この地域の人たちは、みんなこの学校が好きよ。だって、普通以上にたくさん、わたしたちみたいなマイノリティの職員がいるでしょう。だからみんな、気楽に訪ねられるのよ」。

教師の仕事は続けたいけれど……

有能な教師を見つけることだけでなく、その教師たちに仕事を続けてもらうこともまた、インナー・シティの学校にとっては闘いだ。

六年生を受けもつコレット・バンベリーは、現在、イーディス・ネヴィルで四年目。いまは全国一斉学力テストに向けて取り組んでいる。先生が熱心だし、教え方もとても上手なので、テストがあってもひどい成績不良で恥をかいたりする子は出ないという安心感が、この学級にはある。

コレットもやはり、子どものころから教師になりたいと願ってきた。彼女は子どものころ、長期休暇中、自分の通う学校によく出かけた。母親が給食調理員として働いていたので、新学期へ向けて準備するのを手伝うためだった。

彼女によれば、就職面接にイーディス・ネヴィルにやってきて、副校長ヘレン・グリフィスとその場で意気投合し、いまはこの学校での挑戦を愉しんでいるのだという。

「子どもたちのヤンチャを仕切っていくのは、なんとかなるって感じたの。自分自身、学校じゃちょっと〝悪い子〟だったし、授業が退屈だとすぐワルサしてた。だから、なにに気をつけないといけないか、わかってる」

そのコレットをいま、インナー・シティから追いやろうとしているのは、子どもたちのやんちゃさ加減ではなく、住宅の値段である。彼女は恋人と、自分たちの住まいを購入するつもりなのだ。

「おそらく、近いうちにロンドンを離れることになるけれど、その理由はお金よ。ロンドンの物価はあまりにも高いもの。たくさんお金がほしければ、会社の経営者にでもなることね。でも、わたしがやりたいと思うのは、教師の仕事だけ」

一方、エイミー・クラウザーも、この一年にはいろいろあった。昨年の夏学期のあと、彼女は、〝スッキリ・カンペキな休暇〟を求めてロンドンをあとにした。ショーンとは長期研修休暇をとるかたちにすることで合意していたが、学校を離れるその日になってもまだ、心のなかでは、休暇後イーディス・ネヴィルに戻るかどうかを決めかねていた。ほかのベテラン教師たちの休職中、その代役を務めなければならなかったこと、教育水準監査院の監査が近くあるという見通し、恋人との関係がこわれたこと、これらすべてに消耗して、彼女はオーストラリアに渡り、ヨット講習に没頭した。「ほんとにハマッた。だれかが学校の仕事の話をメールしてきても、まるで別世界のことみたいに思えたわ」。

とはいえ、オーストラリア滞在中、彼女はシドニーのナーサリーで臨時職員として働きもした。それが彼女をサマーズタウンに戻ってくる気にさせたのだ。

「シドニーの経験が、この学校で働くことを自分がどれほど愉しんでいたのか、気づかせてくれたの」と彼女は言う。「そこもすごくいいナーサリーだった。同じような子どもたちを受け入れていたし……。でも、職員が子どもにかかわる感じが、どうも違うのね。子どもにいろんな問題があっても、それについて言ってきかせる時間をあんまりとらないの」。

彼女はロンドンに戻ってきて、イーディス・ネヴィルに復帰し、監査官《インスペクター》の訪問にたちむかう同僚たちを支える決心をした。そして、ショーンの勧めにしたがって、四歳児のリセプション学級で、試補教員のジーナとチームを組んで教えることに決めたのだ。

「たくさんの人がわたしに、転職して新しいことにチャレンジしてみるべきだって言ってくれた。でも、わたしはここで幸せなの。まだいまのところは、なにか別の大きなチャレンジをやってみようとは思わない」

いずれにしてもエイミーは、子どもにかかわる仕事を続けたいと思っている。彼女の将来の計画のなかには、最近各地で新設の進んでいる〝チルドレンズ・センター〟（93ページ「拡張学校事業」の註参照）で働くこともふくまれている。で、彼女はいま、イーディス・ネヴィルでも新しいポスト、〝地域連携主任〟の役に就いている。これは、親たちや地域コミュニティとの共同作業を築きあげる役割だが、それこそ彼女がいちばん強く望んでいる分野なのだ。

エイミー・クラウザーは現在二十九歳。小学校時代の最初の担任教師といまでも連絡をとりあっている。子どもとして学校で〝幸福な牧歌的時間〟を過ごした彼女は、一学級七人だった当時のクラスメートたちといまも友だちだという。エイミーをいまのような教師にさせているのは、なににもまして、彼女自身のこの懐かしい学校体験なのだ。

〝二言語対等使用《バイリンガリズム》〟を意識して

イーディス・ネヴィル小学校の子どもたちの大多数は、英語を第二言語としている。長い目で見るなら、それは子どもたちにとって有利なことにもなりえるのだが、小学校の段階ではさまざまな難問をひきおこし、教師たちの負担は並大抵でない。

たとえば、代替教員のドーラが、一年生の子どもたちに「窓みたいに透けて見えるようす」を意味する言葉をたずねても、「とうめい」（トランスペアラント）という単語を答えられるのはハリーだけ。この学級で英語を母語とする子どもはふたりだけで、ハリーはそのひとり。その後、言葉あそびでドーラが、「tではじまる明るい青色」という問題を出すと、「ターコイズ」（トルコ石色・空色）という単語を知っている子はだれもいない。あるいはまた、ドーラが腕を差しだして「陽にあたると皮膚はどうなる?」と聞く。ある子が勇気を出して、「サンタウン」と言ってみる。「サンタウン（太陽町）じゃなくてサンタン（日焼け）」とハリーが訂正する。――こんなぐあいだが、それでもこの子どもたちは、英語を使いこなす力ではすでに自分の親を追いこしているのだ。

首席監査官《チーフ・インスペクター》のデイヴィッド・ベルは、「カリキュラムに関連する文化的知識のギャップ」を教育上のハンデの最たるものとしている。これは、英国の政治制度や歴史といった大テーマについての専門知識の欠如、といったことだけを意味しているわけではない。この一年生の教室で、キャット・フラップ（ネコのための出入り口）の観念になじんでいる子どもはほんの数人なのだが、きょうのお話、『ネコのスリンキー・マリンキ』の連続冒険物語は、そのキャット・フラップの理解ぬきには成り立たない。ドーラが、スリンキー・マリンキの絵を掲げる。そこには、暖炉の火のそば、二脚の花模様のソファのあいだの絨緞の上で眠るスリンキー・マリンキが描かれている。子どもたちはこのイメージを、居心地のよい家と〝読みとる〟ことができるだろうか。それとも、納屋が燃えて炎が踊っているのに、そのすぐそばで動物が眠っている、と見るだろうか。

この学級では六、七人の子どもが読み方補充プログラムを受けていて、いまは教室にいない。六歳でも、ずいぶん差をつけられて遅れてしまっていることもあるのだ。ドーラはたくさんの表現を織りこみ、子どもたちの反応を絵から引きだしながら、お話を続ける。暗闇のこと、夜に光るもののこと、暗闇のなかでの善いネコと悪いネコとの見分け方のこと……。

ナシーマ・ラシードは、追加言語としての英語をしっかり身につけることが子どもたちに利益をもたらす可能性を信じている。もっとも、それは、教職員が二言語の対等使用（バイリンガリズム）について理解している場合にかぎられる。「ふたつの言語をともに尊重するという自覚をもつこと、そしてその基本姿勢を教育の方法にきちんと組みこむことが大切なの」と彼女は言う。

基礎ステージなら、それはまだ難しくはない。保育学級《ナーサリー》やリセプション学級にはバイリンガル・アシスタントたちがいるので、それぞれの言語のネイティヴ・スピーカーが本を読んでやれる。しかし、学年が進むにつれて、学習はより体系的なものになっていき、子どもたちの家庭生活のなかの言語や文化が、学校の学習のなかでその価値を認められる機会はまれになる。基本的な言語スキルを獲得するには、二年ないし五年はかかる。さらに進んだ段階にまで達するには七年は必要だ。なのに、とナシーマは言う。「わたしたちには、そうした言語発達の順路に則して学習を進める余裕など与えられてない」。

自身もそうした途をたどってきた彼女でさえ、子どもたちの個別の必要をつねに心に留めておくことは難しいというのだ。ナショナル・カリキュラムや全国一斉学力テストは、英語の基本をまだ習得中の子どもたちへの特別な配慮をなにもおこなっていない。唯一の例外は、テストのさいに若干の延長時間を与えることだけだ。追加言語としての英語の学習者にとっては、「実際にモノが見えるみたいな明解なもの言いをする必要があるし、同じことを何度もとりあげることや、物事をそれぞれ適当な大きさに区切って扱うことが必要なのよ」。彼女が「チャンキング（かたまり学習）」と呼ぶやり方だ。「いい教師はみんなやってることよ。でも、うちのような環境では、よけいにそれが大事なの」。

ソマリ語は力強いの！

木曜日の放課後、スアド・アーメドは、ペアレント・ルームと音楽室と朝食クラブの部屋を兼ねた、あのプレハブでソマリ・クラブをやっている。長テーブルをかこんで座る八人の子どもたちの

★――善いネコ・悪いネコ：夜の暗闇のなかではネコの目が光ってよく見える。なお英語では黄色は「卑劣・妬みぶかさ・臆病」の連想があり、そこから善いネコと悪いネコを〝見分ける〟のだが、当然このような連想自体が言語文化に大きく左右される。

まえには、それぞれ、紙パックの牛乳と罫の入った練習帳が置かれている。おもに八、九歳の子どもたちで、女の子が五人、男の子が三人。男の子たちは落ち着きがなく、テーブルに手をついてイスの前脚を持ちあげている。かれらは英語で会話をしているが、全員がソマリ語を話す家庭から通ってきているのだ。

外には夏の雨が激しく打ちつけるなか、スアドはテーブルの端に立ち、子どもたちにソマリ語だけで語りかけている。きょうの彼女はイエローゴールドのイヤリングをつけ、指先をヘンナ染めで飾り、長袖の上着とスカートを身に着けて上品ないでたちだ。ソマリ人のアイデンティティを捨て去ることなく、イギリスで暮らし、働き、成功することができるというモデルを、無理のない仕方で示してみせようとしているのだ。

あるお婆さん（ayeeyo）のお話（sheeko）を読んだあと、スアドは、子どもたちがソマリアにもつ親戚について話題にする。女の子のひとりが、自分にはソマリアにふたりの祖母がいて、ひとりは五十歳で、もうひとりは五十八歳だと発表する。スアドがソマリ語で、子どもたちにたずねる。――みんなはソマリアで生まれたのか。みんなは親戚を訪ねてソマリアに行ったことがあるか。あるいは、今後その予定はあるか……。何人かの子は、両親の言葉でしゃべるのはおぼつかない。しかし、スアドの言うには、数年前にこのクラブを始めたときよりも、子どもたちはソマリ語を話すのを嫌がらなくなったとのことだ。数人はこの夏、ソマリアに行く予定で、スアドはその子たちに、あちらにいるあいだに葉書を出したり、写真を撮ったり、日記を書いたりするようにと励ます。

ちなみに、ベンガル語のバイリンガル・アシスタントたちも、バングラデシュ系の子どもたちのために同様のクラブを運営している。この学校では、これらのクラブ運営に学校予算がわりあてられており、職員たちには時間外勤務手当が支給されている。なぜなら、「子どもたちの受け継いでいる文化的・言語的な遺産を学校は尊重している」と受けとめられることが大切だからだ。その遺産は、子どもたちの学習を妨げる障害ではなく、むしろかれらの学習そのものの一部なのだと捉えているわけだ。とはいえこれは規定外で、学校にとっては非公式の仕事になっている。というのも、イギリスの言語と文化に子どもたちを専心没入させるというのではなく、かれらがその出自にもつそれぞれの言語と文化を鼓舞しようというのだから。

さて、ソマリ・クラブでは、女の子たちが鉛筆、ハサミ、のり、練習帳を回収する。下校前のもうひとつのお楽しみ、スアドが読み聞かせるお話タイムだ。きょうのお話は『ブレーメンの音楽隊』で、そこには別段ソマリ文化の影があるというわけではない。それでも、いやむしろそれだからこそ、スアドはソマリ語の本でそれを読んでやり、ソマリ語で質問をする。「でないと、あの子たち、いつだって英語で話しつづけるから」とスアドは言う。彼女は、冒険好きの少年が活躍する物語、ヒョウやサルの本、モスクについて書かれた本、勇気や臆病や機知を扱う教訓物語など、ソマリ語の本を何冊も持っている。

スアドの言うには、大多数のソマリ人の親たちは、わが子がソマリ語を使いつづけ、その読み方を習うことを強く望んでいる。ところが、子どもからは、こんな不平が出ることがある。「ソマリ語って、がなりたててるみたい」。で、彼女はそういう子たちに言ってやるのだ、「がなりたててるんじゃないの。ソマリ語は力強いのよ」と。

10

黒字になるか

学校改善ミーティングと学校理事会

運動場のチクチク刺さるイラクサを抜いてほしい。芝生の上に座れる場所がほしい。
カラープリンターがほしい。読み方がもっと上手になるよう助けてほしい。
ほんものの国会議員に会いたい。

——イーディス・ネヴィル小学校児童会の「要望事項」から

むらさき組の父母面談

保育学級《ナーサリー》むらさき組の教室で、アリが手のつけられない大泣きをしている。母親が、迎えの時間を二十五分すぎてもまだ来ないのだ。ほかの子たちはもうとっくに帰ってしまった。保育士のローラが、カーペットに座って、木の玩具の汽車で彼の興味を惹こうとしている。いつもなら男の子たちで取りあいになるおもちゃだが、アリはしゃくりあげるばかりで、慰めようもない。

母親がようやくやってくる。ローラは彼女に苦言を呈する。この母親は、子どもを送ってくるのも、迎えにくるのも、しょっちゅう遅刻しているからだ。「マンマー、ちゃんと時間どおりに来てくんなくちゃヤーダよ～」と、いつもながらの上手なユーモアを交えて、ローラは言う。「こんなにアリを興奮させるのは、よくないわ」。ところが、当の〝マンマー〟のほうは、ローラを無視して息子に笑顔を振りまく。「ママが、おまえにょことをほったらかしたと思ったの〜？　ンなことしゅるわけないよー」。

母親が去ったあと、ローラとフランシスカは、ぶつくさボヤく。ローラいわく、「わたしたち、親に甘すぎるのよね。これが教会立学校だったら、我慢なんかしちゃいないのに。でも、うちだって〝福祉施設〟じゃないのよ」。もし、今後も母親が時間に遅れるようなら、職員室にアリを連れていって、そこで待たせることにしよう、と彼女たちは心を決める。問題をもっとはっきりさせるために。

イーディス・ネヴィルの職員たちは、父母の迎えを待って夕方六時まで子どもを預かってくれる、と地域では受けとられている。だが、それは、そうしなければ、あとは最後の手段——子どもを警察署に連れていくか、児童福祉の保護施設に連れていくか——しか、選択肢が残されていないからなのだ。

ヘトヘトになる一日のあと、彼女たちにはコーヒー一杯飲む時間もない。このあとすぐ、午後四時には父母面談（ペアレンツ・イブニング）が始まるのだ。きょうは、試補教員フランシスカにとって、自分で仕切って進めなければならない初めての父母面談だ。出席予定の父母の名簿のなかには、ショーンとナシーマの名前もある。彼と彼女も、息子サミールについて話をするために参加するのだが、フランシスカにしてみれば、むしろそれはまったく気休めどころではない。

バイリンガル・アシスタントのシャーヴィ・ラーマンがベンガル語の通訳のため、フランシスカのわきに立つ。最初は、新顔の子ども、スルタンの母親だ。彼ははじめは少し大変なこともあったが、いまはすっかり落ち着いた、とフランシスカが母親に告げる。母親はスルタンの算数の出来を心配しているが、フランシスカが心配しているのは、むしろ彼の出席状態だ。

つぎの母親は、ある苦情を訴える。息子が本好きで、保育学級からつぎつぎと本を借りて帰ってきて困るのだ、と。「あの子ったら、何回読んでやっても、まーた読んでくれって聞かないんだから、ほんとに。そんな時間なんか、ありゃしないのに！」。これに対しては、ローラがズバリと応戦する。「そりゃあ、時間はつくらなきゃ、お母さん！」。父母に向かって、教師たちの言えないようなことまで、保育士のローラには言えるのだ。彼女は生っかじりのベンガル語をまじえて、自分の発言にパンチを効かせる。「よい」と言うところは〝バッラ、バッラ〟、「はやく！」なら〝アステ、アステ〟、「父親はどこにいるの?」は〝where's アッバ?〟といったぐあいだ。

三日間にわたってもたれたこの父母面談には、二十六人の子どもの親のうち十四人の父母が顔を見せ、職員と懇談した。何人かの親は、「週末になると保育学級に行きたいと言って子どもが泣いて困る」と、うれしい悲鳴を訴えてくれた。しかし、ピエールの母親はやってこなかった。父親もだ。ナジリーンの母親は、来ると約束しておきながら、その約束を守らなかった。

ジョジョの母親、ニッキーは、自分の割りあて時間にすべりこみでやってきた。ローラとフランシスカには、ニッキーにぜひ伝えたいことがあった。ジョジョが少しずつ成長しているようすだ。「食事のとき、テーブルの下にもぐりこんだりしなくなったわ」と、彼女たちは話した。「ふだんは絵を描いたり、それを切りぬいたり、貼りつけたりしてる。それに、手助けを求めるようにもなったし……」。もちろん、いまなお困ったことも起こるが、それでもジョジョは、彼の行動への穏やかで一貫性をもった対処や、職員たちの励ましと愛情に対して、好反応を返すようになってきたようだ。ニッキーのほうもまた、家庭でのある変化に気づいていた。彼女の言うには、「あの子、興奮したとき、以前だといろんな物にあたりちらすだけだったんだけど、このごろは泣きだすようになってるの」とのことなのだ。

副校長ヘレンのリーダーシップ

「わたしたちの仕事は、面倒を見てる子どもたちのライフ・チャンスを向上させること。それが、毎日、わたしたちのやってることよね」

基礎ステージ担任団の教師、保育士、アシスタントの全員がひとつ部屋に集まり、まるで子どもたちの代理人のように、教室の低いテーブルをかこんで座っている。自分たちの学校ビジョンを想い起こさせようと発言しているのは、副校長のヘレン・グリフィスだ。

「教育水準監査院が、あれをやれ、これをやれって言ってくることなんて、大きなお世話よ。地方教育当局にしたって、教育省にしたって、おんなじよ。わたしたちみんながこの学校に来たのは、ここ、サマーズタウンの子どもたちに本当に役に立つ変化を自分たちの手で起こすためなんだから。で、来年度、わたしたちはなにをやりたいか、はっきりさせましょ」

職員たちはまず、この一年間でよくなった点について、ふり返ってまとめてみる。スポーツ、サマーフェア、一斉学力テストの成績、遠足、集会活動、クラブ活動、難民週間、新人教職員たちの仕事ぶり、父母グループの活動、電子白板の導入、リセプション学級に飾られている生花……などなどがあげられる。そして、次年度に実現したい事柄についても、あれもこれもと出しあって、盛りだくさんの——つまりは財政破綻必至の——リストを作りあげる。まずなによりも、指導計画づくりや自分の実践のふり返りができるよう、空き時間を増やすことではみんなの意見の一致をみた。そのほかには、ノートパソコンやプリンタをふくめIT設備を新しくする必要がある、クラブの種類ももっと多くしたい、昼休みに子どもたちが遊べるゲーム類も増やしたい、それに、子どもが気持ちを落ち着かせるための静かな部屋もほしい、さらには給食もトイレも水飲み器も改善したい……といったぐあいだ。

ヘレンは、学校の改善プランをつくる責任者だ。学校をよくするためのアイデアを大小問わずみんなから募って、法定の要件とも突きあわせたうえで、詳細な書類をつくる必要がある。職員の意見を学校理事会にフィードバックするのだ。もちろん、彼女自身も理事のひとりとして、職員たちの取り組みに財政的な制約のあることは重々承知している。彼女がいつも職員たちに話すのは、高すぎる目標をまえにして結局やる気をなくしたり、負担が重すぎると感じたり、同僚の支えがないと感じたりするのを避けることの大切さだ。その最善の方法は、自分の力がたしかに役立っていると職員一人ひとりが実感できるよう、小さな変化をこそ大事にするということだ。「そうすれば、自分たちの不首尾をグチってばかりいずにすむでしょ」。これがヘレンのポリシーなのだ。

そこで、エイミーたちみんなは、希望リストのトップにあげた項目、〝遠足予算の増額〟を見直してみる。その結果、遠足はお金をかけなければできないと決まったものではない、という結論になる。この学校の子どもたちは、外の世界の生活経験が決定的に不足しているわけだ。言いかえれば、ちょっとしたお店や公園に出かけるだけでも有益な経験になりうるということだ。たとえば、ハイドパークにあるダイアナ妃記念噴水への遠足がすでに予定されているが、これなど費用はまったくかからない。ハイドパークなら地下鉄で行けるし、学校の校外学習の場合には地下鉄は無料になる。で、話のむきが変わり、週末に父母が子どもといっしょにやれることのアイデア集『週末は父母の出番』という冊子をつくる相談が始まる。

ヘレンは、みんなに語りかけるとき、いつも真剣だ。「うちがよい学校だってことはわかってるわ。いまわたしたちがやろうとしているのは、ほんのわずかずつでもつねに前進しつづけること。ただ、とっても難しいところに差しかかってるのよね」。ヘレンの話し方には、権威と自信がみなぎっている。そして、大きなビジョンと具体的なディテールの両方をしっかりと押さえている。

昨年来、彼女は、校長職国家資格（57ページ「国立学校経営大学校」の註参照）を最短ルートで取得するために、新人校長むけのトレーニング課程を先どり受講してきた。ヘレンが校長にふさわしい器であることはあきらかで、その実現にはなんの障害もないだろう。ところが彼女自身は、じつはいまもまだためらっているのだ。「心の準備ができてないの」と、彼女はのちに語っている。「責任をとらなきゃいけない立場に立つことをほんとに望んでるのか、自分でもはっきりしないの」。

彼女の指にはいま、婚約指輪が光っている。この夏休みに結婚する予定なのだ。彼女は、のたまう。「ワクワクするのは、結婚するってことじゃなくてね、彼って人に対してよ。ほんッとにサイコーの人なの！」。

学校理事たちもタイヘンだ

理事たちは学期に一度、学校理事会の全体会議のため集合する。いろいろに兼用する例のプレハブの音楽室で、カスタードクリームのビスケットとオレンジジュースを出して、会議をもつ。そして、全体会議がすめば、いくつかの小委員会がそれぞれの分野ごとに仕事を受けもつことになる。

校長のショーンはもう十二年にわたって学校理事を務めているが、終始、目立ちすぎないように気を配っている。会議の雰囲気は和やかだが真剣で、一定程度のフォーマルさももちあわせている。イーディス・ネヴィルの職員と理事たちのあいだには、学校のいっそうの改善について数多くのアイデアがあるし、それらを推進していく意志も意欲も十分にある。不十分なのは、そのプランを実行に移すための資金だ。

ヘレンが理事会の会合に提出した学校改善プランを見てみると、何十もの活動計画のうち、ここ何年も毎年挙げられていながらなんの進展もみていないものは、例外なくすべて費用のかかるものばかりだ。たとえば、水飲み場の設備の改善にはじまり、情報通信機器の基盤整備、敷地周囲の鉄柵のやり残し部分の完成、必要条件を満たす図書室の新設、といった案件だ。

イーディス・ネヴィルの会計年度は四月に始まる。だが、この時期になっても、いったい今年度の歳入がいくらになるのか、理事たちにも知るすべがない。三年ごとの継続予算制を導入すると政府が約束しているにもかかわらず、このありさまなのだ。そのうえさらに、イーディス・ネヴィルの学校予算は以前より減額されており、年度につき百万ポンド（約二億円）にようやく手が届くくらい。都市再開発補助金六万ポンド（約千二百万円）がなくなったことが、とくに大きく響いている。エスニック・マイノリティの子どもたちの学習支援のための補助金も凍結されている。取り組みの継続に必要な報酬のほうは凍結などできないにもかかわらず、だ。したがって、追加的なサポートは、やればやるほどまるまる赤字になる。

予算の多くが職員の給与にあてられる。そのうえさらに、この学校の理事たちは、教職員の職務能力の訓練や開発に多くの資金を振りむけている。それらが、職員たちの仕事の質を改善し、この学校に長くとどまらせるのに役立つからだ。つまり、職員たちが専門職として成長することを重くみているのだ。「学校の成功・不成功は、教職員の質とわれわれのサポートの水準しだいなんです」と、理事長のジョン・トゥウィッグは言う。「ところが、そのサポートを提供するわたしたち理事会の能力は、しだいに、しかし確実に、減退しています」。

不安定で、なおかつ収縮を続ける予算は、将来に向けたプランをもつことをひどく難しくしている。「理事は学校の戦略的ビジョンに責任をもつべきだという、あの教育省の考え自体に、これは完全に逆行していますよ。ティーチング・アシスタントやバイリンガル・アシスタントをおけるかどうかなんてことは、今年についてじゃなく、むしろ来年についても、いやもっと先までわかってる必要があることでしょう?」。そう理事長は続ける。

現在の学校は、いわば陪審員裁判みたいに、素人によって運営されているわけだ。人びとの集まりというものは、ひとつにまとまると、部分部分の実際の総和よりも、あたかも大きく立派にみえる傾きがある。学校理事会についても、その看板からの連想では実態はつかめない。理事の構成

（47ページ「学校理事会」の註参照）は地域によってバラつきがあるが、それでも一般に、父母代表理事、教職員理事、および地方教育当局と地域コミュニティからの代表理事はつねにふくまれる。「学校理事って実際にはなにをするのかと聞かれても、説明するのは容易じゃないんです」というのが、理事長ジョン・トゥイッグの見解だ。「わたしたちにしても、つねに十分な確信をもって事にあたっているわけじゃないですしね」。これはしかし、ジョン・トゥイッグの能力不足を示す発言ととられるべきではない。この四十七歳の、幅広い社会的関心をもつ学究肌の人物――彼はまた、ふたりの子どもをこの学校に通わせている父親でもある――は、理事長として良心的かつ有能だと、まわりのみんなが認めている。

学校の理事たちは、なんらのトレーニングを義務づけられることもなく、したがってまた、教育について踏みこんだ知識をとくにもつこともないままに、学校運営に関するあらゆる重要事項の決定の責任を負うべきものとみなされている。かれらはまた、たえず変化する政府からの指示に、つねに対応していかなければならない。政治家たちは、ああすべき、こうすべき、と決定を下せばよいのだが、その陰で全国各地の学校理事たちは、それぞれの学校の実情にあわせて、なんとかやりくり算段をするハメになるのだ。

ジョン・トゥイッグの考えは、「理事会の一員に選出された人は、実際にその役割につく条件として、きちんとしたトレーニングを受けるべき」というものだ。さまざまな立場の市民が、それぞれ日ごろ得意としているスキルをもちよることに意味があるとされたりもするが、ジョン・トゥイッグに言わせると、それは〝宝くじ〟みたいに当てにならない。

「理事になる人にわきまえておいてほしい基本事項ってものがあるんですよ。どんな責任があるのか、任務はなんなのか。世間ではなにか職につくときには、その職務明細規定を渡されたりするでしょう。そりゃ、学校理事についてもおおまかな目標は示されてますよ。でも、教育省から与えられてるアドバイスは、まったく漠然としたものなんです」

イーディス・ネヴィルでは新任理事むけに、理事の仕事についての入門パックやガイドブック——学校運営に使われる多数の用語の解説集——を作り、一種の新任研修をおこなっている。

イーディス・ネヴィルの十七人からなる理事会には合意をめざす気風がある、とジョン・トゥイッグは言う。「みんながサインできるような決定にたどりつこう、という思いを全員が共有してるんです」。

これは一見、当然のことのようにみえるが、かならずしもそうではない。イーディス・ネヴィルでは問題にならないが、たとえば、校長と理事長の意見が、どうしても一致しないといったような場合がある。こうなると、どちらか一方、あるいは両方がその職を離れるまで、事実上、学校のスムースな運営は望めないことになるのだ。

ちなみに、政党政治は、学校理事会の会合ではドアの外に遠慮してもらうことになっている。たとえば、ヨークシャーのカルダーデイルやイングランド南西部では、英国民族党（ブリティッシュ・ナショナル・パーティー）に属する極右活動家が学校理事に選出されて大きな衝撃を社会に与えたという出来事があった。そうしたことが他の地域でも起こりうるからだ。

他方、もっと一般的な問題で、イーディス・ネヴィルでも目につくものとしては、地元の父母代表や地域住民代表の理事を確保することが容易でないという問題がある。良心的な学校理事であろうとすれば、その責任は重く、その仕事は金銭や名誉のためなどでなく、役目それ自体を目的にしておこなわなければならない。

ジョン・トゥイッグの職業は、自称でいえば、「国際援助機関の仕事を請け負うフリーランスのライター兼コンサルタント兼リサーチャー」なのだが、とりあえず自営業者とくくってよいだろう。彼自身、フルタイムで雇用されていれば、とうてい理事長の役割を果たすことなどできないだろう、と語っている。副理事長のエスター・カプリンもやはり自営業者だ。「わたしたちは、この学校理事の役目を中心に自分の生活を切りまわしている、といったようなところがちょっとあるんですよ」とジョンは言う。

じつは、理事たち自身もまた教育水準監査院の監督のもとにおかれており、学校経営に関して、教職員たちの〝辛口の友人〟としての役割を果たしていなければ、責任を問われかねない立場にある。かれらもやはり、いまだに届かない例の〝茶色の封筒〟を、いささか不安な思いで待っているところなのだ。

「学業成績については、このところずっと着実な改善がみられます」と、ジョン・トゥイッグは言う。「問題は、それをどう維持していくか、そして、ホワイトホール（中央官庁）から吹いてくる政治の風を斟酌《しんしゃく》しながら長期的な学校改善の基本プランをどうつくっていくか、ってことなんです」。

11

思春期レモン

学力テストと性教育と進学と

着てるもので女の子のこと決めつけないで！
――エリーのTシャツのスローガン

学力テストの結果発表！

六年担任のコレット・バンベリーは、学力テストの結果を父母と子どもに直接手渡すため、夕刻の特別の三者面談を企画した。

多くの家族が姿を見せないなか、ロベルトは両親といっしょにやってくる。たくさんいる彼の兄弟のうち、いちばん下の弟もくっついてきている。長身でどっしりした体格に、いきいきとした明るい表情と穏やかな物腰――そんなロベルトと担任教師とのあいだの親愛感は、一見してあきらかだ。ロベルトの家族はナミビアからやってきた。両親は息子の教育については、なにによらず援助を惜しまず、父母面談やその他の集まりにもきちんきちんと出席する。

ロベルトは英語では、国が十一歳の標準到達目標★としているレベル４に合格。算数は標準以上のレベル5だった。「ロベルト、すばらしい成績よ」とコレットは言う。「先生たちもあなたのことをすごく誇りに思うわ。握手しましょ」。ロベルトは手を伸ばしながら一瞬うれしそうな顔になるが、すぐに生真面目な硬い表情に戻ってしまう。じつは彼は、理科でもレベル5をとろうとしていた。コレットも、授業では十分、レベル5に達していると評価していた。ところが、肝心の本番の日の試験でほんの少し点数がたりず、レベル4だったため、本人は「こんどの試験はしくじった」と感じているのだ。

コレットは、ロベルトの熱心な勉強ぶりやスポーツマン精神、そして学級のみんなに好かれていることを誉めたたえる。ネットボール★★のカムデン区代表選手だし、近く予定されている六年生の発表会では主役のひとりを務める。出席率が百パーセントの皆勤というのも、サマーズタウンではめったにない偉業だ。「このすばらしい出席率が、いい結果を生んでいますね」と、おそらく近く入学してくるだろう弟たちのことを頭におきながら、コレットは両親に語りかける。けれど、このとき母親は席を立ち教室をあとにしていて、それを聴いてはいない。連れてきた歩きはじめのちびっ子を追いかけていったのだ。

ロベルトは、おそらくひとつの〝お手本〟とみてよいだろう。つまり、父母が子どもを心からサポートし、学校との意思疎通もよくして、子どもに高い期待をもちつづけるなら、家庭環境や文化的背景がどうであれ、子どもたちはよい成績をあげられるということを、身をもって示してくれているのだ。このインナー・シティの黒人少年、ロベルトの住まいは狭く窮屈で、ネイティブの英語を話す大人は家におらず、金銭的な苦労も絶えない。だが、家族そろって教育を信じる思いは強い。

きっとロベルトは、これからも学校で立派にやっていくことだろう。

今年、イーディス・ネヴィル小学校の六年生は、学力テストで全員が全国標準を上回るという異例の好成績をあげている。もっとも驚くべきは、英語の成績だ。二十七人の学級のうち四分の三が、英語を第二言語とする子どもたちなのだ。にもかかわらず、その英語で八二パーセントの児童がレベル4以上の成績をとったという結果が、近く公表されるだろう。これはナシーマいわく、「うちの学校としては、ちょっと考えられないほど驚異的なこと」なのだ。英語でレベル5に達した五人のうちの四人は、バングラデシュ系の女の子。「賢くて、一生懸命に勉強する子たちよ」とナシーマは言う。「あの子たちがどんなレベルから始めたか、考えてみて。保育学級《ナーサリー》に入ってきたときには、ぜんぜん英語を話せなかったのよ。ほんとに驚くべきことだわ。信じて期待をかけてあげれば、そのぶん、あの子たちは伸びるのよ」。

算数――これは英語を追加言語とする子どもたちにとって、英語よりやさしい教科だ――については、レベル4以上を達成した子どもの割合は九〇パーセント台半ばにおよんでいる。実際、テストを受けた子どものうちレベル4に達しなかったのは、一人だけだった。十一人がレベル5をとり、レベル6も一人いた。理科においてもレベル4に達しなかったのは一人だけで、その女の子は「重い学習障害」のステートメント（認定通知）を受けたところだったのだ。

★――**標準到達目標レベル**：63ページ「学業成績レベル」の註、および巻末の図5参照。
★★――**ネットボール**：七人のチームで、サッカーのボールを使っておこなうバスケットボールに似たゲーム。英国のとくに女子が愛好。

「これだと、ぼくは今年で退職したほうがいいね」と、ショーンがこちらをふり返りながら、肩ごしに言葉を投げてよこす。子どもの名前と数字とが書きこまれた役所用の黄色いコピー紙のリストの上に指を走らせながら。彼が言おうとしているのは、来年はおそらく、テスト結果は確実に下がりそうだということだ。それは、現在の五年生の子どもたちの顔ぶれから、容易に推測できる。ところが、学校のリーグ・テーブル（学校別成績番付）上の順位が下がれば、その学校全体が悪くなったと一般には解釈されるのだ。

他方、自分が二年間教えてきた子どもたちへのコレット・バンベリーの願いは、番付表などでは測れない。「わたしが望むのは、あの子たちみんなに、ほんとに幸せになってほしいってことだけ。どんな人生を選ぶにしてもね。あの子たちはいま、ハッピーよ。だから、これからもずっとそうであってほしいのよ」。

卒業間近の〝仕上げ学校〟

全国一斉学力テストは終わった。だが、子どもたちを中等教育の場に送りだすにあたって、かれらにさらにできるかぎりの知識や技能や経験を与えようと、最後の努力が続いている。イーディス・ネヴィル小学校で過ごす最後の数週間、六年生の学習は、いわばインナー・シティの生活の〝仕上げ学校〟の色あいを帯びている。

担任のコレットは、学級の子どもたちを連れて、あちこち校外に出る。かれらが学校を去るまえに、ひとつでも多くの豊かな新体験をさせようとしているようだ。学力テストまえの数週間はどの学校も、英語・算数・理科という狭い試験科目に集中せざるをえない。それをいま、いくぶんかでも補おうとしているのだ。

かたや、この地域を担当する警察官も学校にやってくる。ストリート・ギャングに引っかかる危険を警告するためだ。実際、このサマーズタウンではしばしばあることで、すでに高学年の何人かがそうした不良グループの周辺をうろついているという噂《うわさ》が、教職員のもとにも届いている。夜間、アパートから出ることさえ禁じられている子どもが多いなか、夜遅くまで街を遊び歩く子も出てきている。「この年ごろの子どもにとっては危険の多い地域なのよ、ここは」と、コレットは言う。

ラーニング・メンター（学習補導員）のアナベルは、中等学校への進学について子どもたちが抱いている〝気持ち〟をテーマに、サークルタイム（155ページの註参照）をもってきた。

ホールに子どもたちを集めて、いまどんな状態かを問いかける。これからの変化に、〝ばっちり準備できている〟か、〝まあなんとか準備できている〟か、〝不安でいっぱい〟か。体操用の肋木のまえの三か所のスポットからひとつを選んで、そこに立つよう指示を出す。ほとんどが〝ばっちり〟のスポットに集まり、〝不安でいっぱい〟のスポットにいる子はいない。三か月前には、ほぼ全員が〝不安でいっぱい〟を選んでいたのだ。「みんな、自信をもっていいわよ。だって、ひとり残らず全員が、気持ちのうえでしっかり前進したんだもの」と、アナベルが語りかける。中等学校進学というチャレンジに向けて欠かすことのできない準備として、〝感情〟にふれるこうしたワークを、イーディス・ネヴィルでは大切にしている。

で、つぎは、ペアを組んでのロール・プレイだ。ケンカや盗みの嫌疑で誤って先生に責められている生徒の役をひとりが演じ、もうひとりが友だちとしてその子を護る役を演じる。すべての子どもがいままでは英語を流暢に話すし、とくに仲間のまえでは大多数が喜んでしゃべろうとする。

「彼女はやっていいことと悪いことのケジメがよくわかってるし、きちんと物事を考えられる子です。彼女がそんなことをするはずありません」——友人サルマの人物について証言するため、中等学校の先生に呼びだされたという設定で、ズベーダが熱弁をふるう。

「トラブルに巻きこまれたときこそ、友情の力を信じてね」とアナベルが助言する。「自分ひとりで問題を抱えこんじゃだめよ」。すると、そのとき突然、ローリーがハタと気づいたらしく、すっとんきょうな声をあげる。「アリャー、きょうはぼくらの、マジに最後の水曜だ！」。

この日の最後には、学校看護師のアン・バンコが、男女関係についてもう少し話しておくため、教室にやってくる。彼女は六年生のまえに立つと、ビデオの装置を準備する。「いまから観るビデオは、セックスってどうやるのか、なにが必要になるのかを扱ったものなの」と、彼女は少々どぎまぎまじりに言う。子どものひとりが前に出てビデオを再生。アンが言葉を継ぐ。「これを観ながら、みんなに考えてほしいの。自分はどんなふうにガールフレンドやボーイフレンドを選ぶのかってことをね」。

多くは第二次性徴にはまだ少し間のある六年生（十一歳）たちだが、みんな背が伸び、靴のサイズは大きくなって脚も長くなり、顔かたちもあきらかに子どもの丸顔とは違ってきている。女子は全員がパンツ・ルックで、頭をスカーフで覆っているムスリムの女の子はまだひとりだけ。そのスポーツ好きのサルマは、ネットボールでも女子サッカーでも、チームのスターだ。ムスリムの伝統を重んじる両親は、娘が初潮を迎え、その証としてスカーフを着けたのを潮時に、スポーツをあきらめてくれることを望んでいる。他のいく人かの女の子たちはメークのお試しの真っ最中で、キラキラ輝くイヤリングも付けたりしている。また、男子にもルックスを意識しはじめた子たちがいて、整髪ジェルを使い、ブカブカのスニーカーを履いている。

ビデオのタイトルは『生きることと育つこと――赤ちゃんはどうやって生まれるの?』。内容は、言ってみれば異性愛についての人間関係論と生物発生学とのミックスだ。線描きされた〝カップル〟がエネルギッシュに交わる姿に、子どもたちから笑いがもれる。同席していた担任のコレットがテープを一時停止にして、険しい顔つきでおコゴト。「R指定の映画を家で観ている子がどれだけ多いかを知って、先生は恐ろしくなってるわ。あなたたち、ちゃんとした大人といっしょに観たんでしょうね。これは大事なことなんだから、真面目に観たり聴いたりしなきゃだめなのよ。中等学校に入ったら、まわりの子から間違ったことをいろいろ聞くことになるでしょうから」。六年生たちはビデオの残りを、おかしさをこらえ真顔をつくって観る。

ふたたびアン・バンコが前に立つと、いつも手を焼かせる男子のクレイグが、ひと目惚れについて話しあいたいと言いだす。また、ある女子は、親というのは実の子と同じように、養子にした子とも理解しあうことができるかどうか知りたい、と言う。また別の子は、生理中の女性は、同じ家のなかに男性がいる場合、お湯でからだを洗ってきれいにしなければならないのか、とたずねる。

生徒たちには、事前に匿名で質問の出せる質問箱も用意されていたが、そのなかには〝新案特許〟の取れそうな質問もあった。いわく、「精子同士が合体したらどうなるんですか」。また「〝大人のおもちゃ〟ってなんですか。どう使うんですか」などという質問を挑んだ子たちもいた。けれど、すべての問いに、まっすぐな応答が返される。たとえば、最後の質問に対してなら、「いちばん普通のは、バイブレータって呼ばれてるものね。女の人が、自分の体のなかをくすぐるみたいにして使ったりするのね」というように。へんな照れの余地を残さないこうしたアンの態度が、その後の、勃起について、陣痛について、デザイナー・ベビー★について、といった問題の話しあいを平静なものにさせている。「中等学校に入ったらわかると思うけど、こんなふうにみんなで話せる機会は、きっともうないのよ」とアンは締めくくる。

一連の研究があきらかにしているところによれば、大多数の親が、性教育は学校にまかせるべきものと考えている。しかし、私事の深みにかかわるこうした事柄を、子どもに気楽に話せる教師ばかりではない。「実際のところ、セックスについて子どもにまったくなにも話したことがないって言う親もいるし、学校の職員にも、こういう問題を扱うのはとても難しいって言う人たちがいるわ」と、アン・バンコは言う。「就学前から始める必要があるのよ。問題が生じたときに、それに即してごく自然に話していかなきゃ。子どもたちがケーブルテレビの成人番組を観たりしてるのに、親たちはセックスについて普通の態度で話そうとしない。子どもたちは、大人の態度に裏表のあることに気づくのよ」。

イーディス・ネヴィル小学校ではすべての家庭に、子どもを性教育の授業に出席させるよう促している。しかし、協力を得るために説得が必要な家族もある。いまのところ、ムスリムの父親にひとり、自分の三人の子どもに法律上の権利★★を行使して、性教育を受けさせないでいるケースが存在する。

母と娘の学校選択大作戦

サマーズタウンの親たちも表向きには、自分の子どもの進む中等学校を選択することができることになっている。だが実際には、学校を選択することのできる親はここにはほとんどいない。もちろん、特別な教育的ニーズのステートメント（認定通知）をもつ子どもの親には自由な優先的選択権があるし、また、他の親でも、入学希望を出すこと自体はどの学校に対してもできることになっている。しかし、地元校以外で入学許可を獲得することは、ほぼ不可能だ。区北部の裕福な地域の人気校は、優先順位の高いふたつのケース——すでに在校する生徒の弟妹、および、学校のごく近隣に住む子どもたち——の入学希望で満杯になる。

ショーンは毎年、中等学校進学について保護者説明会をもち、〝高望みの非現実的な学校選択〟を避けるよう注意する。ほとんど見込みもないのに世評に惑わされた高望みをもちつづけ、なんと

★——**デザイナー・ベビー**：親が望むある特定の性質（外見・知力・体力・低罹患率など）をもつように、受精卵の段階で計画的に遺伝子操作されて生まれるとされる子ども。

★★——**退出の権利**：ここでは性教育にかかわることとしてふれられているが、一般に個人の信条にかかわる教育の具体的内実を選択／拒否することを一定の条件内で親に認めるこうした権利観念は、「退出の権利」と呼ばれる。日本ではいまだ確立しているとはいえないが、英国では一八七〇年の教育法いらい確立してきた重要な権利類型である。とりわけ、公立学校における宗教的礼拝（集会）および、地域ごとの合意シラバスにのっとっての宗教教授（宗教の時間）が義務づけられているこの国の公教育にとっては、不可欠の権利観念である。本書4章100ページにある「ハラール肉」問題もこれにかかわっている。

しても、わが子を地元校でなく、評判のよい学校に通わせようとする親たちが毎年いるからだ。区内の別の小学校の話だが、娘が人気校の入学許可を得られなかったことに憤慨して、カムデン区庁舎の外の鉄柵に自分のからだをチェーンで縛りつけて抗議した母親さえあった。

「ロンドンにおいては、あまりにも多くの親にとって、学校選択が実質上、遠距離通学を選ぶか、私立学校を選ぶかの二者択一になってしまっている」と、以前、チャールズ・クラーク教育大臣が嘆いたことがある。しかし、そのとき彼はつけ加えてもよかったのだ。さらにずっと多くの親たちにとっては、そもそもそのどちらも選択肢に入れることさえできない、と。

十一歳のリーマは、七年間の学校生活を終えて、もうすぐイーディス・ネヴィルをあとにする。モロッコからイギリスにやってきた彼女の母親、レイラは、娘が中等学校に進むことに不安を抱いている。「この学校で勉強してきて、いま、リーマは、だれにでも敬意をはらう心をもてるようになってる。あの子がずっとそうであってくれたらうれしいわ。でも、中等学校に行ったらどうなるのかねえ。だから、わたし、あの子に言ってやるの。いまのそういう心をなくしたりしたら、母さんはぜったい、片道切符でモロッコにあんたを連れて帰るからね、ってさ」。

レイラ自身は、十歳のときに学校教育から離れたきりだ。だからといって、娘の教育に不熱心ではけっしてない。ただし彼女は、リーマを地元の公立学校に通わせたいと、もとは思っていた。家からいちばん近い学校というのがその理由だ。一方、リーマは、学力テストの理科でレベル5を取った生徒のひとりで、医者になりたいという希望をもっている。そのリーマが中等学校にもっとも切実に望むのは、多くの子どもたちと同様、〝安全〟だ。地元の公立校については、怖い話をいろいろ聞かされている。「アジア系の子とイギリスの子とが、どっちも全員でやりあってるって。みんなでひとりの子をつかまえて、バイクの荷台に縛りつけて、頭をハンマーで殴ったんだって」。そのうえ、その中等学校の女子生徒数人に以前いじめられた経験もあって、リーマはこの学校の選択を受けつけなかった。

その後、母親のレイラは、〝娘の学校探し大作戦〟を開始した。毎朝、ふたりの娘をイーディス・ネヴィルに送り届けたあと、コーヒー入りの魔法瓶を持ってバスに乗りこみ、区の北部に向かう。あちこちの中等学校の〝張りこみ〟をおこなうためだ。まずは表通りから検分して、学校の良否をざっと調査する。「スカートがこんなに短いのよ」と、彼女はあご先に手を持ってきて言う。「とんでもない！　あの娘《こ》たち、まるでディスコにでも行くみたいじゃない」。ご自分は女子修道院でも探しているような口ぶりだ。「校門の外でビールを飲んで、悪態をついてるよ」。

当初、レイラは、リーマには小さな学校がいいだろうと考えていたが、最終的に彼女のお眼鏡にかなったのは、大きな女子校だった。「あそこの娘《こ》たちは、六十年前のイギリス人みたいよ。短いスカートの子もいないし、ハイヒールを履いてる子も、からだを見せびらかしてる子もいない。上品なオバアチャンみたいなのよ」。

さっそく母娘は、この学校に入学希望を出した。だが、リーマは待機リストの百八十二番だった。そこで、「両親がともに障害を抱えている」という理由をつけて再申請してみると、リーマの待機順位は一躍トップに躍りでた。じつはこんな方法は、めったに成功はしないのだが。

リーマはこの学校を訪ねてみて安心した。「きちんときれいにしていて、芳香スプレーの匂いがするの」。とはいえ、彼女は母親とは違う考え方ももっている。母親が昔のことを思い起こして、モロッコでは学校に遅刻した子は脚をたたかれたものだ、などと語ると、リーマは穏やかに反論して、母親をこのロンドンの現実にひきもどす。「遅刻したからって、たたいたりしちゃダメよ、ママ。だって、ときどきあることだけど、地下鉄駅のエレベーターがいっぱいで、待たされてたのかもしれないじゃない」。

英国では一般に、貧困層出身の子どもたち、とりわけバングラデシュ系の女子の大学進学率は低い。けれども、担任のコレットは、子どもたちの大多数が中等学校のあと、大学やなにかに進学することを望んでいる。この六年生たちは医者や法律家や教師になりたいという希望を抱いている。その希望は実現可能なのだと彼や彼女たちが信じられるようにと願って、イーディス・ネヴィルでは応援してきた。とはいえ他方では、この女の子たちのいく人かはほぼ確実に、まだひどく若いうちに親の決めた結婚をすることになるか、そうでなくても、大学への進学はとても許してはもらえない、という現実もわかっているのだ。

「これはそれぞれの家庭の問題で、慎重に扱わなければいけない難しいことなんだけど、でも、たとえ親の希望とずれるとしても、やっぱり、あの子たちに違った生活の姿も見せてあげないといけないわ」と、コレットは言う。「あの子たちの人生が実際にどう展開していくか、わたしにはわからないけど、中等学校に行ってから遅れをとり戻すのはうんと大変だってことは、はっきりしてると思うの。だからこそ小学校での勉強が大事なのよ」。

海浜遠足は荒れもよう

六台のバスが、イーディス・ネヴィル小学校前から出発する。同行できずに子どもを見送る母親が数人、頭を覆うスカーフをそよ風になびかせ、舗道から手を振っている。保育学級《ナーサリー》の職員たちは、満杯のバッグをいくつもバスに積みこんだ。なかみは、子どもたちのお弁当、むらさき組の砂場から持ってきたバケツやシャベル、トイレットペーパー、嘔吐袋、タオル、日焼けどめ、アイスクリームを買うために集金したお金、学校の携帯電話、水泳許可の出た子・出ない子の名簿などなど。保育士のローラの頭のなかはすでに海岸に飛んでいる。「海草やいろーんな貝があるわよ。砂のお城もつくろうね！」。わくわく声で保育学級の子どもたちに語りかける。

きょうのジョジョは、真新しい半そでシャツとそれによく合うズボンでしっかりおしゃれ。リュックのなかにはおやつがいっぱいだ。ホールに集合したとき、ほかの子がみんな親といっしょなのを見て、彼は大泣きした。保育学級のなかで親といっしょに行けない子は五人だけ。ジョジョはそのひとりだったのだ。

バスが学校から数マイル東に進み、バロック建築家ホークスムアの造った有名なスピタルフィールド教会もすぎて大きくゆれはじめると、車酔いで嘔吐する子が出てきはじめる。

毎年、イーディス・ネヴィルでは、ケント州の海浜保養地、ブロードステアーズに全校遠足をおこなっている。この遠足で海を初めて見るという子どもや親がいるのも、毎年のことだ。この全校遠足は、夏学期の最後、ドッグズ・デイズ（日本でいえば土用）の猛暑期の恒例行事になっている。

いつもとは異なる場で、人びとがふだんとは違った交わりをもつことでコミュニティの意識を培い、ひいては学校をひとつの家族のようにとらえる感覚を育むうえで、この行事は大事な機会になる。だから、親たちにも参加を勧め、教職員も全員が参加する。もっとも、用務員のジョン・パントンだけは例外で、ひとり残って留守をあずかる。ほかに六年生が数名、不参加だが、かれらに言わせれば、「ブロードステアーズなんて飽きちゃった」のだそうだ。けれど、幼年部の子どもたちは、この遠足を何週間もまえから楽しみに待っていた。

バスがサネット島に入ると、丘のきれめのむこうから銀色に輝く海の広がりが目に飛びこんできて、バスのなかは、「ワー、海が見えた!」とみんなが口々に叫ぶ歓声でいっぱいになる。

ところが、一行が海岸に着いたとたん、雨が降りはじめる。大人も子どもも、砂浜に建つパブの外屋根の下に走って雨宿り。湿っぽいコンクリートの庭はすし詰め状態。ロベルトの母親は柄ものの布で赤ん坊をからだにくくりつけ、バシール以下三人兄弟の母、ヒーボーは、弁当やおやつを詰めた大きな縞柄のバッグをさげて、両足は砂だらけ。ジョジョは持ってきたジャムサンドをちょっとかじり、お気に入りのワゴンホイール・ビスケットの袋を開ける。

嵐もようの空の下、ショウガ色の砂浜には点々と羽を休めるカモメが見える。ショーンはその砂浜に出て、六年生の男の子と追いつ追われつ、水鉄砲で遊んでいる。きのうの彼は、伝統的なバングラデシュの衣装、長いキルタとゆったりしたズボンを身に着けて、集会をひとつ取りしきっていた。そして、きょうもきょうで、きのうと同じくらいにめずらしく、Tシャツにカーキ色のアーミーパンツといういでたちだ。ランチタイム主任のジーン・サセックスは、この日にあわせてドレスアップして、セーラー風のストライプのトップでキメている。一方、彼女とそっくりの双子の事務長、ジョーン・ウィリアムスンはといえば、そっくり対称的にドレスダウンして、いつもよりずっとカジュアルなズボン姿だ。

雨の小休止を見計らって一同は避難所を離れ、ブロードステアーズの馬蹄形の湾の浜辺に出てみることにする。服のまま波間に突っこんでいくピエールのあとを、エイミーが追っかける。ジョジョは、浅瀬に入っていったかと思えば、すぐに目をまんまるくして、ヒトデの先っぽを指でつまんで戻ってくる。ナジリーンは、すぐわきの砂浜で自分と同じほどの大きなカモメが翼を広げたりするものだから、怯えてしまって縮こまっている。

そうこうするうち、また雨が降りはじめる。突然、激しく降りだしたので、紙の手さげ袋に入ったフライドポテトも、子どもたちの髪も、広げていたピクニックシートも、なにもかもずぶ濡れだ。ジョジョは震えが止まらない。ところが、来る途中のバスのなかで、となりの子が彼の上に嘔吐したものだから、着替えはもう使ってしまった。そのうえリュックの止め金が壊れていて、なかの靴下もズボンもみんな濡れてしまっている。砂浜を離れて高台にあるカフェに落ち着くと、それでもジョジョは、紙容器に入ったストロベリー・アイスクリームを食べはじめる。で、アイスクリームを口いっぱいにほおばるあいまに、スロットマシーンに飛びついてはボタンを押す。

帰り道、バスのなかの雰囲気は沈んでいる。出発の直前、海岸で母親ふたりがケンカを始めた。それを止めようとして、エイミーは頭をたたかれた。たくさんの子どもたちが、そのケンカを見ていた。そもそもは、それぞれの母親の子どもどうしの、ちょっとした口論から始まったのだ。こんどの遠足はあんまりにも慌ただしく、雨のあがったあいまの時間は細切れで、落ち着いて遊ぶひまさえとれなかった。おまけに、最後は砂浜でのとっくみあいだ。

この騒ぎはみんなに、学校としての恥の感情を抱かせたようだ。エイミーもメラニーも口に出して「がっかりした」とは言わないが、帰りのバスのなかでの彼女たちの笑い声には、どこか引きつった不自然さがただよっている。ふたりとも、子どもたちが〝貧乏くじ〟を引いたみたいに思えて、残念でしかたないのだ。なんとかしてインナー・シティの人びとを外の世界に連れだそうなどとすると、結局は逆にインナー・シティの惨めな現実から離れられないことを思いしらされる——あたかもきょうの成りゆきは、そんなふうにも感じられるからだ。ただし、こうして予定時間よりも早く学校に帰り着くのは、だれの記憶でもこれが初めてのこと。そしてベテランのジーン・サセックスのご託宣によれば、ブロードステアーズへの遠足が雨にたたられたのも、この二十年間で初めてのことだったのだ。

それでも、保育士ローラのお日様みたいに明るい姿には、きょうもなんの陰りもみられない。「ただいま！　帰ってきたよ」。学校近くのカレドニアン・ロード——地元の人びとは〝カリー・ロード〟と呼んでいる——のすすけた街がバスの窓の外に現れると、その見慣れた光景を満足なようすで眺め、小学校のあるほうを子どもたちに指さして示しながら、彼女は言う。「わたしはカリー・ガールよ」。その声を聞いて、彼女の前の座席にすわる保育学級担任のフランシスカも思わず微笑む。

12

虹色のお別れ会

さようならを言う日

「いつも、あの子たちのことを考えながら家に帰り、朝、起きるとまた、まずあの子たちのことを考えてる」
——六年担任コレット・バンベリーの言葉

学年暦の最終日

きょうは夏学期の最終日。今年度もこれでおしまいだ。「子どもたちには百九十日目、そして、わたしたちには百九十四日目ですね」。職員朝会でショーンがきりだす。そしてまず、試補教員のフランシスカ・ファンとニック・ラッセルが、無事、最初の一年の職務をやりとげたことを祝福する。これで彼女らは、晴れて正規教員★となれるのだ。つづいてショーンは、きょうの〝卒業生を送る会〟で子どもたちがハメをはずしすぎないようにと注意をうながす。「興奮しすぎて、この学校での最後の日に汚点を残すようなことにならないよう、心配りしたいものです」。

外はカンカン照りの太陽が照りつけているというのに、湯沸かし器の調子が悪く、ラジエーターのスイッチをどうしても切ることができない。職員室の温度は上がるいっぽうだ。ランチタイム主任のジーン・サセックスは、ひたいにうっすら汗をにじませ、手にした日程表を扇子がわりにしてあおいでいる。

しばらくのち、むらさき組の教室には、ひとりの母親が、来学期に入学予定の子どもを連れて、保育学級《ナーサリー》の見学にくる。青白い顔をした病弱そうなその男の子は、母親のひざの上でミルクを飲んでいる。そこにジョジョが、半時間遅刻して登校してくる。元気そうで目もともすっきり、髪の毛にはつやがあり、長いまつ毛がまたたいている。眼鏡はあいかわらずかけていない。ジョジョはローラに微笑んで、まっすぐ〝お絵かきテーブル〟に向かい、右手のフェルトペンで自分の左手の外側をなぞって、手の形を描きはじめる。

保育学級の教室は、雑然と散らかっている。あいかわらず、やらねばならないことを山のように抱える職員たちとしては、子どもたちには外に出て、お日様の下で走りまわっていてほしい。けれど、赤いフェルトペンを手にしたジョジョは、いまは外遊びには関心がない。ほかの子たちがジャングルジムやスクーターで遊んでいるあいだ、彼はひとりで、職員控え室のドアの前のテーブルに向かって、自分の作業を続けている。こんどは、切りぬき用の型紙から自分で切りとったいろんな形に色を塗る。だれか見せる人はいないかと周りを見まわしては、「見てー!」と、彼はその作品を掲げてみせる。「ぼく、これ描いてんだ」。

かなりの時間がたって、子どもたちが〝お話タイム〟のために教室に戻ってくる。ローラがジョジョに、みんなといっしょにカーペットに座るように言いつけても、彼はまだ自分の作業に没頭している。ジョジョが返事をしないので、ローラは告げる。「ジョジョ！　いまから三つ数えるからね！」。ジョジョはあわててペンにキャップをして、イスから跳びおり、カーペットに座る。「言いつけがよくきけたね、ジョジョ」と、ローラは声をかける。

監査通知、いまだ届かず

ショーンは、年度の終わりを迎えるいまになっても、まだ例の〝茶色の封筒〟を待たされつづけている。教育水準監査院の来訪が宙ぶらりんの状態など、円滑な学校運営のためによいわけがない、と彼は言う。「監査通知が近々くると言われて、もうまる三年だよ。気が散って困ったもんだ。緊張で〝アドレナリンが出っぱなし〟なんて状態をいつまでも続けられるわけがない」。

教育水準監査院の監査に備えることは、学校に実際上の影響も与えてきた。本当にこの二年間、教師たちはいくつもの難しい学級を抱えながら、よく持ちこたえてくれた。監査が中軸教員複数の休職期間に重なることも予想されたなか、残った教師たちでそれらの学級経営をなんとか大過なく続けてくれていたので、校長のショーンとしても、力のおよぶかぎりあらゆる手をつくして、補充職員を確保するため奔走しなければならなかったのだった。そしてそのことが、自分自身の力量アップの機会の妨げになってきた、と彼は言う。

じつはショーン自身、監査官《インスペクター》としてのトレーニング・コースをしばらくまえから受講してきてお

★——**正規教員**：有資格教員（qualified teacher）。53ページ「試補教員」の註参照。

り、この間も、いくつかの監査の実施に加わっていてもおかしくなかったのだ。そうしていれば、学校が切実に必要としている資金をいくらか稼ぐこともできただろうし、講習や監査の実施、そしてその報告書作りのために出かけてこの本務校を留守にしているあいだ、同僚たちに臨時昇格★の機会を提供することもできただろう。

ちなみに、これも仮定の話だが、この間、彼がもし別の学校の校長職に応募しようと計画していたとしても、監査終了まではそれも延期せざるをえなかったのだ。実際、区の教育当局はショーンに、あちこちのもっと大きな学校の校長職やアドバイザーのポストもふくめ、さまざまのキャリアアップの機会をチラつかせてきてもいる。その話を受ければ、家で自分の子どもと過ごす時間を増やすこともできることだろう。しかし、これまでのところ、彼を惹きつけるほどのものはひとつもない。

ショーンは、監査がいずれともかく終了すれば、そのときには今後のことを決断しようと考えている。若くして昇進した彼は、イーディス・ネヴィルの校長をすでに六年以上務めているが、まだ四十歳にもならない。あとどれくらいこの学校の校長職を続けるかという問題が浮上したとしても当然だろう。それに、彼とナシーマのあいだにはふたりの幼い子どもがいて、かれらはわが子への責任もまた痛感しているのだ。「〝成功する校長モデル〟ってやつは、自分の生活とよべるような生活はあきらめて、ただひたすら職務に専念するのを当たりまえのことにしてる。で、ぼくはそれをずうっと続けてるってわけだもの」。

先日ショーンは、不眠を訴えて、かかりつけの指定医（GP）に診てもらった。で、医者が彼に勧めたのは、学校のことを忘れるための〝逃避休暇〟（ドラッグ・ホリデー）をとることだった。その医師は最近、自分の担当する患者だけでも五人の学校長に同様の助言をしたという。薬を出してもらうつもりで診療所に行ったわけではなかったショーンだが、帰るときには睡眠薬の処方箋を手にすることになっていた。

いま、ショーンの手もとには、来年度のリセプション学級への入学申し込みが、定員の二倍も寄せられている。通学区域は、〇・一八五マイル（約三百メートル）の範囲にまで狭められた。その余波で、現在、保育学級《ナーサリー》に在籍している子どものなかにもリセプション学級に入れない者がかなり出ており、その親たちは学校にやってきては、なんとかこのままイーディス・ネヴィルで進級させてほしいと涙ながらに訴えるのだ。

他方、新しく受け入れる子どものなかには、何種類もの日常食品に、命にかかわるような強いアレルギーをもつ子がいる。で、エイミーやメラニーたちは、発作が起きたときに応急処置の注射が打てるようにと、特別のトレーニングを受けたのだった。

ちなみに、ショーンとナシーマは夏休みを楽しみにしていた。ところが、ショーンの父親が病気にかかり、バカンスの計画は泡となって消えてしまった。それでもショーンは、六週間ある夏期休暇のうち、せめて三週間は休みをとるつもりでいる。残りは学校に出て、今年度やり残した仕事の

★──**臨時昇格**：英国では管理職をふくめて現職教員が、その職位を保持したまま研修などで長期の休暇をとることがあり、それは他の下位教員にとって、代理としてひとつのキャリア蓄積の機会を提供する意味ももつ。そうした経緯で、校長職でさえ若い校長代理が務めているといった例もめずらしくない。

遅れをとり戻したり、来年度の準備をあれこれやったりすることになるだろう。目下の学校予算では、授業をもたず管理業務にだけ専念する副校長をおくことはできないし、経営・管理業務のサポート要員を別のかたちで手当てすることも不可能なので、夏期休暇の返上もいたしかたない。

経験豊富で成功した校長として認められているショーンだが、その彼にしても、やはり校長職はきわめて難しいものだと感じている。「たとえ大人の大多数が、そして言わせてもらえば、子どもの全員が、思いやりと協力の気持ちをもってくれたとしてもね」。

ロミオとジュリエットが二十七人

子どもたちが列をつくってホールに入ってくる。〝六年生を送る会〟（リーヴァーズ・アセンブリ）が始まるのだ。低学年から順に並んで、六年生をのぞいた全校生がそろうまで入場が続く。ふたつの保育学級《ナーサリー・クラス》の子どもたちが最前列に座る。盲目のマハランは、サマードレスを着てスー・ギャレットのひざに腰かけている。

ホールはお祝い気分でいっぱいだ。大きな垂れ幕が三つ。壁ぎわの肋木にかけられた垂れ幕には、紫の地に銀色の文字できょうの演目『ロミオとジュリエット』の文字が書かれ、ピンクのハートマークがいくつもあしらわれている。となりのもうひとつの垂れ幕は、星いっぱいの夜空。反対側の壁にかかっている三つめの垂れ幕には、〝愛の気配が漂って〟というフレーズ。すべて六年生たちの手作りだ。

親たちも三十人ほどいて、ひとりはビデオカメラ持参。大人たちのしゃべり声も手伝って、ホールの空気は活気づいている。スー・ギャレットがマハランに、あたりのようすを伝えている。両どなりにはだれが座っているか、ステージはどちらにあるか……。

全員が集合すると、いつものダークスーツ姿に戻ったショーンが立って、オープニングの挨拶をする。子どもたちも、「おはようございます、ショーン」と、いっせいに挨拶を返す。「すばらしい一年だったことを祝いましょう」とショーン。多くの子どもたちの学習成績が向上し、友だちの絆も強くなり、学校生活はいっそう幸福なものになったと、彼はこの場に集った全校一同に語りかけ、さらに続ける。「けれども、きょうは悲しい日でもあります。なぜなら、六年生のみんなに〝さよなら〟を言わなくてはならないときがやってきたからです」。

さて、いよいよその六年生の登場だ。ホールに入ってきたかれらの姿に、みんなは口をあんぐり。クレイグなどは、ひと晩かけて髪を脱色してきた。その輝く髪は彼のアジア系の容貌や肌の色とあいまって、ちょっと目を見張るようなロミオの姿を生んでいる。とはいえ、この卒業パフォーマンスでは、だれかひとりだけが目立つなどということはない。男子全員がロミオなのだ。皮やデニムのジャケットにサングラス。それぞれが、粋がって足をずって歩いたり、ぶーらぶーらと歩きまわってみたり、ふんぞり返って歩いたり。そしてもちろん、女子の全員がジュリエット。若々しい娘らしさをそれぞれ自分なりの解釈で表現する。いく人かはメークアップしジュエリーで身を飾り、またいく人かはなんの飾りもつけずに素っぴんで……。

観客席では、保育学級《ナーサリー》の子どもたちにまじって、六年担任のコレットが最前列に陣どっている。六年生たちがシェークスピア悲劇の開幕の序詞を、声をあわせて朗誦しはじめると、彼女は早くも手にしたティッシュを使っている。「いずれ劣らぬふたつの名家、花の都のヴェローナに……」。みんなが知っているあの台詞だ。

『ロミオとジュリエット』は、サマーズタウンにはまさにうってつけの物語といえよう。ここもまたやはり、家系同士が反目しあい、名誉こそすべての、狭く小さなコミュニティなのだ。そしてまた、大人が若者たちの願いをはねつけて、ことが悲劇に陥っていくといった事件も起きがちだ。

壁ぎわの肋木には、六年生たちの自作のマスクが掛けられている。かれらはそのマスクを手に取り顔につけ、ダンスを始める。自分のために作った派手な祝祭仮面の陰に素顔を隠して、「サマー・ラブ」を歌いながら、彼ら彼女らのダンスが始まる。このあたり、『ロミオとジュリエット』が、映画『グリース』★と合体されているわけだ。クレイグがスターの素質を発揮して、腰を振り、熱い視線で観客を魅了する。彼はまた、ナレーターとして物語の進行役も務める。「同じ日ふたたび両家には、激しい諍《いさか》いもちあがり……」。群れなすジュリエットが、バルコニーのベンチに腰かけて、やはり群れなすロミオに向かってセレナードを贈り、「愛すれど悲し……」と歌うころにもなると、コレットは、もはや流れる涙をこらえることなどできはしない。

ショーが終わると、ふたたびショーンが、六年生のこれまでの歩みをふりかえる。子どもたちのかなりが、保育学級の時代からずっとこの学校で過ごしてきた。かれらが学校生活をスタートさせたのは、校舎の地盤が沈下して、区の施設、メドバーン・センターに一時移転しなければならないという、あの困難な時期だった。ちょうどそのころ、教育水準監査院の前回の監査があったし、同時にまたそれは、ショーンが校長に任命された時期でもあった。そしてその後一年近くたって、ようやくこの校舎に戻ることができ、ここがふたたびかれらの居場所となったのだった。

「これからもずっと、ここはみなさんの学校です」と、ショーンは卒業生に語りかける。今年の六年生たちは、いわば校長としてのショーンといっしょに成長してきた。つまり、かれらはショーンにとって、手塩にかけて最初から最後まで育てあげた初めての学年の子どもたちだったのだ。

つぎにコレットが前に出て、学級のみんなからの花束を受けとる。彼女のほうからも一人ひとりにプレゼントがある。ともに過ごした二年間を記録した冊子、それに学級全員の写真を印刷したTシャツ（そこにサインをしようというわけだ）。男の子たちが照れて、コレットのキスから身をかわす。そのようすを眺めながら、ローラとエイミーも目がしらを拭っている。女の子たちも何人か、クシュン、クシュンとすすりあげる。

最後に、ショーンが別れを告げる。卒業生にだけでなく、何人かの教職員に向けても。読み方の補充指導を担当していた教師、マリオン・インズが学校を去る。そして非常勤の美術教師も。もはや、それらのポストのための予算がとれないのだ。さらにふたりのアシスタントの退職にともなって、エスニック・マイノリティの支援ポストもひとつ削減される。この決定は、自分や理事たちには「おそろしく難しい決断」だったと彼は語ってきかせる。「いったいだれが退歩したいなんて思うでしょう。教育活動の水準を下げようなんて……」。

★――『グリース』：ブロードウェイのロングラン舞台をもとにした米国のミュージカル映画 Grease（一九七八年）。ジョン・トラボルタ、オリビア・ニュートン＝ジョンの主演で、五〇年代の高校生を描いた恋物語。

むらさき組もこれでお別れ

昼食のあと、保育学級《ナーサリー》むらさき組でも自分たちのミニ集会をもつ。九人の子どもたちが、むらさき組最後の日を迎えている。進級したり、ほかの学校に移ったりする子たちだ。

ナジリーンもそのひとり。以前は石のように硬直していたナジリーンだが、ずいぶん背が伸び、自信に満ちたようすで、いまでは学校にいてもすっかりリラックスしている。まわりの女の子たちに人気のある彼女は、ふだんはまだベンガル語でしゃべっているが、英語もどんどん上達している。「あたしのなまえをかいてあげるね」。肩にかけたバッグから紙を一枚とりだしながら、彼女は担任のフランシスカに話しかける。そして実際に、彼女は自分の名前を書いてみせる。何回も。これが、かつては朝、母親が彼女をおいて帰ろうとすると、教室のドア・ガラスに向かって全身で突っこんでいった、その同じ子どもだと信じることは難しい。

ジョジョも去っていく。イーディス・ネヴィルで五学期を過ごしたが、ほかの学校に移るのだ。母親のニッキーは、その学校の制服が気にいったのだ。それに、こんどの学校のきびしい規律指導のやりかたがジョジョには適しているだろうと、彼女は考えている。

職員控え室のプラスチック製のケースには、ジョジョの学校生活を記録した黄色のフォルダーが用意されており、それも本人といっしょに新しい学校に送り届けられる。そこには保育学級に入ったころからのようすが、こまごまと書きこまれている。

最初のころ、カラーゲームやジグソーパズルを好んだこと、仲よしはレイやジョーだったこと、当初の発達目標は「他人の必要・要求に関心や配慮を示せるようになること」だったこと……。紫のフェルトペンでのたくるようにマルの描かれた、当時の絵も添えられている。いくつかのページには日付の入った黄色の付箋が貼られていて、そこには〝超人ハルク〟の人形で遊ぶことに熱中していること、夢は〝お巡りさん〟になることだということ、そして、いくつかの野菜の名前を言えるようになったことなどが、ローラの筆跡で記録されている。また、エイミーの書いた早い時期の記録には、絵を描いていてちょっとでも〝失敗〟すると、怒って「こんなのクソだ」と言いはる、といったことが書き残されている。しかし、しばらくあとの記録には、「ジョジョは話をするときに、相手の大人を見るようになってきている」、また、「自分のさまざまな要求を、自信をもって表現することができるようになってきている」と、エイミーは書きとめている。

「人格性の発達」の欄には、主観的な評価ぬきに、つぎのような事実が記されている。「ジョジョが、砂をたくさん床にまき、ほかの子どもたちにも投げつけた」「わたしが話しかけると、彼は笑って唾を吐きかけた」「ジョジョは、あいかわらず友だちにケガをさせている」、そして、「母親が恋しくなると、涙もろく、やさしくなる」といった事柄だ。

彼のつくった数枚のコラージュ作品や、眼鏡をかけてジグソーパズルをやっているところの写真もある。それに、ここに収められた数枚の絵からは、むらさき組で過ごしたこの五学期のあいだに、彼の描く絵がだんだんと形をなすようになってきたこともわかる。いかにも怒りのこもった線の錯綜から、〝忍者タートルズ〟（ミュータント・タートルズ）の続きものや母親と父親の大きな顔へと進み、さらに〝スパイダーマン〟の長く続くシリーズへ。絵のなかの十字形の線なども、しだいにしっかりとした筆致で安定した描き方ができるようになっている。ちなみに、これらの絵にローラも登場していることは、彼女のトレードマークの金の輪っかのイヤリングと赤い唇から、はっきりと見てとれる。

なおまたこのファイルには、区の特別ニーズ教育専門教員、シェラー・アレトソンがジョジョのために工夫した「怒りのコントロールの仕方」のシートや、ジョジョが借りだして家に持ち帰った本のリストなども綴じこまれている。そして、教師による最後のコメントとして、「とりわけ感情のコントロールの面で、大きな前進を彼は達成した」と評価されている。とはいえどうも、こうしたファイルの情報をいくら重ねてみたところで、ジョジョ自身を本当に理解することは難しいが……。

ショーンが、出席優良証書を手渡すためにやってくる。ジョジョは出席規定日数の三分の二しか登校しなかったので、この証書はもらえない。スルタンが証書を受けとりに前に出て、ショーンと握手する。それからサミール——ショーンとナシーマの息子——も、やはり自分の父親と握手する。サミールは、むらさき組の投票で、全校児童会の学級代表に選ばれている。

ショーンが戻っていったあと、子どもたちは、家に帰るまえに最後のお話を聞くため、カーペットの上に集まる。じつは職員ふたりもまた、目前の長期休暇に気もそぞろだ。ローラはジャマイカへ、フランシスカは中国へ行く計画をたてている。

そうこうするうち、親たちが職員へのプレゼントを持って、子どもを迎えにやってくる。彼女らはたがいに抱きしめあってキスを交わし、またの訪問を約束しあう。

フランシスカが、子ども一人ひとりの最後の写真を撮ってやる。ほとんどの子が、彼女の作った赤と金の出席優良証書をかざしてカメラに向かっている。ローラがまた泣きだして、涙が床にポタポタ落ちる。ニッキーもジョジョを迎えにやってきたが、荷物掛けフックのそばにお礼のチョコレートの箱を黙って置いて、そのまま彼女は立ち去ってしまう。ところが、フランシスカもローラも、カメラや涙やほかの親たちやで手いっぱい。ふたりはニッキーのことに気づかない。ジョジョも部屋を抜けだし、行ってしまった。

エピローグ——監査官がやってきた

二〇〇五年五月十六日。前回の訪問からまる七年まであと一週間という日、とうとう教育水準監査院の監査官《インスペクター》たちが、イーディス・ネヴィル小学校にやってきた。

最初の印象は、概してよいものだった。監査の一日目をとおしてイーディス・ネヴィルの教職員は、やってきた監査官たちが「公正」で「経験豊か」な人びとだと判断した。ショーン・オリーガンも、学校に対する監査官たちのあれこれの査定は「まずまず真っ当」なものだ、と述べていた。

一方、イーディス・ネヴィル小学校を担当したこの監査官チームにも、監査の二日目になって初めて知らされたことがあった。じつはかれら自身もまた、今回の監査実施中の自分たちの仕事ぶりを勅任監査官（ＨＭＩ）★に、つまり教育水準監査院・学校監査部直属の専任上級監査官に監査される、ということを通告されたのだ。ということはつまり、イーディス・ネヴィルの教師のいく人かは、上級監査官に監査されている最中の監査官によって監査される、という二重の監査のもとで、自分の教育手腕を実演してみせなければならなかったわけだ。けれどこの学校には、しりごみする者はいなかった。

三日目の監査最終日には、今回のチームの主任監査官、マーガレット・グッドチャイルドが、幼年部の子どもたち全員の参加する科学博物館への校外学習に同行した。バスの最前列の座席にすわった彼女は、心のこもった称賛の言葉をイーディス・ネヴィルの一同に贈った。そして、監査官は「学校の役に立つつもり」で訪問していることを人びとにわかってほしいのだ、とも語っていた。ショーンはすでに彼女から、校長としての彼の指導力は最高ランクの評価〝エクセレント〟に該当し、また、コミュニティ連携のエイミー・クラウザーの仕事も同じく〝エクセレント〟だ、と告げられていた。ともあれ、子ども一人ひとりに大人がだれかひとりはつくという体制をとって、この校外学習は支障なく運ばれた。

監査官たちが立ち去ったあと、ショーンはくたびれはてていた。彼自身も監査官としてのトレーニングを受けているわけだし、前回の監査も校長代理として経験しているので、その対応の勘どころはわきまえていた。とはいえ、監査の期間中、学校はあらゆる面でトップ・ギアを維持しつづけなければならない。ショーンの言うには「そんなハイな状態は、とても続くもんじゃない」のだ。監査通知がきてからというもの、教職員のほとんどが、週末もふくめ夜までかけて大車輪で準備

★――勅任監査官（HMI）：正式名称 Her Majesty's Inspector を直訳すれば「女王陛下の監査官」となる。組織としてのHMIの創設の歴史は古く、十九世紀半ばにまでさかのぼる。今日の教育水準監査院（OfSTED）の前身であるが、その場合には、戦前の日本にも存在した「視学」制度との重なりも意識して、むしろ「勅任視学官」と訳すべきだろう。

現在のOfSTEDには、この古い官職名をそのまま受け継ぐ直属の上級監査官がいるが、そのもとで実際に各学校の通常の監査を実施するのは、有資格者とはいえ、そのつどの監査ごとに入札で決定される契約エージェント所属の監査官（員）である。こうしたシステムは、学校監査をさえ市場化したものともいうべきだが、むしろ英国近年の周密をきわめた学校監査はもともと一種の緊急措置であったとみることもできよう。

に取り組んだ。そしてようやく、監査官に手渡すファイルに入れる指導計画のたぐいから、玄関口の植木鉢の新しい植え込みにいたるまで、イーディス・ネヴィル小学校は、なんとか準備のゆきとどいた状態で監査を迎えることができたのだった。

それでもやはり、予期せぬ事態も発生した。朝、学校が始まってから、教師のひとりが家に忘れてきたファイルを取ってくるため、用務員のジョン・パントンがタクシーに跳び乗らなければならなかったこともある。また、監査期間中の集会活動では、監査官たちがホールに着席する十分前というときになって、その集会のために準備したパンフレットの行方不明が判明し、ショーンはその司会をすべて即興でやりとおすほかないといったこともあった。さらに、もっとずっと重要な問題として、狭苦しいこの校舎が学校の教育をどれほど制約しているのか、監査官たちに具体的に示してみせる必要があったし、くわえて、前年のキー・ステージ2（六年生）の学力テストのさい、教師による事前査定が生徒たちの実際の成績よりも低かったのは、けっして教師たちの期待度が不当に低かったからではないということを、子ども一人ひとりに即して数値を分析しつつ証明してみせなければならなかった。

しかし、その後、報告書が届いてみると、その内容は輝かしいものだった。イーディス・ネヴィル小学校は「数多くのすぐれた特徴を備え、卓越した実績をあげている学校」と評されている。監査官たちの指摘しているところでも、イーディス・ネヴィルが受け入れている子どもたちは、その生活背景において「特段に恵まれない立場におかれ、しかもますますその困窮の度を深めており」、かつまた、入学時の学力の到達度はきわめて低い。しかし、ショーンは校長として「高い志望をもち、注目に値する天性を発揮しており」、学校は「きわめて大きな困難のもとにある児童たちの社会的インクルージョン（包摂）の推進と、親たちへの支援におけるすぐれた方策の採用において、例外的ともいえる実績をあげている」と監査官たちは述べている。さらに、人種間の調和を推進する取り組みと理科教育については、特記して格別の称賛が与えられている。

教育水準監査院がとくに高く評価しているのは、学校を終えるまでに子どもたちの成績が、理科では全国標準を大きく上まわるようになり、算数でも標準以上になっている点だ。もっとも、英語の成績は、その時点でもなお全国標準を下まわっている。ただし、〝類似の学校〟と比較すれば、事情は大きく違ってくる。そうした限定比較をおこなった場合には——そして、そのほうがはるかに有意味なわけだが——、〝標準を大きく上まわっている〟と評価されることになる。

そもそも、イーディス・ネヴィル小学校の子どもたちの大多数が、ここで勉強を始めたころにはほとんど英語を知らなかったのだ。そのかれらが、学校を終えるころには英語を流暢に話し、また困難なく理解できるようになっているという事実を考えれば、それだけでもこの学校の子どもたちは、大変なことを成しとげている。ところがテスト体制は、そうした偉大な達成を測定する手段を備えてはいないのだ。

なお、最後に忘れずにふれておきたい。

今回の監査時におこなわれた親たちへのアンケート調査においても、「うちの子どもはこの学校が好きだ」という項目に、「そう思う」あるいは「強くそう思う」と答えた親は、この学校では九八パーセントにのぼっている。

付録

アップデート・インタビュー：その後のイギリス教育施策とイーディス・ネヴィル小学校

ウェンディ・ウォラス
質問・整理：藤本 卓

全国一斉学力テストと学校監査方式の変化

藤本　この本の出版（二〇〇五年）のあと、英国の学校教育システムに大きな変化は生じているでしょうか。政権はブレア氏から同じ労働党のブラウン氏へとひき継がれましたが、この首相の交代は、学校教育に関する政策動向に、なにか変化をもたらしてはいないでしょうか。また、ウォラスさんのお考えでは、今日、英国の学校教育が直面している最大の問題はなにでしょうか。

W・ウォラス　ゴードン・ブラウン首相への交代は、これまでのところ教育政策に関して大きな変化をもたらしてはいません。ただし、ほんの最近――二〇〇八年十月――のことですが、SATsテストのうち、十四歳時テストの廃止が決定しました。採点を請け負っていた米国の会社が期日までに仕事を完了させることができなかったなんていう、まったく不面目な失敗に端を発した大騒ぎの結果なのですが、この廃止措置は、広範な教師たちからも、生徒たちからも歓迎されています。

また、政府はその後、十一歳時のSATsテストについても見直しをおこなうと発表しています。ですが、学校間の競争と学力テストの成績とを重視するという政策は、基本的にいまも続いており、教師たちも生徒たちも、極度のストレスのもとにおかれつづけています。

ただし、イングランド全体の学校生徒の半数は、いまもなお、GCSE（一般中等教育修了資格試験）の合格を五科目でとるという目標を達成できないまま学校を離れているのが実情で、政府は成績向上のため、さらに学校にテコ入れをする方策を検討しているようです。

一方、新しい職業資格の制度が現在、導入されつつあり、アカデミックな学習の得意でない生徒たちは、今後その恩恵を受けることができるのではないかと期待されてもいます。

藤本　わたしの読むところ、この本の「隠れた副主人公」とでもいえるものとして、例の「茶色の封筒」、つまりOfSTED（教育水準監査院）のインスペクション（学校監査）があると思うのですが、わたしがロンドンにいた二〇〇六年当時にも、インスペクションの方式が変更されたこと、そしてその新しいやり方のことなどが、ニュースの話題にもなっていたという記憶があります。正確にはいつ、どんな変更が加えられたのか、解説していただけませんか。

W・ウォラス　ええ、学校監査のやり方は、二〇〇五年秋に変更されました。イーディス・ネヴィルであのインスペクションがおこなわれた（エピローグ参照）半年後、というわけですね。

新しいやり方は「ライト・タッチ・インスペクション」（簡便監査）と呼ばれています。まず、各学校が自分で自校の実績の評価をおこない、それにもとづいて監査官がその査定内容を検査する、というやり方に変わったのです。訪問する監査官の数や監査にかける日数も減らされました。以前は、中等学校などの大規模校だと、二十人を超える監査官がまる一週間以上もかけて監査するといったような場合すらあったのですが、いまは三人程度で、二日を超えないようになりました。大多数の校長たちは、このやり方によって自分たちの専門家としての判断を発揮する余地が広がった、と受けとめているようです。

とはいえ、首席監査官《チーフ・インスペクター》クリスティーン・ギルバート女史は、最近のＯｆＳＴＥＤの年次報告書でこう述べています。「学校も、児童福祉関連施設も、義務教育修了後の継続教育機関も、それぞれに確かに大幅な改善がみられるが、いまなおきわめて多くの子どもたち——とりわけ恵まれない環境に育つ子どもたち——が、〝あきらかに不十分〟なサービスをしか受けていない」と。まだまだ監査の手を緩めてしまうわけにはいかない、というのでしょう。もっとも、他方で教師たちは、政府から出される目まぐるしいほど多くの新規施策とそれにかかわるペーパーワークの煩雑さとを、ひどく負担に感じてもいるわけですが……。

〝アカデミー〟設立をめぐる紛争

藤本　そういえば、イーディス・ネヴィル小学校も、ごく最近、その新しい方式のインスペクションを受けたそうですね。ショーン・オリーガン校長から先日もらったｅメールで、そのことを伝えていただきました。今回もとてもよい評価を受けたようで、校長と子どもたちの写真の載った地域新聞の記事も添付されていました。ガッツポーズの子どもたちといっしょに、校庭で撮られたものです（左写真。'Hampstead and Highgate Express' 二〇〇八年十一月十三日付記事）。

イーディス・ネヴィル小学校のその後のようすについて、お聞かせいただけませんか。学校のホームページのリンクでは、抜本的な改築のプランについてものぞくことができるようですが。

Pupils beat the poverty rap to earn top marks

Teachers at Edith Neville school in Somers Town are celebrating after their pupils overcame poverty to earn outstanding status in the latest Ofsted inspection. **Susanna Wilkey** reports.

W・ウォラス　つい先だって、わたしも校長と話したのですが、今回（二〇〇八年十月十三日）のインスペクションでもずいぶんと高い評価を受けたそうで、学校のみんなもとても喜んでいるようですし、近隣でも誇りに思われているようです。四段階の評価基準で最高の〝優〟（outstanding）の評価を、イーディス・ネヴィルは獲得しました。

　ところが、今年の夏まえから、そのイーディス・ネヴィル小学校が、教育にかかわる近年の地域政治の動きに巻きこまれて、とても困った問題に直面させられてもいます。じつは、少し離れたところにあるフランク・バーンズ聾《ろう》学校と敷地の共有をするようカムデン区から迫られているのです。区としては、その聾学校をイーディス・ネヴィルの敷地内に移設し、空いた土地を地上げして、そこに新しく〝アカデミー〟★1を建設することを計画しています。

　しかし、両校ともに、この計画には強く反対しています。そもそもイーディス・ネヴィル小学校は敷地と校舎の手狭さに長年苦しんできたわけですし、聾学校側にしても、これまでの独立施設を失うわけですから。教育の中味を大事にしようとするなら、両校にとって、とても受け入れられない計画だということです。イーディス・ネヴィルでは理事会をはじめとして、教師たちも親たちも子どもたちも、こぞって抗議の声をあげて、強力な反対運動をおこなっています。

　で、いまも区の審議は続行されており、自由民主党★2が主導し、それに保守党が協力するというかたちのカムデン区参事会は、この計画をなんとしても推進しようと懸命です。他方、この敷地共用の撤回あるいは回避のためのさまざまな方策の協議提案が膠着状態に陥るなかで、イーディス・ネヴィルの理事会としては、いわゆる〝ファウンデーション学校〟のステータス[★3]を選択するという途も検討しているということです。そうすれば、自分たちの学校をLA（地方当局）の統制から離脱させることができますから……。「この敷地共有案を受けいれなければ、イーディス・ネヴィル側が熱望している校舎改築の費用を支出しない」という区の姿勢に対して、学校理事会の側もなんらかの打開策を考えざるをえないということでしょう。

藤本　先日の校長からのeメールには、その問題についても、別の地域紙の記事が添付されていました。そこには、区の計画に反対する親たち・子どもたちの賑やかなデモ行進のようすの写真も掲載されていました。この夏は、イーディス・ネヴィルの人たちにとってはまたまた大変な夏だったようですね。近々、わたし自身も直接、そのようすをうかがいに出かけたいと思っています。

で、この〝アカデミー〟の設立をめぐっては、この地域だけでなく、あちこちでも紛争が起きているようですね。

W・ウォラス　ええ。ただ、ブラウン内閣もこれまでは、〝アカデミー〟を新設する政策を全体としては支持し継承してきていたのですが、二〇〇八年秋に、この〝アカデミー〟の推進施策の中心的な立案・設計者の役割を果たしてきたアンドリュー・アドニス氏が、教育省（DCSF＝子ども・学校・家庭省）内の地位を失いました。で、何人かの有力な政治コメンテイターたちは、労働党ブラウン内閣の教育政策が今後、〝アカデミー〟に代表されるような教会や財界筋との提携を強める方向からは少々距離をとることとなり、コミュニティ学校をより重視する方向にむかうだろう、とみています。

学校スタッフたちのその後

藤本　この本でとり上げられている人びと、それぞれのその後について、興味深いニュースはあるでしょうか。

W・ウォラス　ショーンとナシーマには三人目の子どもが生まれました。ショーンはあいかわらず、学校のみんなの先頭に立って、この学校の校長として三度目のインスペクションを立派にきりぬけ、校長としての手腕を高く評価されています。また、ナシーマも以前と変わらず、とくにインクルージョン部門の副責任者を務めているそうです。

エイミー・クラウザーはこの二月に結婚しました。来年には最初の子どもが生まれる予定ということです。彼女は現在、副校長として、ショーンに協力して元気に働いています。

ヘレン・グリフィスには男の子が生まれたそうです。メラニー・ミアーはいまも基礎ステージの主任を務めており、フランシスカ・ファンは産休があけて仕事に復帰しています。

藤本　ここしばらくの日本の学校とはようすがずいぶん違っていて、なんだか出産ラッシュのようですね。

W・ウォラス　この学校の教職員自身の家族人口はどんどん増えているのですよ。二〇〇〇年以降だけでも、延べ三十九人が出産・育児休暇（マターニティ・リーヴ）を取ったそうです。もちろん、ションのように父親がパタ－ニティ・リーヴを取ったケースもふくまれています。

そうそう、それから、ローラ・オードノヒューは家族援助員（ファミリー・サポート・ワーカー）という新しい職種に就いています。というのもイーディス・ネヴィル小学校は、いまではチルドレンズ・センターとしても位置づけられていて、児童福祉や家族援助などに関連したさまざまな活動の地域拠点の役割も果たすようになっているのです。

藤本　さて最後に、ウォラスさん自身の目下、取り組まれているお仕事、また、近い将来の活動のご予定などお聞かせいただけませんか。以前お聞きしたところでは、アフリカに出かけられていたとのことでしたね。また、近く新しいご本の出版も計画されているとのことですが、それはどのような問題をとりあげるものになるのですか。

W・ウォラス　アフリカに出かけていたのは、いま準備しているスーダンのある女性についての本の仕事です。『砂塵の娘』（ドーター・オブ・ダスト）という書名で、二〇〇九年夏に出版される予定です。この女性はスーダンで捨て子として育ち、その後成長して、あの国の婚外子に対する根深い差別的偏見と闘う活動家になった人物です。スーダンでは、この婚外子に対する偏見はとても大きな社会問題なのです。

それからもうひとつ、英国の中等教育についても、〝ヒューマン・スケール・エデュケーション〟の試みに関して目下、各地の調査を進めているところです。これは、大規模校にあっても、そのなかに意図的に小さなユニットを複数つくるという試みです。そうすることで、教師と生徒の関係性の深まりをいっそう大切にしようとしているわけです。またこの流れのなかで、いくつかの学校は、より実際的なスキルにもとづいた学習を目指そうともしています。これについても来年、小さな本をつくる準備をしています。

藤本　ははあ、それは〝スクールズ・イン・ア・スクール〟つまり〝学校の中に学校を〟(ひとつの大きな学校のなかを小さな学校の房《ふさ》として構成する)とも呼ばれる動きと重なっていますね。じつはわたしも強い関心をもって、そうしたタイプのいくつかの中等学校を訪ねてもいます。ぜひ近くまたお話を聞かせてください。『砂塵の娘』についてもぜひ読ませていただいて、日本の、とくに女性の同僚たちに紹介したいと思います。

(二〇〇八年十一月二十日)

★1――アカデミー：二〇〇〇年、労働党ブレア首相の教育政策顧問、アンドリュー・アドニス卿の主導で創設された中等学校のあらたなタイプ。当初は City Academy と呼ばれたが、その後、たんに Academy と呼称変更されている。「サッチャー改革」で導入された City Technology College の系譜を引くもので、おもに大都市インナー・シティの低学力、問題多発地域のコンプリヘンシブ・スクール(総合制中等学校)の抜本的改変方策として打ちだされた。

学校設立の形態として、いわば第三セクター的なかたちをとり、主要財源は公費によるが、一部民間の資金を導入し、それにともない学校理事会にも変形が加えられて、地域から離れたトラスト機関が一種の会社組織として学校経営をおこなうこととなる。教育内容面では科学や芸術やスポーツなど特定分野に特化(スペシャライズド)された教育課程をもち、その分野については通常とは異なった入学選抜をおこなう。

すでにかなりの数が設立されているが、「優秀モデル校」として喧伝されるものもある一方、経営や教育の質にかかわって大きな問題をひき起こしている事例も存在し、その設立をめぐっては数多くの紛争が生じている。

このアカデミーの設立推進については、当初より一貫して支持しているのは保守党であって、労働党はその支持層の内部でこれに対する評価に大きな亀裂を抱えている。労働党と提携関係にあるものをふくめて、教員組合や市民運動グループには、この施策が学校種別にあらたな差別をもちこみ、教育の市場化をよりいっそう進めるとして強く反対する動きも続いている。

★2――**自由民主党**：一九八八年に創設された英国の自由民主党 Liberal Democrats は、労働党、保守党につづく第三政党で、中道的立場をとる。二〇〇五年の総選挙で、議席数では下院六四六のうち六二議席だが、得票率では二二・一パーセントを獲得している。また、二〇〇八年の地方選挙では、いくつかの地域で労働党を上回る勝利をおさめて第一党になっている。ただし、上記〝アカデミー〟の設立施策について、自由民主党全体としてはかならずしも鮮明な支持・推進の立場を一貫してとってきたわけではない。

★3――**ファウンデーション学校**：英国の広義の公立学校（ステート・スクール）には、三つのカテゴリーが存在する。45ページの註でもふれたとおり、第一がLA（地方当局）の管轄するコミュニティ学校であり、第二がボランタリー学校と公式には呼ばれる教会立学校である。そのほかに、数は少ないがファウンデーション学校と呼ばれる第三の学校カテゴリーが存在し、理事会がこの地位（ステータス）への移行を決定すれば、当該校はLAの統制から離れて、中央政府から直接に財政措置され、その統制を受けることになる。元来この学校カテゴリーは、「サッチャー改革」当時、労働党の影響の強かったLEA（地方教育当局）の力をそぐために導入されたグラント・メインテインド学校に始まる。

訳者後記――〈学校〉というミクロコスモス

書店で本のよぶ声をきく

二〇〇六年四月下旬、ロンドンは雨模様の日が続いていました。ようやく寄留先にも落ち着いたばかりのころ、在外研究の機会を与えられていた教育研究院（Institute of Education, University of London）の一角にある小さな書店で、この愛らしい本と出会ったのです。

書物に縁のある暮らしを送っている方には共感していただけると思うのですが、なにげなく立ち寄った書店で、本のほうから呼び止められることがあります。このときもそうでした。コンパクトなお店なのですが、品揃えの至極便利なその書棚の数ある書物のなかから、小さな声で呼びかけてきたのがこの本――Wendy Wallace, *Oranges & Lemons―Life in an Inner City Primary School*, 2005, Routledge――でした。

いかにも教育関係書らしい生真面目なタイトルが並ぶなかで、書名の文字自体がオレンジ色とレモン色に刷られたこの〝Oranges and Lemons〟を見て最初に浮かんだ想念は一九八〇年代のドラマシリーズ『ふぞろいの林檎《りんご》たち』のタイトルでした。もちろん、手にとってすぐその連想の見当違いに気づきました。内容から連想するのであれば、もっと相応しい映像作品をあげることができるでしょう。たとえば、フランスのドキュメンタリー映画『ぼくの好きな先生（Etre et Avoir）』など、幼い子どもたちとそこにかかわる教師の学校生活の日常を飾らずていねいに記録した作品が想い浮かびます。じっさい、手にした本書を読み始めてみてまず覚えたのは、まるで自分が映画カメラのあとを追ってロンドン、インナー・シティの小学校のなかにもぐり込んだような感覚でした。

ここしばらく、英国（とりわけイングランド）の教育事情について、さまざまな情報を目にする機会はけっして少なくありません。とりわけ、あの「サッチャー教育改革」（一九八八年）のころからは、わが国の教育政策動向に直接かかわるかたちでの紹介・論評・報道がむしろ喧《かまびす》しいほどにおこなわれてきています。そうした近年の情報提供のなかでも、とくに広範な人びとの目にふれたと思われる新聞連載のひとつは、英国・教育水準監査院の元首席監査官クリス・ウッドヘッド氏の発言を伝えています――「私たちは日本の教育をまねようと努力してきたのに、今は日本がまねようとしている。面白いですね」（読売新聞、二〇〇七年四月十一日）。たんに「面白い」ですませるわけにはいかないとも考えるのですが、ここ二十年ほどの日・英両国の教育政策動向に顕著な〝相互模倣〟の跡が見られることは確かでしょう。そうした動きを背景として、英国の教育事情は、一国レベルとしては稀《まれ》といってよいような多面性と密度とをもって紹介が重ねられてきているわけです。

とはいえ、そうしたさまざまな情報に接しながら、なお何かもどかしいような思いも感じさせられ続けていました。英国教育界の目立った動きや厳しい対立含みの争点はそれぞれに立ち入った紹介や論及がなされてはいても、かの国のフツーの学校のフツーの日常のありさまがいまひとつ像を結ばない、といった思いです。英国の公立学校がいまを生きているその姿を、ひとつの小宇宙《ミクロコスモス》として感じとりたい。手にした本書を一気に読みとおすことになったのは、そうした思いに応えてくれるものであったからでした。

なによりも、英国に実在するひとつの学校にかかわるあらゆる立場の人びとの姿が、相互の関連のなかでまさに具象的に描き出されています。校長や理事長から、さまざまな職種の教師やアシスタントたち、そして学校看護師や用務員まで、すべての人びとが実名で登場し、仕事のなかでの率直な思いを語って聞かせてくれるのです。おそらく日本で類似の立場にある方ならば、それぞれ自分の同僚・同輩が今日のロンドンに生きる姿を本書のなかに見出すでしょう。

発見！「イーディス・ネヴィル小学校」

実名といえば、この学校名〝イーディス・ネヴィル〟自体が当然そうなのですが、読み始めた当初は、じつはそのこともわたしには判然としていませんでした。ところが少し読み進むと、学校の立地の描写が自分のもつごく限られたロンドンの土地勘と重なることに驚きました。滞在当初、宿泊したのが、本書にも登場するユーストン駅のすぐ近くのホテルであったこと。「学校のすぐそば」と書かれている大英図書館にも、数日前、訪ねたばかりであったこと。そもそも、在外研究のベースにしていた教育研究院（IoE）は、本書にもふれられているとおり、それらすべてに程近い場所にあったこと。そうしたことから、ほとんどまったくのロンドン・ニューカマーであったわたしにも、本書の記述は、あたかも見知った土地のことのように読めたのです。さっそく数日後、地図を片手に「イーディス・ネヴィルの探索」に出かけました。

そんな次第でしたので、実際のイーディス・ネヴィル小学校を〝発見〟したときには、「おお、入り口の横にはニセアカシアの木が茂ってる！」「あの青くきれいな鋳鉄柵は、予算不足のまま、いまも中途でとぎれたままなんだ！」などと、本書に出てくる瑣事をつぎつぎと確認しては、勝手に〝感激〟してまわったものでした。すでに夕暮れどきで、門扉は閉じられていましたし、なんのアポイントもありません。遠く校舎内には校長か用務員らしき男性の人影が見えましたが、もちろんその日は、柵の外から覗くだけで引きあげたのでした。

こうなると読みにもいよいよ腰が入ってきますし、ただ読むだけでなく、そこに描かれている学校の生活の実際を直接に見てみたいという気持ちも募ってきます。そもそも今回の在外研究では、いくつかの端的な観点をもちつつ、かの国のできるだけ多くの学校現場の実際にじかに触れる、ということも目的にしていました。そしてその際、ぜひ見てみたいと考えていた具体的場面のひとつに「朝食給食」の現場がありました。とはいえ、いったいどれほどの学校でそれが実施されているのか、どこへ行けばそれが見せてもらえるのか、皆目見当もついていなかったのです。ところが、その〝ブレックファスト・クラブ〟まで、重要な話題のひとつとして本書に登場しているではありませんか。なんというラッキー！　やはりこの学校をきちんと訪ねることにしよう。わたしは、研究院でお世話になっていたデイビッド・ハルピン教授（現・名誉教授）に相談することにしました。

手作り感あふれる真率さ

教授はすぐに手を打ってくださいました。イーディス・ネヴィル小学校のショーン・オリーガン校長に宛てて、紹介と訪問依頼のメールを送ってくださったのです。ハルピン教授自身も、この書物のことをよくご存知でした（というのも、ずっと後になって知ったことですが、この本は、教育研究院にある教職資格専攻科課程（ＰＧＣＥ）の学生むけ推薦文献に指定されてもいたのです）。ただし、参観希望趣旨を尋ねられたのにたいして、「朝食給食のようすがなにより見てみたい」とわたしが答えると、教授は、茶目っ気まじりの好奇心も覗かせてのことですが、一瞬、あきれたような顔をされました。「なんたるトリビアリズム（瑣末雑学趣味）！」と思われたのかも知れません。

わたしはそもそも、英国教育を専門的に研究してきた者ではありません。また日頃、学校給食にことさらに強い関心をもってきたというわけでもありません。自己了解としては、〈教育の方法を教科外の視角から基礎論的に考察する〉というのがわたしの研究者アイデンティティなのです。そのわたしが、英国の「朝食給食」をぜひ見てみたいなどと考えていたのは、この活動の情報に断片的に触れた二〇〇〇年前後から、そこにずっと、ある種の意外性を感じ続けていたからなのです。

――英国の学校給食が、サッチャー元首相による「民営化」以来、悪評紛々の劣悪化をきたしているのはよく知られたところだ。「昼食さえ満足に出せなくなっている英国の公立学校」が、朝食まで学校給食で出すというのは、いったいどういう風の吹きまわしなのか？　学力テスト成績を中心に学校間のサバイバル競争を強いるという、サッチャーからブレアへとつづく政策の主動向は、たとえば「成績優秀校の近辺の住宅価格が高騰する」といったゴシップとなら平仄《ひょうそく》が合うにしても、「学校での朝食給食の拡がり」などという話題は、まるで見当違いの印象もするではないか？――

つまり、英国の教育政策動向に関して、この日本で交わされている賛美にしても批判にしてもが通有、充分には捉え得ていない底流の動きを予兆するものとして、たとえばこの「朝食給食」の取り組みは存在しているのではないか、という思いがわたしにはあったのです。さらに、少々強引な一般化にすぎますが、「欧米の学校（あるいは教師）は教科の授業にのみ専念するものだ」というわが国で〝常識〟化している学校観（教師観）に根本において抵触するものがそこに露頭しているといった予感があった、と言ってもよいでしょう。

それはともかく、その後いっこうに、学校からの返事はありませんでした。ところが夏になり、ほぼあきらめかけていたわたしが別の学校訪問の下調べを本格的に始めたころ、ショーン・オリーガン校長からのメールが届きました。そこには、まず、毎日校務に忙殺されていることや、乳幼児の父親として子育てや家事にも時間を取られていることとともに、このウォラスさんの本の出版以来とくに参観依頼が殺到して困っており、外部からの訪問は原則すべて断わっているとしたうえで、しかし、今回の希望は、自分にとっても懐かしく恩義を被っている教育研究院（IoE）関係者からのものでもあるので、日が合えば特別に受けることにする、と書かれてありました。

こうして、調整のためのいく度かのメール交換のあと、ハルピン教授のもとで同時期に客員研究員をしていた北京・首都師範大学の徐玉珍さんも誘って、二〇〇六年九月二十一日早朝、わたしはイーディス・ネヴィル小学校を実際に訪問することになりました。オリーガン校長は、忙しいなかこちらの希望に合わせて具体的な参観やインタビューの日程も組んでくださっていました。待望の朝食クラブから、保育学級《ナーサリー》でのバイリンガル読み聞かせ、ラーニング・メンターによる個別指導、午前の中休みの時間のグラウンド、ニューメラシー・アワーの算数の授業やムスリム児童が多数を占めるなかでの宗教の授業、体育教室兼用のホールでの三交替制のランチタイム、偶然に日が重なった募金イベント＝スポンサード・ウォーク、放課後にもたれたベンガル語とソマリ語の二言語通訳つきの学年初めの父母集会まで、本当にたっぷりと一日参観することになりました。しかもその合間に、校長やバイリンガル教育コーディネーターをはじめ数人のスタッフにはミニ・インタビューのための時間もとっていただけました。

夕刻の帰り道では、徐さんもわたしも疲れはててもいましたが、この学校のもつ手作り感あふれる真率さについて、幸福な気分で語りあったのでした。わたしにとってはとりわけ、あのブレックファスト・クラブの雰囲気など、日本のたとえば共同学童保育所にうりふたつのようにも感じられ、得難い体験になりました。この訪問で学校の生きた空気に肌で触れることなしには、本書を翻訳することはそもそもできなかったろうと感じます。

〈後衛《リア・ガード》〉が〈先触れ《ヘラルド》〉となるとき

本書を手にした方がなにより強い印象を持たれるだろうことは、おそらく学校スタッフの多様さでしょう。八学年九学級・児童数二百五十人のこの小さな学校に、総勢三十六人（ほかに非常勤の美術専科教員や教育心理専門職員なども加わる。なお本文四六ページには「五十人あまりの教職員」となっていますが、これは兼任の場合を別に数えた延べ職員数であり、また外部委託されている給食職員や清掃員なども含んでいます）の教職員がおり、教員は日本の場合に近い十三人ながら、三タイプのアシスタントほかのサポートスタッフが常勤だけで併せて二十人以上も働いています。たしかに、このサポートスタッフの多様さと多人数は、本文にもあるとおりこの学校の厳しい地域条件によるところがあるわけですが、授業時間もそれ以外も、子どもたちが複数でいるところ、原則つねに複数の大人が関わっているというようすは、これまでの日本の学校との目立った違いでしょう。

もちろん羨ましくもありますが、この多職種混在性については懸念も浮かびます。かえって職場でのストレスの増大要因になるのも必至だろう、と。英国においても、こうしたスタッフ構成の多様化が、学校の社会的機能の拡張施策（〝エクステンディド・スクール〟）の導入などとともによりいっそう入り組んで進んでいる現状にたいしては、たとえば、それはむしろ子どものケアを資格水準の低い安上がりな職員にゆだねるものだとする批判などもあるわけです。その点では、伝統的に（良くも悪くも）ケア機能をも濃厚に職務内容に取りこんできた日本の学校と教師の仕事のあり方との突き合わせは、大いに意味のあることだと思われます。

そして、この〈学校の社会的機能の拡充／変容〉という論点を教育論議の正面に押し出すことこそ、著者ウェンディ・ウォラスさん自身が「はじめに」でも明確に述べられているとおり、本書の主要なモチーフとなっているわけです。この変容動向が、英国の公教育現場でどの程度まで一般的な現実となっているといえるのかについては、いましばらく留保が必要かもしれません。本書に取りあげられている地域と学校は、かならずしも〝平均〟的な現場とはいえないのですから。ただし、ウォラスさんがロンドンのインナー・シティというもっともチャレンジングな地域に範例をとって

「学校のあらたな役割」と呼んでいるもの――つまり、知識を教えるだけでなく、生（生命・人生）を護《まも》り育むこと――の緊要性が近未来においても霧消しはしないことは確実です。いやむしろ、その他の広範な地域をも含めて、今後ますます増大していくと診るべきではないでしょうか。

もちろん、英国でも議論のあるところですが、朝の七時や八時から夕方の六時や七時まで学校で過ごすといった子どもの生活の在り方は、それだけを取りだすなら、単純に豊かとも望ましいとも思われません。ロンドン滞在中に読んだある大新聞の風刺漫画に、夕暮れ後の学校からの帰り道、小学生らしき子どもが、「父さんたちはイイなあ、たった八時間で家に帰れるんだモン！」とボヤイている、という図がありました。四六時中、大人の管理下から逃れられないストレスによる〝自己不全感〟――ここにこそ、今日の英国の子どもたちが全体として抱えている主要問題を診ることもできるのです。しかし、そうだとしても、いやむしろそれだからこそ、子どものケアに携わる専門職のあり方、そしてケア活動と学校教師の仕事との接合や重合のあり方といったところに、これからの教育の大きな方向づけにかかわって考えなければならない未決問題が潜んでいることは疑いを入れません。

もっとも、イーディス・ネヴィル小学校は、けっして颯爽と時代の先端を切るいわゆる〝モデル校〟ではありません。また、体制的な教育のあり方に真っ向から対抗しようとする〝ヒーロー校〟でもありません。その仕事ぶりは、本書からも明らかなとおり、むしろ地味で素朴と評すべきでしょう。この学校の取り組みは、目を見張るように斬新な大構想から生まれてきているわけではないのです。この学校の教職員たちは、いつもいつも切実な必要《ニーズ》の存在に迫られて、しかしそのよんどころない必要《ニーズ》からは目を逸らすことなく、日々の仕事に取り組んでいるのだと思います。あの〝ブレックファスト・クラブ〟など、まさにその典型といってもよいでしょう。その意味で、イーディス・ネヴィルは〈前衛《アヴァン・ガード》〉ではなく、明らかに〈後衛《リア・ガード》〉です。ところが、社会のメインストリームからはあたかも落穂拾いのように遇されもするその後衛の仕事の累積のうえにこそ、「学校というものがもつべき、ある新しい役割を鍛えあげようとしている」姿を看てとろう、というのがウォラスさんのメッセージです。後衛こそが、ここではいわば〈先触れ《ヘラルド》〉となっているわけです。

しかし、それはけっしてグローバル時代の巡りあわせといった外在的事情の結果ではありません。表面的には原著者の記述に逆らうもの言いにもなりますが、イーディス・ネヴィル小学校の仕事を意味あるものとして成立させている根本の力は、校長を中心とした学校現場の自律性＝オートノミーです。本書にもよく描かれているとおり、たとえばオリーガン校長は、いかなる意味においても教育行政機構から現場に派遣された末端管理職ではありません。それだからこそ、われわれには想像もおよばない〝校長欠員〟などという問題事態が英国では生じもしているわけですが、校長が行政権力からも自立した教育（経営）実践家であるというこの事実ほど日本の現実から遠いものはない、と言ってもよいほどです。

英国の現下の教育といえばすぐさま取り沙汰されるあのナショナルテスト（全国一斉学力テスト）にしてもインスペクション（学校監査）にしても、日本の学校システムのまさしく中央統制的な作動様式を知るわたしたちの目からするならば、むしろ自律的な学校現場が英国には現存していることの証し＝相補物とさえ視えてきます。

学校の生きた姿をひとつの全体＝小宇宙《ミクロコスモス》として見渡すと、そこから読みとれることは文字どおり真に多いというのが訳者としての感想なのです。

翻訳作業にかかわって

ところで、この日本語版の書名決定には、まったくもって苦慮しました。原著タイトルは冒頭に紹介したとおり〝Oranges and Lemons〟です。このキャッチーなタイトルは、じつはロンドンっ子にはごくごく親しいナーサリー・ライム（伝承童謡）から取られています。このタイトルを見ただけで英国の人びとには、これがロンドンの子どもたちにかかわる書物であるとすぐさま思い当たるということなのです。しかし、本文の論述内容が具体的事実の問題として、直接この童謡とかかわっているというわけではありません。〝ロンドンの子ども〟を想起させるこの書名は、一転、〝色彩〟への連想となり、本書各章のカラーにちなんだ章タイトルへとつながります。これをそのまま日本語版のタイトルにすることには無理があるでしょう。ずいぶんと時間もかけて考えてはみたのですが、最終的には原著者の了解も得て、ルポルタージュとしての本書の内容を直截に示すタイトルを選択しました。しなやかさに欠けた書名とも感じますが、後藤葉子さんの装幀と藤原ヒロコさんの装画によって、原書のテイストは伝えることができているのではないかと思っています。ただし、この主タイトルの「教師たち」の部分を読まれるさいには、それをたんに「教師」の複数形としてでなく、ぜひとも「教師だけでない全学校スタッフ」と受けとめていただきたいと考えます。

本文の翻訳については、「通して読みくだすことのできる日本語」に仕上げることを目指しました。しかし同時に、近年しばしば見受けられる「超訳」にはならぬよう留意もしました。異言語テクストを、あらゆる摩擦を無視して日本語と日本文化の文脈に移しこみ、その操作の痕跡まで消してしまうといったやり方には問題がある、と考えるのです。せっかく異文化に接する機会をもちながら、そのじつ見ているのは鏡に屈折さえしていない自分の顔だ、というのは不毛でしょう。とはいえ、本書においても、いくつかの箇所では、原書の文配列を置き換えたり、原文にはない語を説明的に付け加えたりもしています。

ちなみに、この日本語版は原書の二つ目の「訳」になります。学校訪問時にオリーガン校長が教えてくださったのですが、本書にはすでに点字訳があるのだそうです。言うまでもなく、だれよりもまずあの〝マハラン〟が読めるように、という願いから訳されたものです。

さてしかし、腰を据えての翻訳を開始してからでも、作業期間は一年を超えてしまいました。生ものとしての性格の強いルポですから、一日も早く読者の手に届けてこそ意味があるわけで、菲才を恥じるばかりです。とはいえ、幾人もの人びとの援助によって愉しい時間を過ごすことができました。翻訳に取り組む前提条件となる学校訪問の橋渡しをしてくださったロンドン大学教育研究院の David Halpin 名誉教授、ロンドンと埼玉のそれぞれの地で本書の理解の手助けをしてくださった Dorothy Price さんと Rodger Coker さんには、心からの謝意を表します。また、原著者 Wendy Wallace さんは、とくに翻訳原稿の仕上げの時期、大小とりまぜての当方の照会につねにウィットに富んだ応答を返してくださいました。さらに、インタビューを本訳書に収めることができたことについて、ウォラスさんだけでなく、改めて最近の学校のようすについてお二人で話し合う機会をもち、忙しいなか当方に最新情報をお送りくださった Seán O'Regan 校長にもお礼申し上げなければなりません。編集を担当してくださった北山理子さんは、ていねいな仕事ぶりで、この訳書の仕上げを助けてくださいました。気持ちのよい共同作業ができたことを、太郎次郎社前代表・故浅川満さんに直にお伝えしたかったと感じています。

二〇〇八年十二月二十四日

藤本　卓

[付記] ナーサリー・ライム『オレンジとレモン』について

'Oranges and Lemons, Say the bells of St Clement's' と始まるこの歌には、つぎつぎとロンドンの由緒ある教会の鐘が歌いこまれ、最後は急転、「おまえの首をちょん切りに、首切り役人がやって来た! 切れ、切れ、最後の男の首を切れ!」という唱え言葉で終わります。興味をおもちの向きは、V&A Museum of Childhood のウェブサイトを訪ねて検索してみてください。歌を聴くこともできます。単純でありながら奥深い謎のような魅力ももつこの古い童謡から、わたしは日本の「通りゃんせ」を連想しました。ロンドンの子どもたちもまた、この歌に合わせて、まさに「通りゃんせ」そっくりの辻遊びをしたものだそうです。

[図1] イギリスの学校系統図

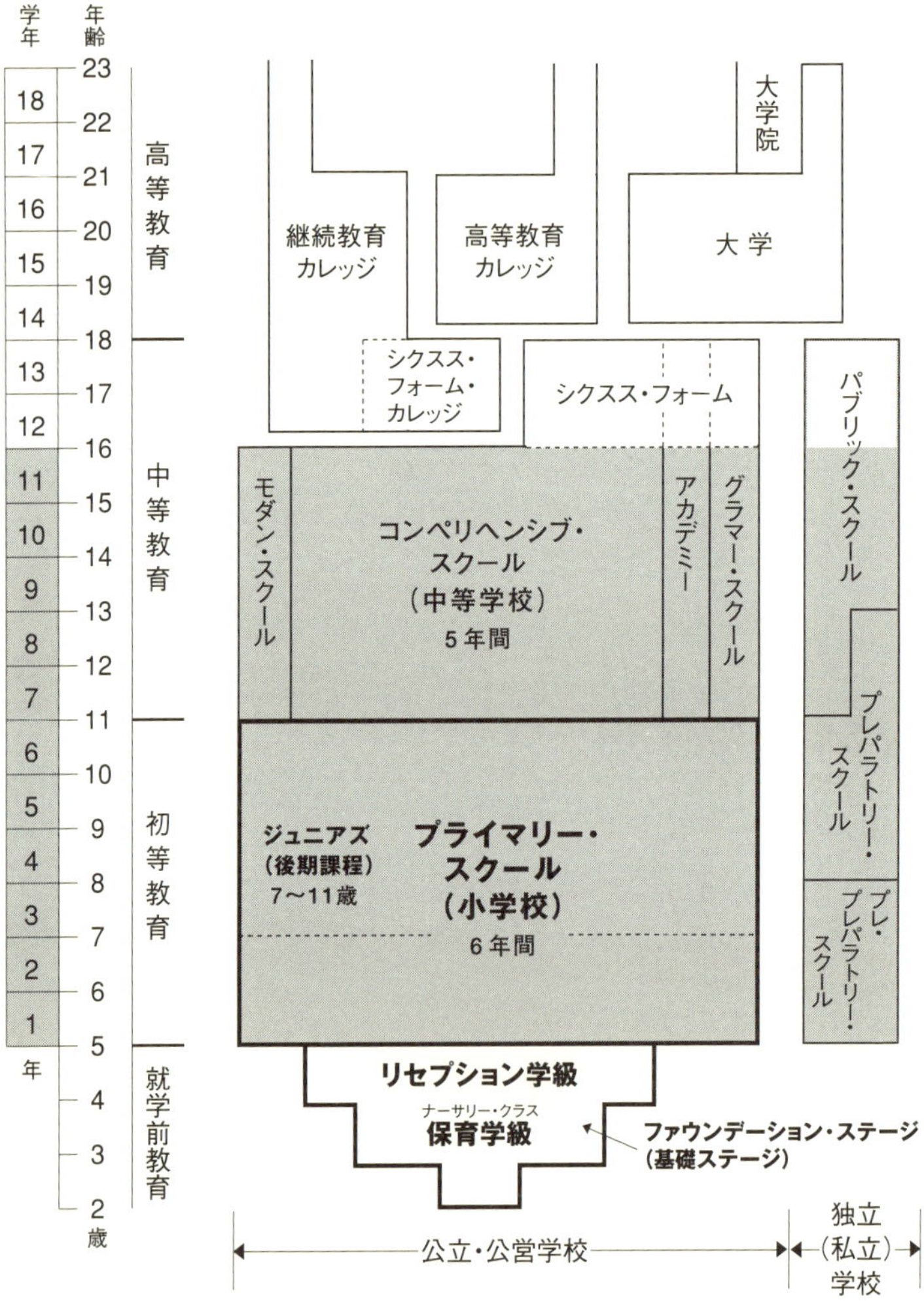

太字・太枠が註の参照部分。色のついている部分が義務教育を示す。

[図2] イギリスの教育行政制度

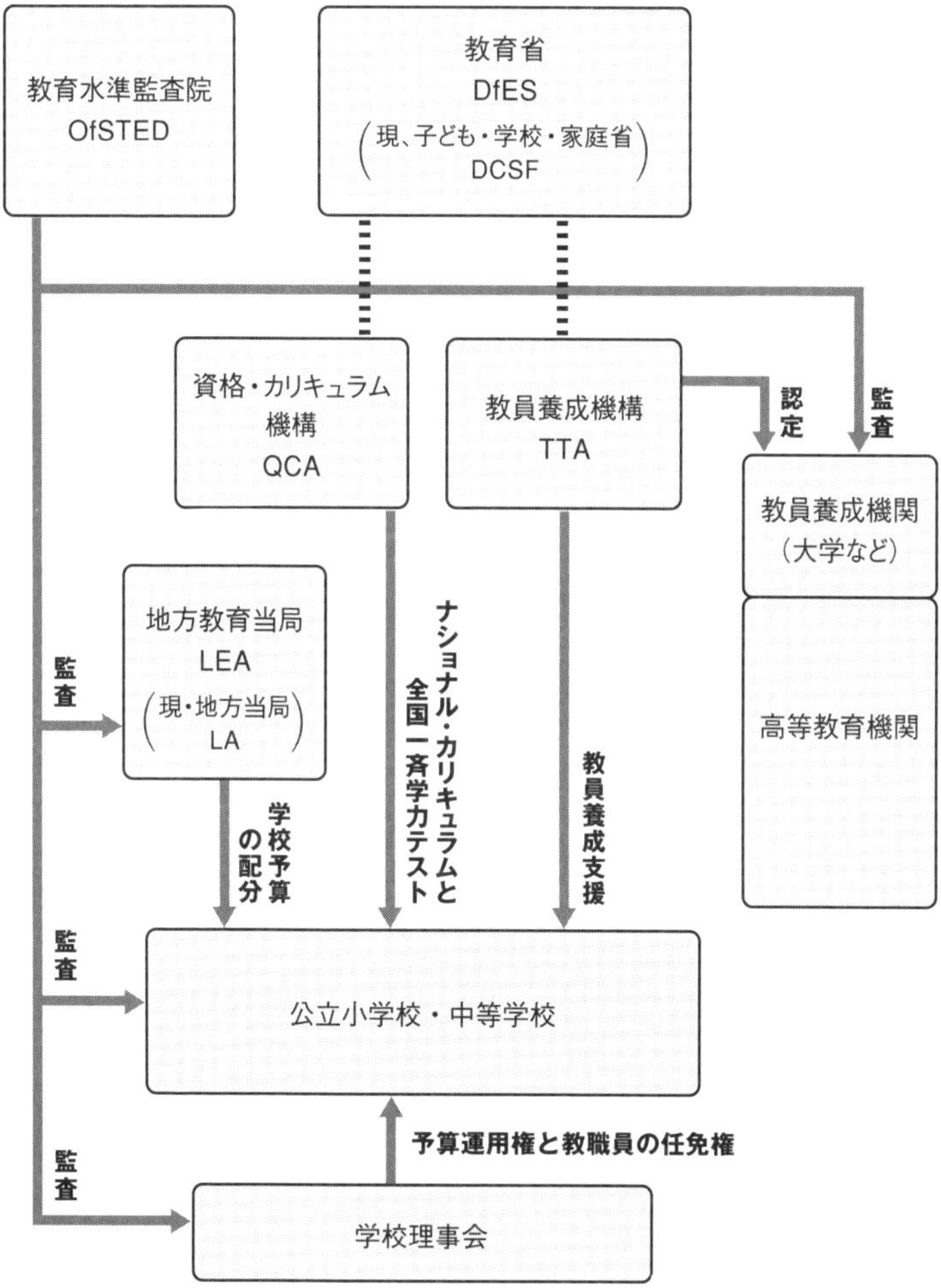
教育水準監査院
OfSTED
教育省
DfES
(現、子ども・学校・家庭省
DCSF)
資格・カリキュラム機構
QCA
教員養成機構
TTA
認定
監査
教員養成機関
(大学など)
高等教育機関
地方教育当局
LEA
(現・地方当局
LA)
監査
ナショナル・カリキュラムと全国一斉学力テスト
教員養成支援
学校予算の配分
監査
公立小学校・中等学校
予算運用権と教職員の任免権
監査
学校理事会

［図3］ 4つのキー・ステージと学力テスト（SATs）

	該当年齢	学年		キー・ステージ
中等学校	15−16	11	GCSE	キー・ステージ **4**（KS4）
	14−15	10		
	13−14	9	SATs	キー・ステージ **3**（KS3）
	12−13	8		
	11−12	7		
小学校	10−11	6	SATs	キー・ステージ **2**（KS2）
	9−10	5		
	8−9	4		
	7−8	3		
	6−7	2	SATs	キー・ステージ **1**（KS1）
	5−6 歳	1 年		

2008年10月、14歳（KS3）時のテストの廃止が決定された。近い将来、さらに大きな改変も予想される。

［図4］ ナショナル・カリキュラムと必修教科

必修教科	英語	数学（算数）	科学（理科）	技術	体育	情報技術（ICT）	地理	歴史	美術・デザイン	音楽	現代外国語	公民（シチズンシップ）	宗教教育	性教育	就業教育
キー・ステージ4	●	●	●		●	●						●	●	●	●
キー・ステージ3	●	●	●	●	●	●	●	●	●	●	●	●	●	●	
キー・ステージ2	●	●	●	●	●	●	●	●	●	●			●		
キー・ステージ1	●	●	●	●	●	●	●	●	●	●			●		

[図5] 学習の到達目標

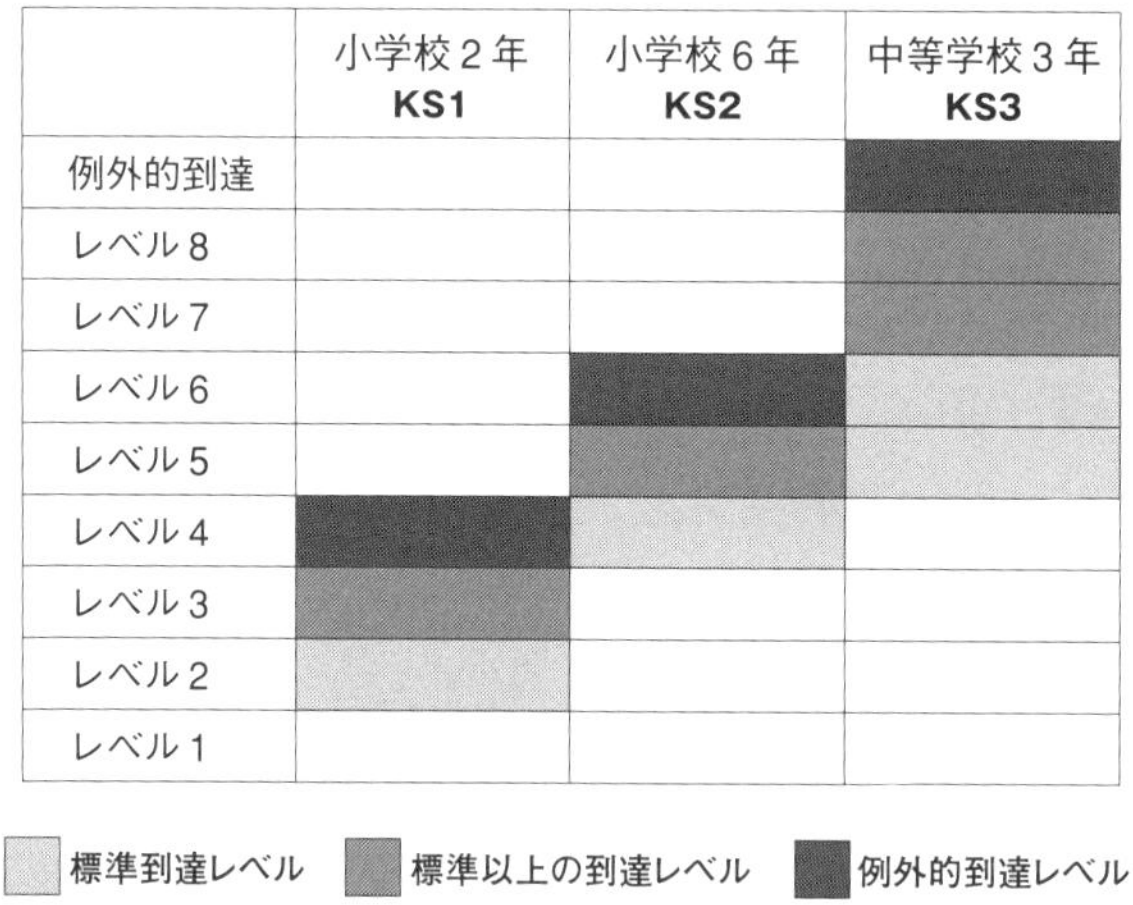

[図 1]　英国の学校系統図は制度の歴史が累積された地層図のようで、解読するにはあたかも古生物学者の目がもとめられる。たとえばここでの「ジュニアズ」。それを「後期課程」と訳すのは、いまも一部存在するジュニア・スクール（上級小学校／後期小学校・7歳〜11歳）の尾を引くものであるからで、その場合、この下にインファント・スクール（幼児学校／前期小学校・5歳〜7歳）が存在する。

また、「シクスス・フォーム」は、元来「第6学年」と訳せる言葉で、大学進学志望者が中等学校の５年生を終えてもなお学校に残って勉強を続け、大学入学資格試験の準備をする場を含意していた。

[図 2]　近年、教育の中央統制の強化が指摘されてきた英国だが、ここに見られるように教育行政機構そのものは日本などとは違い、基本において分立的なかたちをとっている。

なお、教育省と地方教育当局との現呼称への変更は、たんに名目上のものではなく大幅な行政領域の編成替えに基づいており、教育と福祉の連携・統合が図られている。教育水準監査院も、略称はそのままながら、現在は監査対象に児童福祉機関や成人職業教育機関をもふくむようになっている。

[図 4]　右の三領域はナショナル・カリキュラムにはふくまれていない。なお、キー・ステージ4では、芸術、デザイン・技術、人文学、外国語から最低ひとつを選択必修とする。また、基礎ステージでは、PSE、読み書き、算数、身近な世界、身体発達、創造性という六領域が指定されている。

[図 5]　SATsの成績評価に用いられるこの到達目標の設定が、きわめて緩やかで幅のあるものになっている点に注目すべきだろう。たとえば、小学校６年の標準到達レベルと中学校３年の標準到達レベルは一段階の差しかない。

著者紹介

ウェンディ・ウォラス

Wendy Wallace

教育ジャーナリスト。
フリーランスの教育問題記者として、
『タイムズ教育週報』
(Times Educational Supplement)の
特集主任記者を5年にわたり務める。
教師研修機構の機関紙『ルーラー』の
元編集顧問であり、
国内の新聞・雑誌などへの寄稿多数。
2002年、教育ジャーナリスト賞
(education journalist of the year)を受賞。

訳者紹介

藤本 卓

ふじもと・たかし

大東文化大学文学部教育学科教員
(教科外教育論担当)
ロンドン大学・教育研究院客員研究員
(2006年4月〜2007年3月)
教育実践のレトリック論的究明を指向して、
教科外教育/生活指導分野での教育方法を
おもな考察対象に設定している。
最近の論稿として、「悦ばしき"学び"か?
——柳田國男による『マナブ』と『オボエル』の
対照のトポスについて」
(『大東文化大学紀要』第46号〈人文科学〉)、
「"パストラル・ケア"、その叢生と褪色
——英国公教育に"生活指導"の似姿を垣間見る」
(同・第47号〈社会科学〉)がある。
翻訳の仕事としては、
おもにL. S. ヴィゴツキー関連の
ロシア語文献の共訳書をもつ。

あきらめない
教師たちのリアル

ロンドン都心裏、公立小学校の日々

2009 年 1 月 30 日　初版印刷
2009 年 2 月 17 日　初版発行

著者　ウェンディ・ウォラス
訳者　藤本 卓
装幀　後藤葉子
装画　藤原ヒロコ
発行所　株式会社太郎次郎社エディタス
東京都文京区本郷 4-3-4-3F
郵便番号 113-0033
電話 03-3815-0605
http://www.tarojiro.co.jp/
電子メール　tarojiro@tarojiro.co.jp
印刷・製本　厚徳社

定価はカバーに表示してあります
ISBN978-4-8118-0727-0 C0037